青海民族大学法学学科建设文库

公司归入权行使制度研究

▲ 温青美 著

吉林大学出版社
·长春·

图书在版编目（CIP）数据

公司归入权行使制度研究 / 温青美著. -- 长春：吉林大学出版社，2024.10. -- ISBN 978-7-5768-3796-4

Ⅰ. F276.6

中国国家版本馆 CIP 数据核字第 2024BQ2150 号

书　　名：公司归入权行使制度研究
GONGSI GUIRUQUAN XINGSHI ZHIDU YANJIU

作　　者：温青美
策划编辑：邵宇彤
责任编辑：高珊珊
责任校对：王默涵
装帧设计：寒　露
出版发行：吉林大学出版社
社　　址：长春市人民大街4059号
邮政编码：130021
发行电话：0431-89580036/58
网　　址：http://www.jlup.com.cn
电子邮箱：jldxcbs@sina.com
印　　刷：河北万卷印刷有限公司
成品尺寸：170mm×240mm　16开
印　　张：13.75
字　　数：230千字
版　　次：2024年10月第1版
印　　次：2024年10月第1次
书　　号：ISBN 978-7-5768-3796-4
定　　价：88.00元

版权所有　　翻印必究

序

自 1993 年 12 月 29 日《中华人民共和国公司法》(以下简称《公司法》)出台，至今已历经四次修正、两次修订，新《公司法》自 2024 年 7 月 1 日起施行。其中，公司治理制度被列为公司法修改中的核心内容之一，备受理论与实务界关注。在 1992 年的《卡德贝瑞报告》(Cadbury Report) 中，"公司治理"被定义为指导和控制公司的体系。董事会的责任是治理公司，确保公司正常运行；经理的责任是管理公司；股东在公司治理中的作用则是任命董事和审计师。失败的公司治理将引致公司破产，由此将威胁到经济和政府的安全。自 21 世纪以来，公司治理的重要性得到了世界各国的普遍认可。作为组织治理机构的董事会处于公司经营管理的最高位，董事在治理公司中所发挥的积极作用尤为明显。然而，随着一系列大公司的破产，董事不再被视为公司成功的创新者与负责任的驱动者，而被视为只注重私人股票期权而不去创造真正且持续的股东价值之既得利益者，由此带来了公司治理内部风险的问题。而公司归入权制度恰恰在化解公司治理的内部风险上发挥着关键的作用，该制度不仅直接影响个案中公司的实际利益，还直接关系到董事侵权责任承担方式的整体结构。然而，《公司法》对公司归入权的行使规则尚付之阙如，完全缺乏可操作性。尽管既有的研究成果颇丰，但至今仍有诸多疑问，如归入权的法理基础何在？公司归入权制度的适用情况如何？存在哪些问题？应如何回应？法律适用概率极低是学者质疑公司对短线交易行使归入权的主要原因，然其背后受公权裹挟，引致公司归入权被束之高阁的法治机理是什么？其未来将面临何种走向？鉴此，以公司归入权的理论溯源为逻辑起点，在探寻公司归入权的制度内涵与价值本位的基础上，通过厘清公司归入权在适用过程中面临的行使障碍，进而构造可能的与之相适应的本土发展方案。

就体系架构而言，本书主要从以下五个维度对"公司归入权行使制度"这一研究命题展开规范分析。

从理论溯源来看，归入权本质上属于获益性损害赔偿制度射程内的剥夺性损害赔偿，即通过剥夺或吐还被告基于不法行为的任何收益，令被告产生承担责任的恐惧心理，进而达到阻吓潜在不法行为之震慑目的。归入权包括公司法语境下的归入权和证券法语境下的归入权，具有个人救济性和财产救济性两个主要特征。公司归入权行使制度的规范基础在于利益不得冲突规则、不得获利规则以及简化复杂证据规则。

　　从内在逻辑来看，忠实义务的违反是公司归入权行使的前提，体现了个体主义方法在公司治理中的具体适用。其基本原理指射董事违反信义务的个人行为足以严重破坏董事会的功能，故往往会对其产生威慑力，即由公司行使归入权，将董事的不法收益收归公司所有。

　　从行使障碍来看，公司归入权在法律适用中的困境依公司类型的差异而有所区别。在非上市公司中，归入权的适用情形主要体现为董事从事与公司利益相冲突的行为。而在上市公司中，公司归入权的适用情形往往是董事利用公司的重大内部信息从事的证券交易行为，该行为并不以与公司利益冲突为充要条件。受行政处罚为主导的程式思维之影响，公司归入权制度在上市公司中因私法旨趣缺失而近乎流于形式。

　　从价值基础来看，公司治理规则依赖于效率价值的驱动，风险规避是效率价值的直接体现。一旦董事违反忠实义务，公司就可主动作出将董事违反忠实义务的所得全部归入公司的决议，当出现公司决议机关怠于作出决议或公司负责人离任后公司才得知其从事违反忠实义务的不法行为等情形时，公司还可通过诉讼方式行使公司归入权，且公司无须证明因公司负责人的不法行为而遭受损害，集中体现了公司归入权行使制度的效率性价值与防御性目标。

　　从发展路径来看，亟须构建一套体系化的公司归入权行使制度。就宏观层面的建构而言，由于我国的获利返还请求权分散规定在民商事法律规范之中，其所呈现的分散化特点严重阻滞了该项民事救济制度效能的发挥，故应将获利返还请求权的法律效果统一解释为"返还收益"更为妥适；就中观层面的建构而言，有必要在未来的《公司法》司法解释中明确公司归入权的行使程序并将"从事内幕交易行为"作为归入权行使的事由之一；就微观层面的建构而言，应通过适当拓宽公司归入权的适用范围、坚持主客观相结合的证明责任、确立所得收益与违反忠实义务之间存在法律上的因果关系等因素来限制法官酌定等规则来实现公司归入权行使制度规则构造的目的性与可操作性。

序

该专著的作者温青美自 2015 年研习商法，在公司治理，特别是在公司归入权制度的研究方面成果颇丰。该书是在其博士论文的基础上进一步修改完善和提升的科研成果，反映了作者对这一问题的长期关注与认真思索。该书对归入权的理论溯源、适用问题及行使困境进行整合性研究，在回应现实问题的同时，亦特别着眼于基础理论研究的体系性。同时，该书在公司归入权的行使问题研究上注重进行较全面的实证分析，其学术价值值得首肯，相关的研究对我国目前公司立法的完善也不无裨益。

雷兴虎
2024 年 8 月

目录

导　论 / 1

第一章　归入权之理论溯源 / 25
　　第一节　"收益吐还"规则的规范演绎 / 26
　　第二节　"获利返还"规则的规范演绎 / 35
　　第三节　归入权理论的体系架构 / 39
　　第四节　归入权理论在我国的发展 / 59

第二章　公司归入权行使制度之基本意涵 / 65
　　第一节　公司归入权行使制度的缘起 / 65
　　第二节　公司归入权作为董事侵权责任的理论证成 / 74
　　第三节　公司归入权行使制度的法制机理 / 100
　　第四节　公司归入权行使制度的内生逻辑 / 102

第三章　我国公司归入权之行使障碍 / 108
　　第一节　非上市公司：行使规则之缺位 / 108
　　第二节　上市公司：私权旨趣之缺位 / 119

第四章　公司归入权行使制度之正当性基础 / 126
　　第一节　公司归入权行使制度的价值基础 / 126
　　第二节　中国公司归入权行使制度的法制基础 / 130
　　第三节　公司归入权行使制度的比较法基础 / 140

-I-

第五章 公司归入权行使制度之建构路径 / 145

第一节 宏观层面之建构:"返还收益"是获利返还请求权的法律效果 / 145

第二节 中观层面之建构:公司归入权行使制度的基本走向 / 149

第三节 微观层面之建构:公司归入权行使制度的公司法理路 / 155

第四节 微观层面之重构:公司归入权行使制度的证券法理路 / 164

结 语 / 174

参考文献 / 177

附录A:公司归入权案例一览表 / 187

附录B:我国关于构建公司归入权行使制度之司法解释建议及说明理由 / 206

后 记 / 211

导 论

一、选题的背景和意义

选题是学位论文写作的第一步,既决定了论文的主题和内容,又决定了论文的意义和价值。[①]一般而言,问题的提出、分析及解决构成了学位论文选题的基本范畴,故如何避免伪问题以及错误问题尤为关键。从表现形式上看,伪问题对其"问题的指向"的意义毫无价值可言[②],而错误的问题则是在问题所设定的应答域之内不存在问题之解;从逻辑上来看,如果应答域中不存在问题之解,即属于"错误问题"。[③]反观本书选题,第一尽管公司归入权制度由来已久,然囿于立法过于抽象与粗疏,一方面由于公司归入权的行使规则尚付之阙如,引致司法适用中关于具体行使要件认识迥异,为司法裁判的权威性与公正性带来不利影响;另一方面因既有理论未关注公司归入权行使的内生逻辑,造成公司归入权行使制度在公司法与证券法层面被完全割裂,而且由于证券立法普遍习惯于行政处罚程式思维的桎梏,在上市公司中,奉私法自治为圭臬的公司归入权制度受公权裹挟而被彻底流于形式。据此,本书以"公司归入权的行使"为问题导向,着力探寻公司归入权行使的制度根基与完善进路,这对于实现公司归入权的预期立法目标具有重大的意义。第二,本书通过分析表明,我国公司归入权存在的行使障碍体现为价值目标、立法技术和法律适用三个层面,由此从不同维度对公司归入权行使制度在理论上的完善进路展开论证。同时,结合我国立法现状,进一步回应了现实中对公司归入权制度进行必要调整的需求,可见"公司归入权如何有效行使"属于在应答域中有解的问题。就本书选题而言,以下将通过研究背景、研究意义及题目说明三个方面展开详细论述。

[①] 耿卓.传承与革新——我国地役权的现代发展[M].北京:北京大学出版社,2017:1.
[②] 林定夷.科学哲学——以问题为导向的科学方法论导论[M].广州:中山大学出版社,2009:438.
[③] 林定夷.科学哲学——以问题为导向的科学方法论导论[M].广州:中山大学出版社,2009:439.

（一）研究背景

第一，就立法现状而言，《公司法》明确了归入权是公司的特别救济制度，相关的行使规则缺位，引发制度层面与效应层面产生裂变。当公司归入权的行使有赖于诉讼方式时，司法实务更倾向于采取损害赔偿请求权的裁判思路，这既未彰显公司归入权的价值意蕴，也不具有现实可操作性。《公司法》第186条仅明确了归入权的适用情形，但对如何行使公司归入权既未规定实体规范，又未规定程序规范，而《证券法》第44条则在规范对象主体、客体范围及时效期间等方面规定不足，立法不完备必然导致法律适用十分困难。

第二，就实务操作而言，在上市公司中，以行政处罚为主导的思维定式导致公司归入权的行使根本无法实现。而在非上市公司中，司法裁判不统一，法官自由裁量权过大。笔者以"归入权"为词条，在北大法宝数据库中共检索到146份裁判文书，有89份裁判文书为法院依据《公司法》第186条第2款规定对原告主张的归入权作出裁判，其中启动二审程序的46份、再审的5份和申诉程序的2份，有58份裁判文书表明法院未予以支持当事人主张行使归入权的诉求。通过案例分析，得出的结论是不同法院对公司归入权的适用范围、适用主体、举证责任的分配原则、归入利益的计算标准等行使制度认识各异，审判结果常难以令当事人信服，当事人多会启动二审，甚至再审和申诉程序，既浪费司法资源，又严重影响司法的严肃性和公正性。另外，从裁判结果来看，由于公司归入权行使制度存在诸多实体和程序问题，故难以得到司法适用。

第三，就研究现状而言，关于公司归入权的理论研究仍相对薄弱。随着我国公司法学理论研究的深入，以及司法实践中对适用归入权的需求，目前我国对归入权已展开初步研究，相对于公司法学其他领域丰硕的研究成果而言，我国学者对归入权的研究尚处于介绍探索阶段，有深度的成果屈指可数，大部分研究成果为论文，尚无公司归入权研究的相关专著出版。笔者以"归入权"为关键词在中国知网的学术趋势搜索，可以窥出我国学术界对归入权的关注度较低。从现掌握文献总量来看，自1995年至2005年在核心期刊发表的学术论文共13篇（含台湾学者的论文）；自2005至今在核心期刊发表的学术论文共27篇（含台湾学者的论文）。另外，自2001年至今我国大陆地区共有29篇硕士论文，自1975年至今我国台湾地区共有7篇硕士论文（全部仅以《证券交易法》上的归入权为研究视角）。既有的研究对公司归入权的法理基础、构成要件及价值功能等制度设计进行了建设性的探讨，但对于该法条在社会实践中的运行情况，缺乏系统的专门研究。尤其是《公司法》第186条自2005年、2023年修订并实施以来，其适用情况如何？存在哪些问题？应如何回应？法律适用概率极低是学者质疑《证券法》第44条的主要原因，但囿于行政干预而使该条被束之高阁的法治机理是什么？其未来将面临何种走向？现有的文献对这一系列追问尚未作出回应，有鉴于此，通过集中考察《公司法》第186条、《证券法》第44条的相关裁判来检视公司归入权行使制度的实务进展，对于评判该法条之贡献及局限，发掘公司归入权行使制度的利弊得失，乃至构造可能的完善方案，将尤为必要。

（二）研究意义

1. 理论意义

第一，关于公司归入权行使制度的研究对完善董事信义义务理论具有重要意义。归入权是公司内部人员违反忠实义务时法律赋予公司的一项特别救济手段，故公司归入权的行使以违反忠实义务为前提，而忠实义务是董事信义义务理论的最为重要的组成部分。对归入权的研究，必然建立在对董事信义义务理论基础之上，如对义务主体、违反董事忠实义务行为的认定等，都离不开对公司信义义务（尤其是忠实义务）的深入研究，因此对公司归入权的研究势必会助推公司信义义务理论的发展。

第二，关于公司归入权行使制度的研究将丰富公司自治中的私权救济理论。公司作为团体性组织，如同微型国家，在公司内部存在私权和公权的结构，各利益主体之间存在着利益冲突。当公司的合法权益受到损害时，就需要对其受侵害的权利进行救济。然而，按照传统的侵权责任理论，由公司行使损害赔偿权来填补其利益受到损害，但这从根本上并不足以遏制董事反复从事违反忠实义务的行为，也难以形成保护公司利益的长效救济机制。相反，公司归入权却能对此发挥较大的功效，其对完善公司私权救济责任体系具有重大意义。

第三，关于公司归入权行使制度的研究对获益损害赔偿理论研究意义重大。获益损害赔偿基于德国民法上的违法性理论，通过侵权行为人或非法行为人所获得的利益来计算受害人所遭受的损害，具有一定的惩罚性，有学者认为公司归入权是获益赔偿理论在公司法、证券法等商法领域中的具体法律实践，也是获益损害赔偿制度在我国制定法中的发端，鉴于法价值之判断和归责审查

— 3 —

之标准不同,有必要在理论上对归入权区别于获益型侵权损害赔偿请求权予以澄清,鉴于目前学界对获益损害赔偿理论关注度较低,本研究对丰富相关理论研究具有不可替代的重要价值。

第四,关于公司归入权行使制度的研究对完善内幕交易规制理论研究也具有重要意义。短线交易行为是内幕交易行为的一种特殊类型,属于内幕交易规制理论的研究对象。对公司归入权的研究,同样离不开对内幕交易规制理论的探析。作为内幕交易规制理论之一的信用义务理论,与董事信义义务理论在一定程度上相互暗合,如同是基于委任而产生的信赖关系等。毋庸置疑,对公司归入权的研究必然对内幕交易规制理论的研究有所裨益。

2. 实践意义

第一,有助于遏制董事从事违反忠实义务的行为。源于公司负责人与公司的利益既相一致又有冲突,当公司负责人利用职权牟取私利时,法律应当赋予公司相应的救济权利。与损害赔偿请求权相比,公司归入权不以公司受到实际损害为要件,能够对违反忠实义务的公司负责人达到惩罚警示的私法效果,并能督促公司董事与高级管理人员对公司尽到忠实义务,防范他们利用其特殊地位或信息优势损害公司及其他债权人利益。

第二,有助于维护证券市场的良性健康发展。短线交易行为违反了证券法公平公正的基本原则,具有极大的社会危害性。证券市场的本质作用是通过股票转让与股价变动,实现资本的优化组合,并对公司经营作出评价及对公司管理人员进行监督,但短线交易行为的存在使得证券市场这一社会经济"晴雨表"作用难以发挥。公司归入权则旨在规制短线交易行为,通过吓阻内幕交易,进而维持投资者对证券市场公正性和公平性的依赖。

因此,无论是保护公司正当利益,还是维持投资者对证券市场公正性和公平性的依赖,公司归入权行使制度的构建与完善都具有重大的现实意义。

(三)题目说明

本书以"公司归入权行使制度研究"为题旨在体现两层含义。

(1)本研究是以"中国元素"为问题导向的研究。本研究立足中国,主要内容都服务于法治建设的研究。申言之,建立法治社会,至少应满足两个条件:一是在制度文化上,法律必须统一,文本必须简洁,结构还需合理,解释必须清晰,司法体制必须健全;二是在效应文化上,司法必须独立、公正、公平、合理、便民、高效，把文本性法律变成应用性法律，死的法律变成活的法律。① 从制度层面看，我国法治现代化进程已基本完成；从实施情况看，尚存在法律文本与实践效应相脱节的现实问题。② 这在公司归入权制度中得以集中体现。早在1993年我国《公司法》的有关条款已反映公司归入权的精神实质与具体内容。时至今日，当我们站在法治建设恢复三十多年的端口，审视公司归入权制度的运行现状时，不难看到公司归入权制度仍然停留在文本性法律的阶段，如何克服制度文化与效应文化的裂变将是我们亟须研究的重要课题之一。因此，以公司归入权行使制度为研究视域，本书旨在对我国法治现实的冰山一隅作深入思考。

（2）本研究的落脚点在于公司归入权的有效行使。习近平在党的十九大报告中指出："中国特色社会主义进入了新时代，这是我国发展新的历史方位。"纵览中国法治建设恢复三十多年的历程，新时代性已然成为当前法治发展的首要特征。这不仅体现在立法者追求集形式法治与实质法治于一体的"新法治观"，还体现在法学家对法治共识的达成上，即在法治的再启蒙中更应将关注的焦点集中在法治运行的现实状态上，注重法治在现代社会治理中的实际功能。③ 基于此，本书试图从认识论角度对公司归入权制度的本质内涵加以全面阐述，在此基础上，对公司归入权的实然运作状态进行具体分析，进而为公司归入权制度的有效行使提供切实可行的中国路径。

二、文献综述

文献综述是论文研究方向、深度与广度的集中体现。④ 基于对社会科学研究中各类文献综述的学习借鉴，本书将通过内外体系、交叉学科的视角对公司归入权制度的既有研究成果予以梳理和阐释。

（一）公司归入权研究之概貌

第一，就研究主旨而言，本书主要对1993年我国《公司法》颁布以来有关归入权的研究进行初步的归纳和总结，在全面把握既有研究成果的前提下挖

---

① 何勤华，屈文生，崔吉子．法律翻译与法律移植[M]．北京：法律出版社，2015：134．
② 何勤华，屈文生，崔吉子．法律翻译与法律移植[M]．北京：法律出版社，2015：134-135．
③ 顾培东．当代中国法治共识的形成及法治再启蒙[J]．法学研究，2017(1)：3-23．
④ 耿卓．传承与革新——我国地役权的现代发展[M]．北京：北京大学出版社，2017：6．

掘公司归入权未来可能的发展方向。

本书所选取的时间段主要基于公司归入权立法的发展脉络。1993年,《公司法》虽未明确规定归入权,但有关条款已反映了公司归入权的精神实质和基本内容。与此同时,国务院发布的《股票发行与交易管理暂行条例》首次以行政法规的形式确认了公司对短线交易获利的归入权,关于公司归入权的研究开始跃入学者的视野。1998年,《证券法》明确规定了公司对短线交易获利的归入权,标志着公司对短线交易获利的归入权作为证券法上的一项制度得到正式确立,短线交易归入权的研究逐渐蔚然成风。2005年,修订后的《公司法》正式确立了公司的归入权制度。同步修订后的《证券法》也对短线交易归入权进行了立法完善,由此公司归入权制度的研究达到了一个新的高点。因此,选取1993年以来的文献资料作为研究重点,符合我国法治建设的实际情况。

第二,就公司归入权的研究情况来看,笔者将主要从具体内容、研究方法和文献来源三方面展开。

(1)公司归入权的具体内容。通过内部体系与外部体系两个视角进行系统描述。[①] 其中,在内部体系上,分别就公司归入权的概念、性质、理论基础、适用情形、行使规则及公司归入权制度的合理性等方面进行了梳理与总结。而在外部体系上,以中国公司治理规则的路径依赖为基点,简述我国引入公司归入权的制度背景。

(2)研究方法。本书主要采取了文献研究和案例分析的研究方法,试图全面阐释公司归入权行使制度的理论溯源、本质内涵、行使障碍及正当性基础,进而对公司归入权制度的未来发展提出可行性的理论及立法建议。

(3)研究的文献来源。本书所参考的外文期刊类及重述类文献来自lexisNexis、Westlaw和Heinonline数据库,基本涵盖了英美法、德国法关于公司归入权制度的全部内容,中文期刊类文献主要包括知网、月旦法学及台湾学术数据库。

(二)公司归入权之具体研究:内部体系的视角

1. 内部体系的视角

(1)公司归入权的概念。学理上将公司归入权又称之为公司介入权,指公司根据法律规定所享有的对公司负责人违反法定义务之特定行为而获得的利益

---

① 耿卓.传承与革新——我国地役权的现代发展[M].北京:北京大学出版社,2017:8.

收归公司所有的权利。①而归入权的含义体现为台湾地区《公司法》第209条第5项之规定，即董事违反竞业禁止义务应将其从事该行为取得的收益视为公司之所得。②

（2）公司归入权的性质。公司归入权的性质问题几近为公司归入权研究的热议问题，围绕这一议题，主要有以下三种观点。

①形成权。雷兴虎认为，公司介入权的性质为形成权，其并非以公司对公司负责人违反法定义务所获得的收益享有所有权为前提，公司通过单方面意思表示即可行使归入权，改变公司负责人基于违反法定义务而形成的不利于公司发展的法律关系并将公司负责人据此取得的收益直接转归公司所有正是公司介入权的立法目标所在。③

与此，王文宇也认为："归入权的性质按照通说为一种形成权，只要股东会决议通过，公司向该董事行使，即发生权利变动的效果，故设计一年的除斥期间。"④

②请求权。赵威认为，对归入权性质的讨论基础应从法律规范的逻辑结构出发，结合公司归入权制度的目的、功能及实现手段来加以探讨，从归入权的本意——请求归入来看，归入权应为请求权。首先，从法律逻辑出发，关于兼具形成权与请求权的折中观点难以成立。盖因形成权与请求权的作用形式反差极大，两者制裁要素和处理要素隶属不同的法律规范，如将两者统一涵摄归入权的性质，将导致司法适用中产生权利行使方式及期间的混乱。除此，从法律规范逻辑出发，形成权分为简单形成权和形成诉权。简单形成权指权利人单方向对方做出意思表示即发生法律效果；而形成诉权则须依靠司法路径加以行使，只有裁判产生既判力后方才发生效力。该规范没有规定权利人的意思表示方式，从归入权行使对象及范围的复杂性来看，将归入权确定为简单形成权并不足以确保归入权的立法目标之实现。如将其归结为形成诉权，则意味着归入权的行使将包含两个阶段，一是权利主体须提起形成之诉，以此确认该法律关系，然法律并未赋予形成权以强制性，归入权行使的落脚点还是向义务主体主张请求权。而且，在假定的法律规范中，形成权与请求权关于相对人的行为要

---

① 雷兴虎.论公司的介入权[J].法学研究,1998(4):104-112.
② 王文宇.董事之竞业禁止义务[J].月旦法学杂志,2000(6):20-21.
③ 雷兴虎.论公司的介入权[J].法学研究,1998(4):105.
④ 王文宇.董事之竞业禁止义务[J].月旦法学杂志,2000(6):20-21.

素彼此相异，这无疑与诉讼经济原则相悖，不利于归入权的实现。二是，采用请求权的见解与法律规范的逻辑结构并不冲突，制裁要素作为请求权基础产生的要件。请求权发生的是诉讼时效，自权利主体知晓或应知晓权利之日起算，期间可中止、中断和延长，相较而言，将归入权定性为请求权，更有利于归入权立法目标的实现。①

郑文兵则认为，公司归入权是基于权利主体与义务主体之间的法定之债而产生的请求权，应适用我国民法通则所规定的二年诉讼时效期间。②

③债权。也有学者主张在归入权的性质上，应审视以"请求权与形成权之争"这种非此即彼的思维模式，归入权本质上属于债权，而通常债权亦被指代为请求权，在侧重于归入权权能或作用的发挥为先决条件的背景下，归入权可理解为请求权。③

（3）公司归入权的作用与功能。第一，归入权不具有惩罚作用，因归入权仅限于义务主体将其基于违反法定义务所取得的收益归还公司，故倘若义务主体没有取得收益，则不能将其自身的其他财产作为归入权行使的客体。由此，本质上讲归入权是义务主体违反法定义务的民事责任，并非公司的固有权利。④ 第二，公司归入权的功能界定应以忠实义务的内容为基础。因归入权既是义务主体违反忠实义务的民事责任方式，也是义务主体履行忠实义务的有力屏障。由于忠实义务主要涵摄保护、预防与制裁三重功能，这与归入权制度功能相耦合，归入权行使的范围亦不能超越忠实义务的限度。⑤

（4）公司归入权的基本定位。公司归入权源于英美法上的信托理论，但我国的实定法体系无法涵摄推定信托，引致归入权的功能无法与现行法规范相应合。《民法典》中的侵权、不当得利、无因管理和违约责任的规则均无法科学解释归入权的规范构造。公司法上的董事责任与民法上的民事责任在构造逻辑与体系上存在本质差异，故应将归入权定位为公司法对董事违反忠实义务之责任的特别规定。⑥

---

① 赵威.证券短线交易规制制度研究[J].比较法研究,2004(5):43-53.
② 郑文兵.有限公司归入权行使实务探讨[J].云南社会科学,2012(1):119-122.
③ 姜朋.内幕人短线交易收益归入制度简论[J].法制与社会发展,2001,7(3):66-72.
④ 郑文科.归入权研究[J].法学杂志,2004,25(6):18-19.
⑤ 杨艳.公司法上的利益归入：功能界定与计算标准[J].浙江工商大学学报,2015(6):72-81.
⑥ 周淳.公司归入权的体系定位与规范构造[J].财经法学,2021(3):34-48.

（5）公司归入权的理论基础。公司之所以享有归入权，其根本性的前提是公司负责人对公司负有忠实义务，而公司负责人之所以对公司承担忠实义务，主要是基于他们之间所具有的特殊关系。在对信托关系说、代理关系说和委任关系说三种学界典型学说评述的基础上，得出以下结论：公司归入权应基于忠实义务基础上，为追寻其理论根基并推进制度完善，有必要借鉴和引进英美信托制度下受托人的忠实义务规则，以此把握信托法上归入权之规范演绎。①

（6）公司归入权之适用情形。②

第一，从事违反竞业禁止义务的行为。

第二，未经公司股东会同意，私自挪用、出借公司资金或将公司资金存储为个人账户的行为。

第三，以公司资产为他人或者其他个人债务提供担保的行为。

第四，从事短线交易的行为。

（7）公司归入权与损害赔偿权的竞合和解决。雷兴虎认为，归入权与损害赔偿权重叠行使的前提是义务主体仅实施了同一个违反法定义务的行为，且为同一权利主体。③王文宇认为，归入权与损害赔偿请求权可择一或同时行使，但前提是原告不得获取双重利益。④

（8）公司归入权的行使规则。

第一，实体要素——所得收入。《公司法》第149条采用"收入"作为归入权的行使范围，但这一概念反映的是基于经营性行为而取得的效果，然公司归入权强调的是对违反法定义务产生后果之归属。因此，选择"收益"的表述则较为科学，其与法律语言语境的要求也相一致。⑤

第二，程序要素之一——行使归入权的主体。公司作为归入权的行使主体自不待言，但具体应由谁代表公司来行使归入权却不无问题。依据《公司法》的相关规定，董事会负责执行股东会的决议，其自应有权代表公司行使归入权，而监事会在涉及公司与董事、高级管理人的争讼中亦具有代表公司的权力。鉴于董事、监事的个人利益与公司利益时而发生冲突，于是赋予股东代表

---

① 谭贵华.论公司归入权之缘起及其理论基础[J].北京工业大学学报,2010(5):6.
② 雷兴虎.论公司的介入权[J].法学研究,1998(4):9.
③ 雷兴虎.论公司的介入权[J].法学研究,1998(4):9.
④ 王文宇.董事之竞业禁止义务[J].月旦法学杂志,2000(6):20-21.
⑤ 郑文兵.有限公司归入权行使实务探讨[J].云南社会科学,2012(1):119-122.

公司行使归入权便具备了正当性基础。① 就公司归入权的行使主体及其次序而言，可依循《公司法》第151条加以确定。当高级管理人员符合公司归入权适用情形时，由董事会以公司名义行使，公司未设置董事会的，由执行董事以公司名义行使；当董事符合公司归入权适用情形时，由监事会以公司名义行使；若上述权利主体均怠于行使归入权时，连续一百八十日以上单独或者合计持有公司百分之一以上股份的股东可以请求其于一个月内行使，期限届满仍未行使时，公司股东则有权以公司名义向高级管理人员行使归入权。②

第三，程序要素之二——归入利益的举证责任。利益归入案件适用"谁主张，谁举证"原则将导致《公司法》第148条中利益归入面临困境，建议修改举证责任，可仿效学者关于侵害人身权的利润剥夺中的相关建议，在对侵权人取得的利润数额进行举证时，被侵权人只需对其因侵权行为取得的总收入加以证明，由侵权人就总收入中应扣除的必要成本承担的举证责任。③

（9）公司归入权制度合理性之论证。对于《公司法》第148条和《证券法》第47条的规定学界褒贬不一，持积极评价的学者认为，2015年修订后的《公司法》第148条首次在立法上明确将公司归入权之适用与董事、高级管理人员违反忠实义务相对接，凡是董事、高级管理人员违反对公司忠实义务所得的收入均应当归公司所有。而且该条还在重新整合的基础上，具体规定了董事、高级管理人员不得从事的违反忠实义务的行为，并且对某些行为进行了更为合理化、细化规定。此在世界范围内的立法上都可称之一项创举。④

邓峰认为，公司董事及高管为公司内部人员，公司的自治性特征决定了其可通过章程或协议等一系列内部管理方式对内部人损害公司利益的行为加以救济，公司也可以通过设置降薪、降职或开除等制度对内部人违反忠实义务的行为进行自力救济。因此，归入权实际上替代了公司的内部管理方式。除此，法律所规制的利益冲突或者违反忠实义务的行为，一般会掺杂众多的外部关系，而归入权行使的内容仅限于收回内部人因违反忠实义务所取得收益，与外部关系并不存在关联，其回避了如何断定交易中代理过失的问题。另外，司法实践

---

① 冯果. 内幕交易与私权救济[J]. 法学研究, 2000,22(2): 91-101.
② 曾新明. 论公司归入权[J]. 学术论坛, 2008(4): 5.
③ 杨艳. 公司法上的利益归入：功能界定与计算标准[J]. 浙江工商大学学报, 2015(6): 10.
④ 谭贵华. 论公司归入权之缘起及其理论基础[J]. 北京工业大学学报(社会科学版), 2010(5): 6.

中还面临着如何把握归入权行使范围的困境。①

也有学者认为,尽管《公司法》《证券法》都规定了公司归入权制度以有效保护公司利益,但我国现行公司立法的相关规定倾向于原则化与抽象化,根本不具备相应的可操作性,引致司法实践中存在诸多适用困境,法院对当事人提起的归入权之诉通常也会援引其他制度解决,故有关公司归入权的案例十分罕见,从而湮没了公司归入权的制度功能。②

(三)公司归入权之具体研究:外部体系的视角

1. 中国公司治理规则的路径依赖方式

(1)公司治理路径依赖之一:起点敏感的路径依赖。由于法律规则的实然效力主要取决于国家继受该规则时既已确立的法律体系与治理结构,故法律规则通常具有路径依赖的特点。③ 中国商事规则的发展就存在着非常强烈的起点敏感的第一级路径依赖。④ 从纵向时间轴的角度审视,中国商事法律的发展路径从未摆脱"法律移植"的模式。1993年,《公司法》从台湾地区借鉴了大量的法律规则,其中就包括体现公司归入权精神实质的若干规定。2005年,新修订的《公司法》关于董事忠实义务及公司归入权的相关规定依然延续了依赖移植的路径,《证券法》第47条关于公司短线交易归入权的规定,也体现了以法律移植为主导的发展模式。

(2)公司治理路径依赖之二:效率驱动的路径依赖。第一种表现形式为学习效应,即"依赖使用的学习过程",指当某系统使用愈加频繁时,使用者同时也会积累更多的学习经验,而该学习经验也会产生相应的反馈,从而确保该系统的效率更高。在中国的公司法系统中,随着西方法律规则的不断丰富,法律从业者与市场参与者已通过研习国外公司法规则,挖掘和探索相关学说理论及其在实践中的运行机制,由此提高了本土公司法制的发展。《公司法》第148条的出台,就是继受国外信义义务与归入权理论的结果。

---

① 邓峰. 公司利益缺失下的利益冲突规则——基于法律文本和实践的反思[J]. 法学家, 2009(4): 79-88.
② 刘承韪. 获益损害赔偿制度的中国问题与体系构建[J]. 陕西师范大学学报(哲学社会科学版), 2016, 45(6): 116-128.
③ BEBCHUK, ARYEL, ROE, et al. A theory of path dependence in corporate ownership and governance[J]. Stanford law review, 1999(52): 155.
④ 邓峰. 代议制的公司[M]. 北京: 北京大学出版社, 2015: 65-67.

第二种表现形式为网络效应,在经济学中特指某项技术的使用者趋于增多时,相应地其价值也会不断激增。在中国的公司治理法制发展进程中,移植已被邻国或相邻地区"消化"过的公司治理规则颇为普遍。[①] 这集中体现为东亚国家及地区对英美法系关于"信义义务"概念的继受。例如,日本及中国台湾地区均引入信义义务规则,而且其所继受的信义义务规则均源自美国的公司法体系。根据美国法规定,将信义义务划分为"忠诚义务"与"注意义务"两种,而忠实义务构成公司归入权的理论基础。与此,中国在借鉴邻国经验的基础上,于2005年《公司法》引入"忠实义务"与"勤勉义务"这一美国式的信义义务[②],并就违反公司归入权的适用情形进行详细列举。另外,在中国的证券法制进程中也明显带有移植国外相关规则的痕迹,其中最为典型的当属公司对短线交易的归入权,该制度沿袭自美国1934年《证券交易法》第16条b项,中国台湾地区第157条第2款也对之进行了全面继受。

2. 公司治理与公司归入权互动影响的规范基础

(1) 公司机关理论。公司机关是公司的组织机构,其重要的职责就是实施公司治理。公司治理的首要任务是协调公司内部及公司与外部相关者之间的利益关系,故公司治理可被视为一种利益调整机制。[③] 在公司各种利益关系中,董事与公司、股东之间的利益关系必然是首要的利益关系[④],于是遏制这种利益冲突即是构成公司治理的核心目标之一。

(2) 标准契约理论。公司内部至少存在两次授权,第一次授权是公司或股东将公司权力授予董事会;第二次授权是董事会再将公司权力授予公司经理,两次授权需要同时符合民法上的委任、代理或信托规则,体现出契约的本质属性。[⑤] 无论是第一次授权,还是第二次授权,都表明董事会享有至高的权力,确保董事会及其成员正当行使职权,维护公司利益是公司治理的应有之义。

(3) 内部政治理论。公司是基于结社而形成的私法上的组织体,在公司内

---

① 周天舒.中国公司治理法律规则发展模式的再探讨:一个路径依赖的视角[J].中国法学,2013(4):9.
② 周天舒.中国公司治理法律规则发展模式的再探讨:一个路径依赖的视角[J].中国法学,2013(4):105.
③ 叶林.公司治理制度:理念、规则与实践[M].北京:中国人民大学出版社,2021:8.
④ 叶林.公司治理制度:理念、规则与实践[M].北京:中国人民大学出版社,2021:147.
⑤ 叶林.公司治理制度:理念、规则与实践[M].北京:中国人民大学出版社,2021:10.

部存在各种成员。一般而言,同质性成员主要遵循平等原则和民主价值,而异质性成员则崇尚协商精神。与其他政治组织相似,公司在尊重上述原则的前提下,还存在某种权威。[①] 这项权威是公司法赋予公司所享有的特别权利,而公司归入权即是公司享有的一项特别的救济权。

(四)公司归入权之具体研究:以证券法为例的学科交叉研究

在各交叉学科中,当属公司法与证券法间的联动机制最为紧密。2005年修订的证券法力图借由公司归入权制度实现预防与吓阻短线交易行为的立法目标。

从所搜集的文献可知,学者对公司归入权的研究发端于证券法上的短线交易归入权,尤其以台湾学者的著述为代表。赖源河于1995年对短线交易归入权的构成要件进行了详细论述,成为后续研究的范本。

1. 短线交易归入权的构成要件

(1)规范主体。

第一,董监事一般存在三种情形。

第一种是既具有董监事头衔又在公司中实际担任董监职务的人;第二种是虽不具有董监事头衔但在公司中实际担任董监职务的人;第三种是虽具有董监事头衔但在公司中不实际执行董监职务的人。上述前两种情形的董监事属于短线交易的主体,一般没有异议。但对第三种情形是否也属于短线交易的主体?

鉴于第三种情形亦有得知并利用内部消息的可能,从防止不当利用内部消息之立法目的而言,亦应该属归入权的行使对象。

整体而言,上市公司高管从事短线交易行为能为其获取超额收益。在整个持有期基于短线交易获得的超额收益普遍较高,而一旦完成短线交易卖出股份后,股票的累计超额收益率将会稳步下降,体现公司内部人从事短线交易具备绝佳的"择时"能力。而在不同类型的高管中,监事的短线交易行为更多、"择时"能力更为突出,这很可能意味着我国企业中目前所设置的监事不仅是虚职而且是闲职,相较其他高管,监事拥有更多的时间精力从事短线交易行为。[②]

第二,代表董事、代表监察人、部门经理的特别助理是否属于归入权的规范主体?

[①] 叶林.公司治理制度:理念、规则与实践[M].北京:中国人民大学出版社,2021:12.
[②] 曾亚敏,张俊生.上市公司高管违规短线交易行为研究[J].金融研究,2009(11):156.

刘连煜认为，以"法人名义"当选董监事者及以"法定代表人名义"当选董监事者，则不论该法人董监事与其代表行使职务之自然人，或该法人本身与其代表人，均应属于归入权的规制主体。"经理人"的法律意涵应包括《公司法》上所明定之经理人，亦即总经理、经理、协理和副经理等人。部门经理的特别助理是否应受短线交易规范之经理人，宜视其是否为公司执行一般经理人职务之工作（即管理公司事务、参与决策等）而定。①

第三，短线交易主体的持股标准为何？

尽管我国《证券法》第44条②并未确立短线交易主体的持股标准，在学理上存在"名义持有"与"实际持有"两种观点。"名义持有"系通过董监高及股东自己名下的股份来计算持股份额，而"实际持有"则是董监高及股东以自己名义及利用他人名义所持有的股份来计算所谓的持股份额。从证监会发布的处罚短线交易的案例来看，实务中主要采取"实际持有"标准，以此实现阻遏短线交易的预期目标。除此，作为上市公司的内部人员，董监高及持股达一定比例的股东比一般投资者更能轻易获取内幕交易信息，并通过利用该信息从事短线交易获利。倘若仅以其自身名下的股份作为判断标准，其更趋于以他人名义持有或通过购买股票的方式来规避这一适用标准，从而令吓阻内幕交易的立法宗旨流于形式。与之相反，"实际持有"标准却通过探究真正的交易行为人，让其违法行为受到法律制裁，更能促成防范内幕交易目标的实现。③

第四，股东从事短线交易行为的买卖两端之法定身份。

董监高的身份、股东持股比例达5%以上是短线交易主体法定的身份特征。短线交易为法定时间内先买后卖或先卖后买的反向交易，由此产生买入端、卖出端两个交易行为是否需同时具备法定身份特征的问题。对此，学界有"一端说""两端说"和"折中说"三种观点。"一端说"认为，行为人只需在买入或卖出时具备短线交易主体身份即可。"两端说"认为行为人在买入时和卖出时均需具备董监高、股东持股比例达5%以上的身份特征。"折中说"认为，应

---

① 刘连煜.禁止内部人交易——短线交易之法律问题[J].月旦法学杂志,1997(5):69.
② 本文所指涉的《证券法》系2019年12月28日修订通过，自2020年3月1日起施行的《中华人民共和国证券法》。
③ 唐春丽.短线交易的认定及收益计算[J].人民司法,2020(32):68；邱永红.规制证券短线交易法律制度的现存问题与对策[J].证券市场导报,2011(1):70；姜朋.内幕人短线交易收益归入制度简论[J].法制与社会发展,2001,7(3):67-72.

对董监高采取"一端说"的标准，即董监高只需在买入或卖出时具备特定的身份即可，而对持有特定比例的股东采取"两端说"，这意味着持股比例达到5%以上的股东在买入时和卖出时应同时具备这一特殊的身份特征。我国现行立法未明确采用何种标准。目前能借鉴的司法案例仅有华夏建通案。该案认定被告的买入行为使其成为持有5%以上股份的股东，但其卖出所持上市公司股票时尚不具备短线交易主体资格，这是对股东身份采"两端说"标准的司法确认。另外，在证监会处罚的实务案例中，对股东亦是采取"两端说"标准，对董监高采取"一端说"标准。禁止短线交易的立法目的在于防范公司内部人利用其特殊的身份地位获取内幕信息从事证券交易，从而破坏公平、公正、公开的市场投资环境。据此，有必要参酌董监高与股东的身份性质、在公司中的地位及对公司的决策影响，进而判定从事短线交易行为的买卖两端应适用的科学标准。具言之，上市公司董监高作为直接掌握公司运营管理人员，更容易接触公司的内部信息。与此，上市公司股东则较为分散，只有在持股达到法定比例成为大股东后，才有接触公司内部信息的机会，故"折中说"标准与短线交易的立法目的与制度功能较为吻合。[①]

（2）规范客体。

2009年修订后的《证券法》第44条将短线交易归入权的客体范围扩展为股票或者其他具有股权性质的证券，这在国外立法资源中亦有体现。譬如：

美国1934年《证券交易法》第16条b项所规范的客体是"该发行人的股权证券"。1991年，美国证管会修改了1934年《证券交易法》第16条之相关规定，其中规则第16a之1条d项规定将短线交易的规范客体界定为包括与发行人相关联之任何证券或任何衍生证券，不问是否是该发行人所发行。除此之外，规则第16之1条c项亦揭示衍生性有价证券具有以下三个特征：一是所发行的工具为"证券"之一种；二是该"证券"表征源自某一股权证券之一定金钱利益的权利；三是该"证券"含有固定的执行价格或转换比率。若该三项特征均具备，则此项权利即可被视为第16条规范之标的证券的同等物。由上述特征可以反映出短线交易归入权的规范重点即在于从影响股权价格的内部消息中获利的能力。因此，美国证管会将衍生性证券纳入短线交易归入权的客体范围，其核心概念无外乎以交易获利的潜在可能性为前提。

[①] 唐春丽.短线交易的认定及收益计算[J].人民司法，2020(32):68.

（3）规范行为：短线交易的认定。

短线交易具备两大显著特征，在符合短线交易主体身份前提下，一是有先买后卖或先卖后买的两次以上反向交易行为，二是买卖的交易时间不超过6个月。在6个月的起算时间上，根据《上市公司董事、监事和高级管理人员所持本公司股份及其变动管理规则》第12条之规定，"买入后6个月内卖出"是指最后一笔买入时点起算6个月内卖出的，而"卖出后6个月内又买入"系最后一笔卖出时点起算6个月内又买入的情形。[①] 综上，对于交易行为是否为短线交易，要结合交易方向、交易时间来判断，可以任何一笔交易为参照，向前或向后推溯6个月，来判断是否存在反向交易行为。如果只有买入或只有卖出行为，则不应认定为短线交易。[②]

2. 短线交易归入权的行使规则

（1）归入利益的范围。赖源河认为，内部人因短线交易而获得的利益如下。①买卖利益。采用"最高卖价与最高买价法"加以计算，最能达到吓阻效果。归入权的行使性质并非为填补公司的损害，实则含有惩罚的因素，故归入权应不以内部人实际获得买卖为前提要件。②利息。利息的计算应自利息发生时起算，至实际交付时止，怠于行使归入权时，应溯及于利益发生时，成为公司所有。③费用之扣减。内部人因买卖股票实际支付的费用，应从利益中扣减。④律师费用。原告（尤其是股东）因行使归入权而负担律师费用，于胜诉时，得向被告（内部人）请求，以鼓励股东积极行使归入权。⑤股息。系争股票在买进后卖出前所生之股息，亦列入利益之计算范围。[③]

（2）归入利益的计算方式。我国证券法规定短线交易所得收益归公司所有，但尚未明确收益的计算方法。总体来看，关于短线交易收益的计算方法有四个：一是"股票编号法"。该计算方法首先需对每一笔买入的股票进行编号，之后将6个月之内同样编号股票的卖出价减去买入价，所得出的差额即为从事短线交易所取得的收益。二是"先进先出法"。指计算法定期间内先买入价格和先卖出价格的差额。三是"平均成本法"。主要是计算法定期间内卖出证券的总价与买入证券的总价之差。四是"最高卖价减最低买价法"。其内涵是将

---

① 邱永红.规制证券短线交易法律制度的现存问题与对策[J].证券市场导报,2011(1):76.
② 根据股东采取"两端说"标准，因股东在买入时并不具备持股5%的身份特征，仅发生取得短线交易股东身份的法律效果，不作为短线交易的买端。
③ 赖源河.证券交易法之公平机制[J].月旦法学杂志,1995(5):91.

卖价与买价相匹配，最高卖价匹配最低买价，次高卖价匹配给次高买价，直至全部匹配完成。该计算方法带有强烈的惩罚意蕴，即使行为人在整体亏损的情况下仍应归还所获收益。鉴于我国《证券法》第44条所确立的短线交易归入权规则并未彰显明确的惩罚功能，故短线交易归入收益的计算方法应更接近行为人的客观实际收益，且通常监管部门对短线交易主体施以行政处罚，故应避免来自行政、司法部门的双重处罚。另外，短线交易规则系内幕交易制度的事前防御机制，不宜施加过重处罚。在广东省深圳市某公司与林某等股票交易纠纷上诉案中[①]，双方当事人的计算方法因偏离客观的实际收益，法院最终均未采纳。法院根据买入在先且法定期限内卖出数量少于买入数量的交易特点，力求所得收益为行为人的实际所得。因在认定短线交易时系以股东持股达5%后6个月内买进卖出的反向交易确定，存在时间先后的对应关系，故在计算收益时亦应按买进、卖出的先后顺序匹配更具合理性，即采纳所谓的"先进先出"计算方法，以持股达5%以后所买入股票的时间先后顺序逐一对应每个交易日的卖出来计算收益，且所买入股票系卖出前6个月内买入的，以13个账户为一个整体进行先进先出的对应，以交易日为单位，遵循深交所"T+1"的交易规则，按照亏损不予扣除但税费作为交易成本予以扣除的原则，确定本案短线交易的收益。殊值一提的是，"先进先出"的计算方法并非完全适用于各类短线交易收益的计算，但在短线交易归入利益的计算标准上应坚持的根本依循是寻求更接近于行为人实际收益的计算方法。[②]

（3）特殊投资者的短线交易认定。

其一，全国社会保障基金的短线交易认定标准。

根据中国证监会《关于全国社会保障基金委托投资若干问题的复函》的规定，当全国社保基金合并持有上市公司5%股份时，若社保基金理事会与各投资管理人及各投资管理人之间的投资决策相互独立，则对该公司股票交易不受短线交易归入权规则中6个月持有期的限制。然而，若社保基金理事会与各投资管理人及各投资管理人之间的投资决策并非相互独立，则对该公司股票的交易应受6个月持有期的限制。此外，全国社保基金委托的单一投资管理人持有上市公司的股份超过5%时，则应严格遵循《证券法》第47条有关短线交易的

---

① 参见（2018）粤民终5121号。
② 唐春丽.短线交易的认定及收益计算[J].人民司法,2020(32):69.

规定。①

其二，证券投资基金的短线交易认定标准。

当一家基金管理公司管理下的一只基金持有某一上市公司的股份累计达到5%时，存在6个月内买入卖出股份情形的，应认定为短线交易。但是，当该基金管理公司管理下的一只基金持有某一上市公司的股份累计达5%后，因该股票价格高涨，致使该基金持有一家上市公司股票的市值超过《证券投资基金运作管理办法》第31条关于禁止超过基金资产净值10%的限制比例，根据该《办法》第33条在10个交易日内进行卖出的行为，鉴于其属于为了遵守相关法规规定被动触及短线交易，建议予以豁免适用短线交易归入权制度。②

其三，合格境外机构投资者的短线交易认定标准。

以自有资金及受托资金持有我国一家上市公司股份累计达到5%后，在6个月内买入卖出股份的，应认定为短线交易。同时，对于同一实际控制人通过不同合格境外机构投资者的账户持有一家上市公司股份累计达到5%后，在6个月内分别买入、卖出股份的，也应认定为短线交易。③

其四，信托投资公司的短线交易认定标准。

信托投资公司以自有资金及信托资金持有我国一家上市公司股份累计达到5%后，在6个月内买入卖出股份的，应认定为短线交易。④

其五，合伙企业的短线交易认定标准。

一个普通合伙人和其入伙的普通合伙企业或者有限合伙企业持有一家上市公司股份合并累计达5%后，在6个月内买入、卖出该公司股份的，应当认定为短线交易。而一个有限合伙人和其入伙的有限合伙企业持有一家上市公司股份合并累计达5%后，在6个月内买入、卖出该公司股份的，除非有证据证明该有限合伙人实际控制了该有限合伙企业，则不应认定为短线交易。⑤

其六，内部人进行委托理财或者购买理财产品的短线交易认定标准。

上市公司董事、监事、高级管理人员、持股5%以上的股东等内部人委托证券公司等进行理财时，委托理财之交易应视同本人交易，纳入归入权计算。

---

① 邱永红.规制证券短线交易法律制度的现存问题与对策[J].证券市场导报,2011(1):71.
② 邱永红.规制证券短线交易法律制度的现存问题与对策[J].证券市场导报,2011(1):71-72.
③ 邱永红.规制证券短线交易法律制度的现存问题与对策[J].证券市场导报,2011(1):72.
④ 邱永红.规制证券短线交易法律制度的现存问题与对策[J].证券市场导报,2011(1):72.
⑤ 邱永红.规制证券短线交易法律制度的现存问题与对策[J].证券市场导报,2011(1):72.

但是，内部人购买证券投资基金、证券公司发行的集合资产管理计划等理财产品的，证券投资基金、集合资产管理计划发生的证券交易，不视同本人交易，以证券投资基金、证券公司作为归入权行使主体。①

3. 公司法上的归入权与证券法上的归入权之比较分析

石慧荣认为，在公司法上的归入权与证券法上的归入权之比较层面，首先，归入权的义务主体不同。证券法上的归入权之义务主体范围不限于管理层，还包括监事及持股 5% 以上的大股东。其次，归入权的行使范围不同。公司法上的归入权行使范围为违反利益侵占及冲突行为取得的收益，而证券法上的归入权行使范围仅限定从事短线交易获得的收益。最后，归入权行使的程序不同。证券法对归入权的行使程序作了明确规定，董事会有权代表公司行使归入权，当董事会怠于行使时，股东有权为了公司利益以自己的名义直接向法院提起派生诉讼。而公司法对归入权的行使程序未作任何规定。在归入权和介入权的概念辨析上，介入权的概念舶来于国外商法、公司法，而归入权则属于中国本土的概念，相较国外商法或公司法上的介入权，我国公司法上的归入权的适用范围更为宽泛。例如，以德、日、韩为代表的国家商法或公司法上的介入权之适用情形仅限于公司负责人违反竞业禁止义务。而我国公司归入权的适用情形除违反竞业禁止义务外，还包括其他诸如利益侵占及利益冲突行为。从法理上加以审视，基于挪用公司资金或将公司资金存入个人账户等利益侵占行为而产生的归入权基础是所有权规则，而基于竞业禁止等利益冲突行为产生的归入权基础为利益推定规则。②

总体来看，二者之间的区别体现有三：一是立法目的所欲保护对象不同。公司法上的归入权所欲保护的对象是公司本身的私人利益。而证券法上的归入权旨在保护广大投资者与证券投资市场之公共利益。二是规范主体不同。公司法上的归入权包括股份有限公司和有限责任公司的董事、监事、高级管理人员及持股 5% 以上的股东。而证券法上的归入权所规范的公司仅限于上市公司（性质为股份有限公司）的董事、监事、高级管理人员及持股 5% 以上的股东。三是可否决议不行使之不同。公司法上的归入权经董事、监事、高级管理人员向董事会或股东会履行报告义务后，可事后经公司股东会或董事会予以免除；但公司不得以股东会决议的方式放弃证券法上的公司归入权。

---

① 邱永红. 规制证券短线交易法律制度的现存问题与对策[J]. 证券市场导报, 2011(1): 72-73.
② 石慧荣. 归入权的行使与派生诉讼的适用[J]. 商业经济与管理, 2007(10): 70-71.

4. 短线交易归入权制度合理性之论证

公司短线交易归入权突破了传统的"内幕交易—损害赔偿"模式，代之以"短线交易—利益归入"模式。在"短线交易—利益归入"模式下，不再考量内幕人的主观过错要件，只需从客观要件出发，当内幕人在6个月内买入后卖出，或者卖出后买入本公司股票，即构成短线交易，应当适用归入权。[①] 在财产权具有社会公益面向的前提下，短线交易归入权仍有其存在的必要。展望未来，归入权制度仍将对证券市场产生相当程度的影响，其未来发展动向值得证券市场的高度重视。

目前学者从三个维度对短线交易归入权的合理性产生质疑。

（1）有的学者从私法角度展开论述。孟俊红以权利的产生与私法的原则为视角，认为公司归入权并非基于私法中的权利创设，其设立的初衷是倚重行政管制实现恣意干涉私法领域的经营活动，故不能裨益于私法领域的制度构建。归入权作为一项私法制度，本应体现私法旨趣，并与私法原则相一致，但实践中涉及归入权的适用集中体现为公法的强制干预性。由此，在证券法修订过程中，立法者应着力从私法角度重新审视归入权制度，使之既符合私法的基本理念，又能够发挥其原本的制度功能。[②]

（2）有的学者通过对条文进行文义解释、扩张解释和目的解释加以论证。曾洋认为，第一，《证券法》第47条第1款关于短线交易主体、客体、行为及收益归入四个方面的规范文义不一定能周延"短线交易归入"的制度内涵并体现"短线交易归入权的制度价值"；第二，该条缺乏严谨性，关于短线交易归入制度的四个基本要素存在重大不足，一项制度的每个要素都需要进行扩张解释，其根源在于立法本身不够严实；第三，该条既无法实现其立法目的，也不具备合理性和公正性等规范价值，理由有三：一是短线交易的法律后果轻于内幕交易的综合性法律后果，如此后果较轻的行为规范不能阻吓后果严重的不法行为；二是"粗略而实际的方法"不仅使立法凸显粗疏，还令执法失之偏颇；三是将公司内部人从事短线交易取得的收益归入公司并不符合证券法的制度逻辑，因为短线交易行为直接造成投资者利益的损失，并非公司利益的损失，而且短线交易归入权的立法意图在于维护投资者对资本市场的信赖，然而短线交

---

① 王建敏，石成.公司归入权制度的建立与完善[J].理论学刊,2014(1):71.
② 孟俊红.从私法角度看短线交易归入权制度之不足——兼评《证券法》私法旨趣之匮乏[J].河南社会科学,2005,13(4):4.

易归入权却对受损失的投资者未提供任何救济路径。[①]

（3）也有学者从法律移植理论加以论证。汤欣认为，我国的短线交易制度几乎完全承袭自美国，在性质上属于法律的移植。但法律移植的动机甚为模糊，立法者对此并未给予重视。无论从立法哲学层面，抑或从规范方法层面，短线交易归入权制度与内幕交易制度都互相迥异，试图以短线交易制度来强化内幕交易制度极可能产生宏观适应问题，而我国证券监督管理委员会和证券交易所现行的规范性文件在法源上的疑问，也可能给短线交易制度带来微观适应方面的困惑。鉴于采用事前申报和公告制度能够以相对较小的成本实现短线交易机制的功用，是否继续维持短线交易制度存在质疑。[②]

（五）公司归入权之研究方法：传统而单一

学界关于公司归入权的研究主要运用了传统的规范分析方法。规范分析方法侧重法律文本分析。通过规范分析，对公司归入权的基本内涵与理论构造做了较系统的研究。

但对现有研究方法的运用仍存在一定不足之处：第一，规范分析及比较分析方法仅局限于具体条文的解释论与立法论，尚未从宏观体系化的视角进行更有价值的分析与比较，遮蔽了公司归入权行使制度本身的价值意蕴。第二，司法实证研究较为欠缺，尚未对公司归入权制度的运行现状进行系统描述，更未对司法适用中存在的争议问题予以回应。

（六）公司归入权行使制度之总结与前瞻

总体而言，我国关于公司归入权的研究主要集中在2005年《公司法》、《证券法》前后这一阶段，随着立法改革的潮流，公司归入权制度一度跃入学界的研究视域。

一方面，从研究的广度来看，关于公司归入权制度的基础理论均有所涉及，特别是对归入权的性质以及构成要件已进行了广泛研究。另一方面，从研究的深度来看，研究的内容存在一定程度的重复，且基本上都停留在文本性法律的解释论和立法论，尚未从实践层面对公司归入权的运行规则展开细致的探究。

[①] 曾洋.修补还是废止？——解释论视野下的《证券法》第47条[J].环球法律评论,2012,34(5)：14.

[②] 汤欣.法律移植视角下的短线交易归入权制度[J].清华法学,2014(3)：13.

笔者试图从研究内容、研究方法和研究视野三方面对既有研究成果进行初步总结，并可能将其视为今后研究的方向。

1. 研究内容

（1）在研究主题上，公司归入权制度的运作机理及运行现状问题尚未引起学界应有的关注，对公司归入权行使制度几乎没有研究。

（2）在研究思路上，关于公司归入权的既有研究成果多局限于纯粹制度性的研究思路，如对公司归入权性质、功能等基础理论的探究，或对《公司法》第148条和《证券法》第47条的解释论和立法论的探究，整体上欠缺体系性研究视角，这体现为两个方面：一是尚未从商事侵权责任承担方式的整体结构来探寻公司归入权制度的价值意蕴；二是尚未以忠实义务的本质内涵为逻辑起点，对《公司法》第148条与《证券法》第47条的本质属性展开系统论述，从而割裂了两者之间的内在一致性。

（3）在研究对象上，既有成果在具体制度性研究方面颇为丰富，但对公司归入权行使制度的本源、法制机理、内生逻辑及运行现状等重大现实问题均缺乏体系性探究，这与研究主题的局限性相关。

2. 研究方法

既有的研究成果主要侧重于文本性的规范分析方法，尚欠缺以司法判例为中心的实证研究，为此，本书对人大法宝数据库及中国裁判文书网中截至2019年以前的公司归入权案例逐一进行梳理总结，并在此基础上提出相应的发展进路。

3. 研究视野

本书力求对公司归入权行使制度的理论溯源的精深地梳理与总结，通过体系性视角对公司归入权行使制度展开多学科交叉的融通性研究。

三、本书的研究思路、结构与方法

（一）研究思路

本书对公司归入权行使制度的研究，试图探寻公司归入权如何有效行使的解决方案。本书遵循提出问题、分析问题、解决问题的研究思路，先沿循解释论之思路，对归入权的理论溯源与制度内涵进行总结诠释，进而全面剖析公司归入权行使制度的价值意蕴及运行机理，探讨自治型的公司法与效率驱动的公司治理对公司归入权得以运行产生直接的推动作用，揭示公司归入权行使的必要性。以法律实证分析方法对公司归入权制度的运行现状加以解读，系统分析我国有关公司归入权的法律规范文本，梳理公司归入权制度存在的诸类行使障碍，探寻公司归入权有效行使的解决方案。沿循立法论之思路，运用价值与功能主义分析、比较法分析等方法，对公司归入权制度的有效行使问题予以立法回应。

（二）研究结构

本书包含导论、本论（正文）与结语三部分。

导论部分主要包括选题背景与意义、文献综述及本书的研究思路、结构与方法。

本论部分将沿循研究主题的内在逻辑，分为以下五个有机联系的部分。

（1）本源论：全面阐释公司归入权行使制度之来龙去脉。

（2）内涵论：科学分析公司归入权行使制度之实质意涵。

（3）动因论：综合描述公司归入权行使制度之具体障碍。

（4）本位论：合理诠释公司归入权行使制度之价值基础。

（5）发展论：系统论证公司归入权行使制度之建构进路。

结论部分将结合我国当前关于公司归入权的立法规定，对体系性视野下全面审视公司归入权行使制度的必要性予以澄清，并在此基础上分别就公司法与证券法上的公司归入权行使制度的发展进路进行总结性、前瞻性的阐述。

（三）研究方法

在我国，尽管公司归入权已被立法正式确认，但相关的行使规则完全缺位，有违立法实效性原则，应属立法缺陷。因此，在论述公司归入权行使的必要性的基础上，考察公司归入权的实际运行状况，进而提出公司归入权的行使制度之发展路径正是本书的立意所在。鉴于此，本书的研究方法可概括为以下两方面。

其一，运用规范分析、法律实证之解释论研究方法。本书以学说文献与实务经验性资料为素材，采用演绎与归纳分析法，全面、深入地发现问题和解释问题。对归入权的适用问题及行使困境进行整合性研究，在回应现实问题的同时，亦特别着眼于基础理论研究的体系性。[①] 同时，本书在公司归入权的行使

---

① 耿卓.传承与革新——我国地役权的现代发展[M].北京：北京大学出版社,2017：30.

问题研究上注重进行较全面的实证分析。经研究发现，归入权因公司类型的不同，其存在的行使障碍也有所差异。在上市公司中，以行政处罚为主导的程式思维是制约公司归入权行使的关键性障碍；而在非上市公司中，司法裁判对实体与程序要素的认识不一及倾向于损害赔偿请求权的裁判思维是归入权行使障碍的主要诱因。因此，本书尝试全面收集社会和司法实践中的典型个案，以此对公司归入权行使制度展开类型化的实证研究。

其二，运用价值目标、立法技术与法律适用相结合之立法论研究方法。当论及某项制度的立法对策时，价值目标、立法技术构造原理及法律适用效果当属立法者与研究者着力考量的核心因素。价值目标是法律制度之根本，是立法的最高层次要求，指导着具体的制度建构。同时，价值目标也是任何一项法律制度在被建构时所应当承载的具体法政策指向，其为立法在当前将要解决何种社会现实问题指明方向。而立法技术是具体法规范的建造技术，是一种立法上的技术理性，它以深厚的法理和科学的立法技术为基础。[1] 与此，法律适用效果则是价值目标与立法技术在社会现实层面的直观表达，反映了当前立法的价值取向与技术构造原理是否在现实层面已转化为裁判规范和行为规范。基于此，当公司归入权行使制度付诸在实体法层面时，为形成科学的立法思路和构建理想的法律规范，有必要对既有规定的价值目标、立法技术与法律适用进行综合判断，由此论证公司归入权行使制度的发展路径与立法对策。

---

[1] 耿卓.传承与革新——我国地役权的现代发展[M].北京：北京大学出版社,2017：29-30.

第一章　归入权之理论溯源

　　从词义上看，"归入权"意指权利人有权要求行为人基于不法行为的收益予以返还。与之对应的英文词汇是"disgorgement"，国内学者将其直译为"吐还"。① 理论上一般将"吐还"作为"返还"的同义词，指代"收益吐还"或"获利返还"。② 早在1870—1871年的耶根诉维恩一案中，衡平法院经裁决认为，"本院决不允许任何人基于不法行为牟取私利。根据《凯恩斯勋爵法案》，法院享有确定损害范围的权力。由此带来一个合理的争论，即在该案中收益范围应被加以计算。"这一论断似乎是永恒的，在1964年的路克斯诉巴拿德一案中，法院同样认为，"有必要通过'收益吐还'或获利返还规则来引导过错方不得基于不法行为而获利"③。"收益吐还"或"获利返还"是归入权行使制度的逻辑构造，循此，笔者深耕于"收益吐还"与"获利返还"规则的规范演绎，进而对归入权的内涵外延进行深入探析。

---

① 部分学者将"disgorgement"翻译为"得利剥夺"或"利润剥夺"。张家勇.基于得利的侵权损害赔偿之规范再造[J].法学,2019(1): 66；朱岩."利润剥夺"的请求权基础——兼评《中华人民共和国侵权责任法》第20条[J].法商研究, 2011(3): 137-145。也有部分学者将"disgorgement"翻译为"获益交出"或"利益交出"。许德风.不动产一物二卖问题研究[J].法学研究,2012(3): 90-93；缪宇.获利返还论——以《侵权责任法》第20条为中心[J].法商研究,2017(4): 90；吴国喆,长文昕娉.违约获益交出责任的正当性与独立性[J].法学研究,2021(4): 112,111-129；周淳.公司归入权的体系定位与规范构造[J].财经法学,2021(3): 35-40.

② 皮特·博克斯.不当得利[M].刘桥,译.北京：清华大学出版社,2012: 322-324.

③ HONDIUS E, JANSSEN A. Disgorgement of profits—gain-based remedies throughout the world[M].Switzerland：Springer international publishing, 2015: 3-4.

第一节 "收益吐还"规则的规范演绎

一、"收益吐还"规则的理论基础与规范意义

理论上一般认为,侵权不得获利。但在现实生活中,行为人因违反不正当竞争法、商事交易法、资本市场法、知识产权法,侵犯他人人身权利以及违反受托或保密义务而获利的现象时有发生。故在司法实践中,应当为此类不法行为付出代价,即不法者应将不法利润予以吐还。[1] 纵览史承,"收益吐还"规则在当今世界各国的法律体系中均有所呈现。

各国法律体系关于"收益吐还"的概念存在不同的表达方式,如在英语中相应的术语表达为"disgorgement""restitutionary""gain-based damages",在法语则表述为"faute lucrative",而在德语的表述是"Gewinnherausgabe"或"Gewinnabschöpfung"。以色列在有关刑法的出版物中使用了"disgorgement of profits"(收益吐还)这一术语。类似的术语经常出现在普通法及一些混合法域。目前,绝大多数的法律体系都承认遏制行为人取得不法收益不仅是一个法律部门的任务,还须刑法、行政法和私法的合力来实现最佳的法律效果。是故,刑法和行政法会先见性地启用更多或效率较低的特定工具来实现非法利润的吐出。这主要体现为行政机关惯于采取没收的方式,抑或按照违法所得来计算行政或刑事罚款[2]。诚如法谚所云,"任何人不得因自身的不法行为而获得利益",而违法所得即属于不法利益,其本身并不具备正当性。即使行政机关剥夺了相对人的不法利益,也并未令相对人承担额外的义务,其从事违法行为前的利益状态也并未因此而恶化[3],故没收违法所得与罚款并用的情形十分普

---

[1] HONDIUS E, JANSSEN A. Disgorgement of profits—gain-based remedies throughout the world[M].Switzerland: Springer international publishing, 2015: 4.

[2] HONDIUS E, JANSSEN A. Disgorgement of profits—gain-based remedies throughout the world[M].Switzerland: Springer international publishing, 2015: 5.

[3] 王青斌. 行政法中的没收违法所得[J]. 法学评论, 2019,37(6): 163.

遍。① 从性质上讲，没收违法所得剥夺的是不法利益，本质上并不属于行政处罚，其规范意义在于向受害方返还被侵害的利益，以此营造公平竞争的市场环境与资本环境②，故没收违法所得具有补偿功能。与之相反，罚款则剥夺的是合法利益，应被列为行政处罚的种类之一，具有强大的惩戒功能。③ 没收违法所得与罚款本质上都是国家公权力介入民事领域，现代社会保障公民权利是行使公权力的核心理念，服务和保护是行使公权力的主要方式，故公权力介入民事领域应受到严格的限缩。④ 于是，在私法中建构"收益吐还"规则就显得尤为重要。然而，对于私法部门来说，关于"收益吐还"的救济措施往往并不明显，有时甚至隐藏在填补性损害赔偿或其他模糊的民事责任之中。"收益吐还"规则遍布在整个私法体系中，这往往令人们对"收益吐还"规则的一致性理解变得复杂。另外，并非每个司法管辖区都将"收益吐还"视为争议问题，而这也可能会给其带来司法适用困难。除此之外，"收益吐还"还可能存在损害赔偿数额不同的问题，如美国竞争法中规定的三倍损害赔偿与普通法上其他的惩罚性损害赔偿制度均具有"收益吐还"的功能。⑤

从私法角度来看，"收益吐还"规则的规范意义涵摄三个层面：一是察觉行为人从事不法行为的机会很低，行为人往往会"推测"自己不会对其所实施的不法行为承担法律责任；二是在损害赔偿数额较低或需要进行象征性损害赔偿的情况下，权利受损方应对行为人保持一种理性的冷漠。在此情形下，个体的损害数额很低，由此权利人主动提起损害赔偿的愿景也很低，但众多权利人因不法行为而遭受损失，故行为人获得的收益很高；三是行为人基于不法行为而获得的预期收益将高于因侵权行为而受到的法律制裁（尤其是损害赔偿）。尽管行为人因实施蓄意违反法律的行为将受到法律制裁，但其仍能从中盈利。

---

① 以我国2019年修订的《证券法》为例，有关没收违法所得与罚款并用的规定达19条之多，详见该法第181条、第183条、第184条、第187条、第188条、第191条、第192条、第193条、第194条、第200条、第202条、第204条、第206条、第207条、第208条、第209条、第210条、第212条、第213条。
② 冯博.没收违法所得与罚款在反垄断执法中的组合适用[J].法商研究,2018,35(3)：140.
③ 王青斌.行政法中的没收违法所得[J].法学评论,2019,37(6)：166.
④ 关保英.治理体系与治理能力现代化中的公法给付精神论[J].法律科学（西北政法大学学报）,2020,38(5)：22.
⑤ HONDIUS E, JANSSEN A. Disgorgement of profits——gain-based remedies throughout the world[M].Switzerland：Springer international publishing, 2015：6-7.

"收益吐还"规则虽产生于普通法，但被衡平法院所吸收，并主要作为违反衡平法的制裁。据此，"收益吐还"规则在传统上并不适用于违反普通法上的不法行为，如合同和侵权行为。① 因此，"收益吐还"规则未曾在传统合同法理论与侵权法理论中予以建构，而是从衡平法上的信托理论找到规范依据。

值得一提的是，关于"收益吐还"规则争论最多且最突出的私法工具就是获益性损害赔偿。与补偿性损害赔偿不同，获益性损害赔偿以被告侵犯他人权利而获得收益为评判标准，而非以原告的损失为依据。故原告获得的损害赔偿可能会大大超过其遭受的损失，学理上将其获得的损害赔偿称之为"意外获利"。② 获益性损害赔偿是独立于填补性损害赔偿的一项特殊民事责任承担方式。获益性损害赔偿由成文法和判例法共同规定，但在适用范围、过错程度等法律要件上存在差异。在纯粹的民法法系国家的成文法中，甚至在判例法中可发现获益性损害赔偿的概念。在普通法国家的历史上，在普通法院与衡平法院产生的私法诉讼之间也存在着分歧。虽然在普通法中出现了获益性损害赔偿，但它被衡平法院所采信，主要用于遏制衡平法上的不法行为。因此，传统的获益性损害赔偿一般不适用于普通法上的不法行为，如违约行为和侵权行为。然而，在以以色列和苏格兰为代表的混合法系国家，普通法与衡平法上的救济并无分别。在澳大利亚，衡平法与普通法之间的历史分歧仍然是普通法中私法领域（指合同和侵权行为）裁决适用"收益吐还"规则的主要障碍，将获益性损害赔偿建立在普通法与衡平法相融合的理论基础之上，则被视为忽视历史先例的一种"谬论"。相比之下，美国并不重视普通法与衡平法之间的融合，而更倾向于对各种不法行为适用"收益吐还"规则和惩罚性赔偿③，显然是以注重务实性为特征的功能主义立法思维取代了以逻辑体系为主导的理性价值取向。

二、作为一般法律救济方式的获益性损害赔偿之缺位

在大多数法律体系中，"收益吐还"规则不被视为所有违法行为的一般救济措施，因此往往缺乏法律基础。早先美国学者认为"收益吐还"规则不应作

---

① HONDIUS E, JANSSEN A. Disgorgement of profits—gain-based remedies throughout the world[M].Switzerland：Springer international publishing, 2015：4.
② HONDIUS E, JANSSEN A. Disgorgement of profits—gain-based remedies throughout the world[M].Switzerland：Springer international publishing, 2015：475.
③ HONDIUS E, JANSSEN A. Disgorgement of profits—gain-based remedies throughout the world[M].Switzerland：Springer international publishing, 2015：6-7.

为民事救济方式之一，但在2011年美国颁布的《返还与不当得利法重述》(第三版)中明确"收益吐还"规则可以在部分案件中加以适用。在其他普通法国家，如英格兰和威尔士、澳大利亚、爱尔兰和新西兰以及一些混合法系国家，如加拿大和苏格兰，获益性损害赔偿传统上主要用于公平的诉讼原因，如违反信托义务和违反保密协定，一般称之为"收益吐还"。但近年来，英格兰、威尔士和加拿大的法院已将获益性损害赔偿扩张至衡平法之外的其他私法上，如违约行为。例如，爱尔兰高等法院在黑克诉若凯斯商店一案中裁定，当被告恶意实施不法行为而获取收益时，违约和侵权行为将会产生获益性损害赔偿。冯莱法官认为，尽管在合同和侵权中，损害赔偿的目的在于赔偿，但基于违约而产生的损害赔偿无须严格限定在赔偿范围之内。"收益吐还"规则的适用情形基于诉因不同而有所差异。据此，他提出了一项普遍的规则，"如果行为人故意通过实施不法行为而获取收益，那么无论该不法行为是否构成侵权抑或违约，法院在认定损害赔偿的范围时，不仅应考量原告所遭受的损失，还应考量被告基于不正当行为而获得的收益"。然而，由于判例法不够完善，爱尔兰法律中关于这些获益性损害赔偿的原则有待进一步细化。尽管如此，该裁决首次将获益性损害赔偿适用于违约和侵权行为中。[1] 将获益性损害赔偿的适用范围拓宽至合同和侵权领域，是真正实现遏制非法获益行为目标的规范前提。

不宁唯是，2001年英国上议院在总检察长诉布雷克一案中作出了一项具有里程碑意义的裁决，该裁决指出，英国法律普遍接受的主流观点是违约损害赔偿只具有补偿性，任何基于收益的损害赔偿不能因"纯粹"的违约行为而授予。只有在特殊情况下，违约方才能适用获益性损害赔偿。尼科尔斯勋爵表示，除非一般的违约救济（补偿性损害赔偿和具体救济）不充分，否则不应对被告施以获益性损害赔偿。事实上，该裁决所谓的"特殊情况"指射十分模糊，毕竟被告因违约而获取收益的情形鲜有发生。当存在"特殊情况"时，对目前法院无权作出"收益吐还"裁决的其他侵权行为（大多为普通法上的侵权行为），是否可以适用获益性损害赔偿，仍处于悬而未决的状态。[2] 囿于缺乏一般性的基础规范，获益性损害赔偿的具体适用面临严峻挑战。

---

[1] HONDIUS E, JANSSEN A. Disgorgement of profits—gain-based remedies throughout the world[M].Switzerland：Springer international publishing, 2015：479.

[2] HONDIUS E, JANSSEN A. Disgorgement of profits—gain-based remedies throughout the world[M].Switzerland：Springer international publishing, 2015：479-480.

阿德哈斯一案[①]是以色列最高法院所受理的一起最具里程碑意义的案件，法院首次将获益性损害赔偿适用于未涉及信托关系的违约行为中，由此模糊了合同法、财产法和不当得利之间的界线。以色列最高法院在其第一次裁决中根据《国际货物销售统一公约》（《联合国国际货物销售公约》的前身）驳回了这一请求。由于原告不能证明其因违约而遭受损失，因此其索赔不成功。如果原告在被告违约后立即主张撤销合同，那么他可在合同撤销之日起就合同价格与市场价格之间的差额提起诉讼。被告主张不当得利的诉求同样被法院驳回，因为法院认为不当得利法不能适用于合同。根据《以色列不正当得利法》之规定，如其他法律对有关事项未规定，当事人之间的协议也未另有规定，则应适用本法的规定。随后，原告获准举行一次听证会，其中由以色列最高法院的五名法官组成的专家团须决定两个问题：一是不当得利是否适用于合同双方？二是若第一个问题的答案是肯定的，那么对本案当事人的法律后果如何？最终多数法官认为，不当得利也适用于合同当事人之间。因此，被告应将其取得的收益转移给原告。[②] 法院将引起获益性损害赔偿的行为与产生不当得利的效果相联结，由此也模糊了获益性损害赔偿的构成要件与法律效果。[③]

---

① 案情：1973年，被告德国公司与原告以色列公司签订一项合同，约定以确定的价格将钢铁卖给原告。由于1973年10月以色列与其邻国阿拉伯国家发生战争，钢铁的运输时间被延迟。被告通知原告，由于仓储成本高，不得不将剩余的钢铁卖给第三方。原告迅速回应要求被告交付钢铁。被告未遵守原告的要求，而是以更高的价格将钢铁卖给了第三方。1976年，原告提起诉讼要求被告吐还其因违约而获得的利益。此时，钢铁的市场价格已恢复至原先的水平，故原告无法根据双方缔结的合同规则来填补所遭受的损失，而是主张被告吐出不法获得的收益。

② HONDIUS E，JANSSEN A. Disgorgement of profits—gain-based remedies throughout the world[M].Switzerland：Springer international publishing, 2015：480-481.

③ 基于违约的"收益吐还"规则是指当被告具有违约获利的情形时，原告有权请求被告吐还其基于违约所获得的利益。从原告（守约方）的角度看，这是其所享有的一项请求权，但从被告（违约方）的角度看，则是其必须依照对方的请求而应予以承担的责任，本质上属于责任的表现形态之一。剥夺违约获益的正当性主要基于两点：一是在理念上，法律不允许任何人因不法行为而获益，也不允许任何人从自己的过错中获益，这既是分配正义的基本要求，也是世界上绝大多数国家所遵循的基本准则；二是在功能上，当损害赔偿不足以威慑违约方时，剥夺违约获益可有效发挥预防与震慑功能。通过剥夺被告因违约所获的利益，能够发挥遏制违法行为、防止机会主义并促进合作的功效。吴国喆、长文昕婧.违约获益交出责任的正当性与独立性[J].法学研究,2021,43(4)：111-129.

在德国和奥地利的民法典中同样也缺乏对"获益性损害赔偿"的规定。但德国著名法学家格哈德·瓦格纳在其提交给第66届德国法学家论坛的报告中，就主张在德国的损害赔偿法（针对故意侵权）中纳入"获益性损害赔偿"。[1] 根据《奥地利损害赔偿法草案》第1316条第5款之规定，在计算损害赔偿金额时，造成损害的一方基于引发责任的行为而获得的收益应予以考虑。1992年的《荷兰民法典》第6编《债法总则》第104条为获益性损害赔偿提供了规范基础，根据该条规定，"因侵权行为或债务不履行而对另一方负有责任的人因该行为获得利益的，法官可以应另一方的请求将该所得利益或者其一部分计入损失额"。但在威页恩一案中，荷兰最高法院认为"收益吐还"仅是估算损害赔偿的一种方式，而不是一项独立和具体的获益性损害赔偿的救济规则。林森认为，在荷兰，不当得利是获益性损害赔偿的法律基础。[2] 林森关于获益性损害赔偿的观点是不全面的，目前学界已就获益性损害赔偿与不当得利之间的差异进行了区辨[3]：一是获益性损害赔偿中的"获利"是被侵害的权益所对应的具体价值与行为人投入生产要素所获取的增量价值，而不当得利中的"得利"仅指被侵害的权益所对应的具体价值；二是获益返还请求权的发生原因是行为人实施了受害人主要权利所对应义务的不法行为，由该不法行为所衍生的权利称之为救济权。而不当得利返还请求权的发生原因是不以人的意志为转移的事件以及虽有不当但属合法的事实行为或法律行为，凡此基于合法原因而取得权利被认为是第一权利，亦称为原权。[4] 除此之外，王泽鉴曾明确提出，不当得

---

[1] 格哈德·瓦格纳的这项提议在德国第六十六届法学家大会的表决中被拒绝。张家勇.基于得利的侵权损害赔偿之规范再造[J].法学,2019(2)：66.

[2] HONDIUS E, JANSSEN A. Disgorgement of profits—gain-based remedies throughout the world[M].Switzerland：Springer international publishing, 2015：7-8.

[3] 也有学者分别从主观状态、利益来源、功能价值与法律效果四方面就获益性损害赔偿与不当得利之间的差异进行详细诠释。申言之，在主观状态上，获益性损害赔偿以"过错"和"违法性"要件为构造逻辑，不当得利则无此构造逻辑；在利益来源上，获益性损害赔偿不以原、被告之间的价值移转为前提，而不当得利则以原、被告之间具有利益价值的移转为基础；在功能价值上，获益性损害赔偿同时具有补偿与预防惩罚的双重效果，而不当得利旨在矫正财产的不正当变动，故并不具备此项功能；在法律效果上，获益性损害赔偿不考虑得利与损害之间的关联性，而不当得利则需考量得利与损失之间的关联性。吴国喆、长文昕娉.违约获益交出责任的正当性与独立性[J].法学研究,2021,43(4)：125-126.

[4] 和育东.非法获利赔偿制度的正当性及适用范围[J].法学,2018(8)：152-154.

利法在调整秩序上主要发挥补救交易失败与权利保护两大功能[1]，而获益性损害赔偿并不具备该项功能，其主要功能是震慑和吓阻不法获益的行为。

虽然各国立法并未将获益性损害赔偿作为一般的私法救济方式，但在某些法律部门中，获益性损害赔偿受到特别关注。例如，在合同法中，法院通常将违约行为认定为同时构成对信义义务的违反，以此来要求被告承担获益性损害赔偿责任。同时，在知识产权及反不正当竞争法领域，各国法律均将被告取得的非法收益作为损害赔偿估算的依据。除此之外，在大众传媒故意侵犯他人人格权案件中，德国法院认为被告应该向原告返还其基于侵犯他人人格权而获取的收益。在私法领域，获益性损害赔偿并非为利益吐出的唯一救济方式。惩罚性赔偿及不当得利制度也发挥着"收益吐还"的功能。在德国，"收益吐还"规则在公、私法上均有体现。例如，以《德国反不正当竞争法》第10条为例，权利人有权要求不正当竞争行为人将非法取得的收益吐还，但被吐还的收益既不归原告，也不归权益受损方，而是直接归入联邦财政。[2] 另外，以《德国商法典》第61条和第113条第1款为例，业主、合伙组织有权要求商业辅助人、合伙人将其违反信义义务而取得的收益予以吐还。[3]

尽管各国立法均致力于通过获益性损害赔偿或其他发挥"收益吐还"功能的制度来实现遏制不法获益行为的目的，但由于尚未形成统一的获益性损害赔偿理论，引致现实中不当获益的情形时有发生。各国关于获益性损害赔偿的规定存在诸多差异。例如，以色列将获益性损害赔偿的适用范围扩及至几乎一切基于法律原因和合同之债中，而南非、巴西等国家则仅在特定的范围内方才适

---

[1] 陈自强. 不当得利法体系之再构成——围绕《民法典》展开[J]. 北方法学, 2020, 14(5): 11.

[2] 根据2004年《德国反不正当竞争法》第10条第1款之规定，故意违反本法第3条关于禁止不正当竞争之规定，以损及众多购买人为代价获取利润的，依本法第8条第3款第2项至第4项有权主张停止侵害请求权的主体，有权要求行为人将该利润上缴给联邦财政。

[3] 根据2009年《德国商法典》第61条第1款之规定，商业辅助人侵害自己依第60条所负担的义务时，业主可以请求损害赔偿；抑或，业主可以请求商业辅助人，将以自己计算所实施的行为视为业务的计算所缔结的行为，并且请求其交出由为他人计算实施的行为中所取得的报酬，或者让与其报酬的请求权。另根据该法典第113条第1款之规定，一个合伙人违反依本法第112条有关竞业禁止的规定时，合伙组织可以请求损害赔偿；抑或，合伙组织可以向该合伙人请求，将其为自己的计算所实行的交易作为为合伙的计算所缔结的交易予以承受，并且请求交付由为他人的计算而实行的交易中所取得的报酬，或者让与其所享有的报酬请求权。

用获益性损害赔偿。此外，在一些法律制度中，获益性损害赔偿仅适用于涉及财产损害的不法行为，相比之下，德国、瑞士等国家的法律体系则较为开放，也允许将获益性损害赔偿适用于非金钱损失的不法行为。获益性损害赔偿在不同的法律制度之间有所差异，即使在一个国家的法律制度内，其法律适用也存在显著的差别。获益性损害赔偿一般要求行为人有故意或至少有重大过失。尽管立法表明受害方有权向行为人主张利益吐出，但普通法似乎仅向法院（而非受害方）赋予要求行为人基于违反信托义务而获得收益予以追缴的权利。同样，德国法律也并未赋予受害人选择救济方式的自由，只允许在实际损失无法计算或难以计算的情况下方才适用获益性损害赔偿。[①] 因此，获益性损害赔偿在民事法律救济中仅发挥着辅助的作用。

三、"收益吐还"规则的发展与未来

随着我国法律的进一步完善，"收益吐还"规则正经历着一系列的变化。尽管立法并未针对所有类型的"收益吐还"规则进行全面、系统性的规定，但《民法典》第1182条为获益性损害赔偿的司法适用提供了法律基础。"侵害他人人身权益造成财产损失的，按照被侵权人因此受到的损失或者侵权人因此获得的利益赔偿；被侵权人因此受到的损失以及侵权人因此获得的利益难以确定，被侵权人和侵权人就赔偿数额协商不一致，向人民法院提起诉讼的，由人民法院根据实际情况确定赔偿数额。"该条为侵权行为法上的获益性损害赔偿提供了依据，但获益性损害赔偿仅是一种次要的救济措施，即仅在具体的赔偿计算时方才考虑获益型损害赔偿。[②] 此外，受"没收违法所得"的公法思维之影响，中证监会往往将公司负责人基于短线交易的行为所获得的利益上缴国库，而非用来救济公司，这与资本市场活动中私法优先的价值理念基本完全背离。

与大多数国家的法律体系相比，晚近以来欧洲在比较法的基础上，对获益

[①] HONDIUS E, JANSSEN A. Disgorgement of profits—gain-based remedies throughout the world[M].Switzerland：Springer international publishing, 2015：500.

[②] HONDIUS E, JANSSEN A. Disgorgement of profits—gain-based remedies throughout the world[M].Switzerland：Springer international publishing, 2015：475.

性损害赔偿一般规则的创设更为开放。《欧洲示范民法典草案》[①]第六卷《侵权责任》第六章《救济措施》第一节为"损害赔偿的一般规定",其中第101条规定了损害赔偿的目标与形式,即损害赔偿旨在使遭受了具有法律相关性的损害的人,恢复到损害未发生时的状态。损害赔偿仅在合理的情形下,才能采取向对法律相关性的损害之发生负有责任的人请求其偿还因损害的发生而获得的收益之方式,以实现损害赔偿旨在恢复原状的立法目标。[②]正义是《欧洲示范民法典草案》中具有普适性的原则,无论是合同之债,还是非合同之债,法律均不允许任何人依赖其自身的非法、不诚实或不理性的行为,更不允许人们以牺牲他人利益为代价而获取不当利益。[③]因此,获益性损害赔偿具有一般性的法律基础,因为"基于不法行为而获得的收益不应被不法者所保留",获益性损害赔偿的制度价值即在于消除潜在的不法者企图通过实施不法行为来牟取私利的意图。《欧洲侵权法原则》第10章第101条有关"损害赔偿金的性质和目的"的评注指出,《欧洲侵权法原则》对把没收收益作为一种赔偿方式保持沉默,原因在于相关内容主要由不当得利法或者返还法来调整。然而,在某些法域,"利益吐还"规则在侵权法案件中起着有限的作用,如侵害知识产权的案件。为了实现赔偿和预防的目的,损害赔偿金的评定应考虑侵权人的收益。[④]尽管《欧洲侵权法原则》未明确"利益吐还"规则的法律基础,但是其所发挥的规范价值却不仅限于知识产权领域,还包括公司法、合同法、侵权法等民商事领域。

未来应如何看待"收益吐还"规则?目前,学者更倾向于运用私法的解释方法。申言之,行政责任与刑事责任是以违法者为中心构建的制度,侧重于修复国家与违法行为人失衡的社会关系,责任体现的惩罚可以直接施加于违法

---

① 《欧洲示范民法典草案》是一个学者建议稿,展现为一项大型欧洲研究项目的成果,可为欧洲私法理念提供一个新的基础,并能为私法问题提供适当的解决方案。欧洲民法典研究组,欧盟现行私法研究组.欧洲示范民法典草案:欧洲私法的原则、定义和示范规则[M].高圣平,译.北京:中国人民大学出版社,2011:6-7.

② 欧洲民法典研究组,欧盟现行私法研究组.欧洲示范民法典草案:欧洲私法的原则、定义和示范规则[M].高圣平,译.北京:中国人民大学出版社,2011:324.

③ 欧洲民法典研究组,欧盟现行私法研究组.欧洲示范民法典草案:欧洲私法的原则、定义和示范规则[M].高圣平,译.北京:中国人民大学出版社,2011:67-72.

④ 欧洲侵权法小组.欧洲侵权法原则:文本与评注[M].于敏,谢鸿飞,译.北京:法律出版社,2009:67-72.

者,故惩罚功能是此类责任的主要功能;而民商事责任则是以受害人为中心构建的制度,旨在修复违法行为人与受害人之间失衡的社会关系,责任体现的惩罚要依托于受害人的意愿和行为才能施加于加害人,由此彰显出对受害人救济的功能。① 本质上,"收益吐还"规则以私权优先为其立法价值取向,充分体现了"国不与民争利"的民本思想。② 与填补性损害赔偿不同,获益性损害赔偿的首要功能是预防功能,当没有发生金钱或非金钱损失(或无法证明时)抑或非法收益已超出损失时,应优先适用获益性损害赔偿,其规范意义在于遏制有利可图地违反法律与合同的行为(即行为人预期取得的收益将高于对其实施侵权行为的法律制裁)。获益性损害赔偿在发挥预防功能的过程中,并不追求惩罚目的,故其不能、也不应等同于惩罚性损害赔偿。职是之故,获益性损害赔偿严格限定在行为人取得的收益范围之内,而不应超出该收益范围。与之相反,惩罚性损害赔偿则可超出行为人的收益范围,甚至在行为人未取得任何收益的情况下,也可适用惩罚性赔偿。③

第二节 "获利返还"规则的规范演绎

从比较法的角度看,除了"收益吐还"规则外,归入权的制度内涵还可解释为"获利返还"规则。在普通法上,利益归入④、收益归入⑤、利润剥夺⑥抑

---

① 张东昌.证券市场没收违法所得与民事赔偿责任的制度衔接[J].证券法苑,2017,23(5):408-409;周友苏、蓝冰.证券行政责任重述与完善[J].清华法学,2010,4(3):68.

② 陈洁.证券民事赔偿责任优先原则的实现机制[J].证券市场导报,2017(6):56.

③ HONDIUS E, JANSSENA. Disgorgement of profits—gain-based remedies throughout the world[M].Switzerland:Springer international publishing, 2015:501.

④ 杨艳.公司法上的利益归入:功能界定与计算标准[J].浙江工商大学学报,2015(6):72-81.

⑤ 姜朋.短线交易收益归入制度功能的实证分析——兼谈《证券法》(2005)第47条的去留[J].中外法学,2017,29(3):802-817.

⑥ 朱岩."利润剥夺"的请求权基础——兼评《中华人民共和国侵权责任法》第20条[J].法商研究,2011,28(3):137-145.

或获利返还[①]，是作为一类返还救济制度的总称。返还救济的范围包括被告基于原告的行为而取得的收益、被告从第三人处取得的收益，而该收益应归原告所有以及被告基于不法行为而取得的收益三个方面。[②] 根据美国 2011 年颁布的《返还与不当得利法重述》第 3 条的规定，归入权之目的在于吓阻故意侵害行为的发生，消灭行为人从其不法行为中得利的不良动机。[③] 可见，归入权的返还范围是被告基于不法行为所取得的收益。申言之，被告是在违背与原告之间的信托关系或利用原告的机密信息的基础上而取得的收益，如图 1-1 所示。[④]

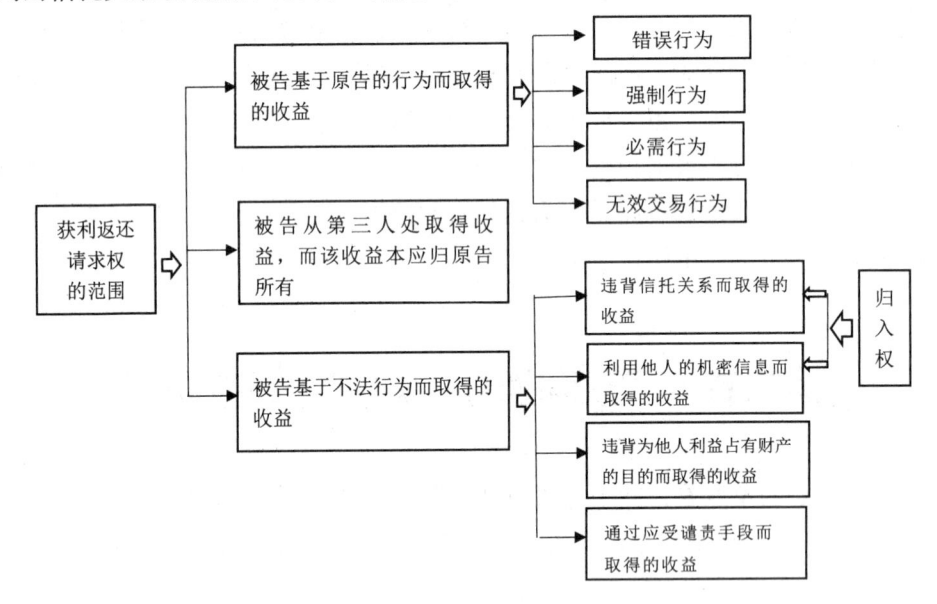

图 1-1 获利返还请求权的范围

[①] 王若冰.获利返还制度之我见——对《侵权责任法》第 20 条的检讨[J].当代法学,2014,28(6)：80-87.

[②] 加雷斯·琼斯.戈夫和琼斯论返还法[M].北京：商务印书馆,2013：42-46.

[③] 因商业规制法对侵权法依赖已不如它对许多其他法律一般领域以及成文法（特别是在联邦级上）的广泛发展的依赖。研究院理事会因此决定上述各章不再属于《侵权法重述》，并将其从《重述第二版》中删除。如果研究院随后决定应对涉及此类主题的法律进行重述，则应对所涉及主题制定分门别类的单独重述。美国法律研究院侵权法重述第二版：条文部分[M].徐传玺，石宏，和育东，译.北京：法律出版社,2012：337.

[④] 与英美法系学者的认识略有区别，大陆法系学者将归入权的适用范围类型化为违反信义义务或信赖利益的行为、侵犯知识产权的行为及侵犯人格权的行为。HONDIUS E JANSSEN A. Disgorgement of profits: gain-based remedies throughout the world[M]. Switzerland: springer international publishing, 2015：483-495.

布莱克法律词典将"归入权"定义为"在要求或法律强制下放弃某物（如非法获得的利润）的行为"。在侵权行为理论上，将侵权人的获利作为损害赔偿的范围来填补权利人的损失，从权利人角度看视为"利润返还"，而从侵权人角度看则属于"利润剥夺"。[①] 公司归入权即属于"利润剥夺"的基本类型之一。[②] 我国法学界将基于获利侵权行为而产生的返还请求权称为"利润剥夺"损害赔偿请求权。[③] 与此，英美法学界历来使用"restitution"（返还）与"disgorgement"（剥夺）这两个术语来指称返还请求权之损害赔偿。[④]

值得一提的是，美国学者埃德尔曼将基于不法行为产生的获益性损害赔偿（gain-based damages）区分为恢复原状之损害赔偿（restitutionary damages）与剥夺性损害赔偿（disgorgement damages）。[⑤] 简而言之，恢复原状之损害赔偿仅限于错误地从原告处获取的利益，而剥夺性损害赔偿则包含被告因不法行为所获得的全部收益。故恢复原状之损害赔偿只能剥夺被告从原告处取得的收益，而剥夺性损害赔偿则可以剥夺被告获取的任何收益，即其不限于从原告处获取的收益。根据埃德尔曼的观点，恢复原状之损害赔偿与返还财产几乎为完全相同的概念，即都是被告基于不法行为转移原告的财产，但是两者的诉因不同，恢复原状之损害赔偿基于转移财产所需的任何民事不正当行为，而返还财产只能是基于不当得利的行为。[⑥] 剥夺性损害赔偿最显著的特点在于其忽略收

---

① 胡晶晶. 知识产权"利润剥夺"损害赔偿请求权基础研究[J]. 法律科学（西北政法大学学报），2014,32(6)：113-120.

② 朱岩. "利润剥夺"的请求权基础——兼评《中华人民共和国侵权责任法》第20条[J]. 法商研究, 2011,28(3)：138.

③ 朱岩. "利润剥夺"的请求权基础——兼评《中华人民共和国侵权责任法》第20条[J]. 法商研究, 2011,28(3)：137.

④ 杨彪. 受益型侵权行为研究——兼论损害赔偿法的晚近发展[J]. 法商研究, 2009,26(5)：78.

⑤ 大陆法系的学者也提出，剥夺性损害赔偿体现出法律体系中的一种异象，其适用基础与一般的损害赔偿截然不同，剥夺性损害赔偿的范围以不法行为人基于侵权行为的获利为计算标准，而非以原告的损失数额为依据，如此原告将会取得远高于损失的赔偿。这与英美法强调返还性损害赔偿以侵权人获取的实际收入为返还基础如出一辙。HONDIUS E, JANSSE A. Disgorgement of profits: gain-based remedies throughout the world[M]. Switzerland: springer international publishing, 2015：475；李语湘. 比较法视角下英美返还法的结构与功能研究[M]. 北京：中国政法大学出版社, 2015：183.

⑥ CLAPTON MS. Gain-based remedies for knowing assistance: ensuring assistants do not profit from their wrongs[J]. Alberta law review, 2008(45)：993.

益是否为被告不法转移的原告财产；相反，其剥夺的收益可是被告任何的不法行为。[1] 此外，剥夺性损害赔偿的首要目标是发挥预防作用[2]，通过剥夺或移交从原告获得的利润或收益，让被告产生承担责任的恐惧以此来遏制不法行为。换言之，如果将被告违反其对原告的义务所获得的利润予以剥夺，他便不会倾向于违反对原告承担的义务。

剥夺性损害赔偿的预防功能体现在防止两种类型的损害。一是对个人的损害。一般个人的损害通过损害赔偿加以救济，但在某些特定情形下为防止损害的发生，剥夺性损害赔偿还有必要与损害赔偿一并适用，如某代理机构基于信赖地位而获取利益，设想该代理机构因违反信赖原则取得的收益大于其违反该信赖原则所造成的损失，假如原告的救济仅限于损害赔偿，那么该代理机构会故意地违反其信赖义务。即使损害赔偿让原告的收益得以恢复，但该救济方式并不足以遏制该代理机构再次实施侵害原告的不法行为。然而，倘若剥夺该代理机构基于不法行为获得的全部收益，那么它就不大可能再去违反义务，毕竟这样做没有任何收益。二是对机构或组织的损害。[3] 信义是指某人基于信赖关系受他人委任在特定场合代表他人行事，信义最基本的义务是忠实义务。源于这一核心义务，信义中的各种义务[4]会令行为人避免让自己的义务与利益发生冲突，并能克制自己不会利用职权攫取未经授权的利益。如果行为人违反了这些义务，其未经授权的收益将被剥夺。剥夺性损害赔偿旨在维系信义关系的完整和防止对组织的损害。[5] 其核心价值在于从组织的维度来保护易受破坏的信赖关系。[6] 由此观之，归入权的内涵是剥夺性损害赔偿，与作为另一种损害赔

---

[1] EDELMAN. Gain-based damages: contract, tort, equity and intellectual propert. [M]. Oxford: Hart, 2002: 72.

[2] EDELMAN. Gain-Based Damages: Contract, Tort, Equity and Intellectual Propert. [M]. Oxford: Hart, 2002: 81-86.

[3] CLAPTON MS. Gain-based remedies for knowing assistance: ensuring assistants do not profit from their wrongs[J]. Alberta law review, 2008(45): 995.

[4] 信义义务除了包含忠实义务外，还包括诚信地履行义务，防止为个人利益行事或未经明确同意为第三方利益行事的义务。CLAPTON MS. Gain-based remedies for knowing assistance: ensuring assistants do not profit from their wrongs[J]. Alberta law review, 2008(45): 995.

[5] JACKMAN IM. Restitution for wrongs[J]. Cambridge law journal, 1989: 313-314.

[6] CLAPTON MS. Gain-based remedies for knowing assistance: ensuring assistants do not profit from their wrongs[J]. Alberta law review, 2008(45): 995.

偿方式的恢复原状并列在获益性损害赔偿的射程范围内，其制度价值与不当得利、损害型侵权行为中的损害赔偿完全不同，如图1-2所示。

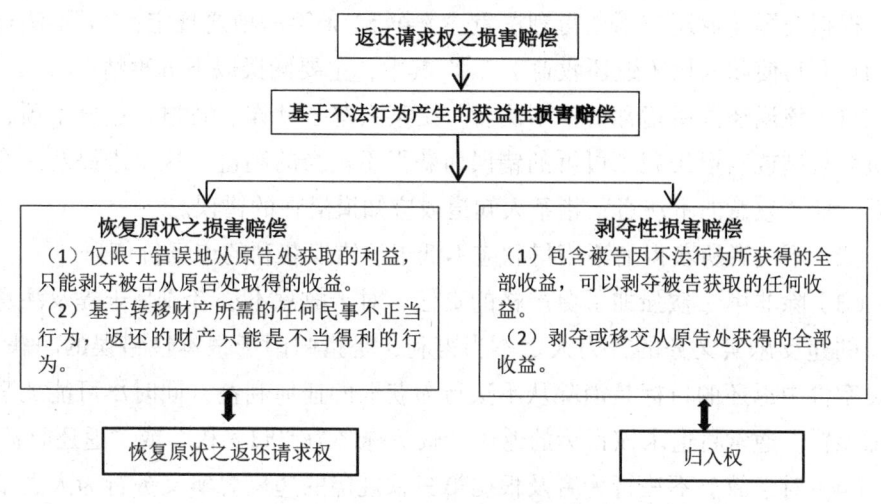

```
                    返还请求权之损害赔偿
                            │
                            ▼
                基于不法行为产生的获益性损害赔偿
                    │                │
                    ▼                ▼
          恢复原状之损害赔偿        剥夺性损害赔偿
          (1) 仅限于错误地从原      (1) 包含被告因不法行为所获得的全
          告处获取的利益，          部收益，可以剥夺被告获取的任何收
          只能剥夺被告从原告        益。
          处获取的收益。            (2) 剥夺或移交从原告处获得的全部
          (2) 基于转移财产所需      收益。
          的任何民事不正当
          行为，返还的财产只
          能是不当得利的行
          为。
                    ↕                ↕
          恢复原状之返还请求权        归入权
```

图1-2 获益性损害赔偿的类型

第三节 归入权理论的体系架构

一、归入权概念的确立

在英美法获利返还制度的发展史上，早在1937年，美国法律协会制定的《返还法、准合同与推定信托重述》就正式确立了现代返还法制度的基本框架，使得获利返还制度作为一个新型法律领域具有了全新的法律描述与适用图景。然而，随着社会的进步与司法判例的发展，《返还法、准合同与推定信托重述》已不能完全适应需要，据此美国法律协会于1980年委派哥伦比亚大学的威廉·阳格对该重述开展修订工作，拟定名称为《第二次返还法重述》（Restatement, Second, of Restitution）。然而，由于社会批评质疑之声不断，修订工作最终于1985年被迫放弃。此后，重启修订工作的呼声日益强烈，1996年美国法律协会任命波士顿大学法学院安德鲁·库勒为报告人开启新返还法重述的修订工作，并于2011年以《第三次返还与不当得利法重述》为名出版。

与欧洲示范民法典得利返还编相比，美国返还法重述的内容颇为系统翔实。[①] 更为重要的是，归入权概念[②] 在《返还与不当得利法重述》中得以正式确立。

根据美国《返还与不当得利法重述》第51条第一项之规定："对不法行为者的获利行使归入权（返还收益）。"[③] 其中，主要涵摄以下五种情形。

（1）该返还法所指称的"不法者"是某人基于欺诈、胁迫、过分干预、违反机会规则或对原告犯了可诉的错误而获得不正当的利益，这里未提及注意或错误。而"故意的不法者"指某人知道或应知道潜在的错误。

（2）不法者所获得的不当得利应不低于该错误获利的市场价值。

（3）除非第二款强加了更严格的责任，对于故意不法者或是未提及注意或错误的违反忠实义务的行为人之不当得利，是指归因于根本性错误的净获利。此类案件中返还的目标是消除从不法行为获取的任何利益，同时尽可能地避免施加惩罚。通常将追求该目标的返还性救济称之为"归入权"或"返还收益"。

（4）对于故意不法行为者及根据第三款规定的违反忠实义务行为人之不当得利的计算，法院将应用因果理论和可预见规则，如通过信用机制或扣除规则对获利进行分配，以及与合理、公平的救济目标相一致的证明责任。除非满足某一特定案件修改的需要，以下规则将被加以运用：①包括任何第二类的获利均基于案件事实及可预见性规则能被辨认和计算的；②对原告财产所进行无权处分的不法者应返还利益并对由此造成的损失负责；③不法者因获取、保留财产或为执行业务（该业务是产生归入利益的来源）而支付的费用除外。与之相反，通常对不法者所支付的额外费用不予除外的情形是，以服务的方式直接投入或对原告进行不法行为所直接产生的费用；④寻求归入权救济的原告对不法收益数额的合理估值负有举证责任，对诸如净利润存在不确定性的其他风险则由被告承担。

（5）除违反信义义务者以外，不知道或无过错的不法行为者以及对不当得利不负有责任者，对由此产生的间接获利不承担不利后果。

除此之外，根据美国《返还与不当得利法重述》第51条第二项之规定："对

---

① 范雪飞.差异与融合：最新三大不当得利示范法比较研究[J].法学评论,2015,33(2)：123.
② 该法首次使用归入权对应的英文词汇"disgorgement"。
③ SMITH, LIONEL. Restatement of the law third, restitution and unjust enrichment [J]. Mcgill law journal, 2012,57(3):629.

基于不法行为的获利行使归入权。"[1] 其中，主要涵摄以下五种情形。

（1）如本条所述，"不法行为"是指被告对原告应受法律保护的利益进行可起诉的干涉。

（2）对归责于被告错误行为的获利之返还价值应不低于其市场价值。在适当的情形下，可以根据原告许可被告使用的合理成本来确定其市场价值。

（3）"故意的不法行为者"是指被告因不法行为获利而且明知对原告实施的不法行为，或明知错误行为会有侵犯原告权利的风险。

（4）除非第二项强加了更高责任，对故意不法者的获利、未涉及注意或错误的违反信义义务者，进行利益归入的净利润归因于被告的不法行为。此类案件中利益返还的目标在于遏制并尽可能预防基于不法行为获利。返还救济所追求的这一目标通常称为"归入权"或"利益归入之诉"。

（5）为体现公平性与合理性，并与第四项关于返还救济目标的规定相一致，法院在确定归入利益数额时，会考量因果关系及疏远性，进行按比例分配、采信扣减规则及分配证明责任。以下规则的适用，除非为了适应特殊情况而需进行修改。

第一，利润包括任何形式的使用价值、收益或相应的收益，这些收益是可识别的、可衡量的，而且不是过于疏远的。

第二，对原告资产进行无权投资的故意不法者或违反信义义务者应向原告返还投资所获利润并对其投资产生的损失负责。

第三，对于故意不法者或违反信义义务者在取得、维持财产或执行业务（它们是应被归入利益的来源）中的开支允许被予以扣减。相反，被告在向原告实施不法行为过程中直接进行的各项服务活动所产生的开支不应予以扣减。

第四，寻求归入权救济的原告需承担的举证责任是，对归入利益数额提供一个合理估值的证据。在计算净利润时剩余的不确定风险由被告承担举证责任。

---

[1] SMITH, LIONEL. Restatement of the law third, restitution and unjust enrichment [J]. Mcgill law journal, 2012,57(3):629.

二、归入权的类型与特征

(一) 归入权的类型

1. 传统语境下的归入权

传统意义上的归入权是指不当得利返还制度令不法者的非法行为无利可图。在此语境下,归入权可以简单地理解为被告必须放弃基于不法行为产生的获利。从历史的维度看,传统的归入权同时产生在普通法和衡平法中,因为原告可在任何管辖法院主张被告返还非法取得的利益。[1]

(1) 普通法中的归入权。一般而言,当原告对不法者的获益寻求返还救济时,其诉求基础在于普通法。根据普通法,为了取得被告的获利,原告必须放弃名义上的不法行为,即侵权,而代之提起普通的简约之诉(即原告诉称被告向其所负的债务或义务已经到期并证实了上述情况,由此被告承诺履行债务或义务)。原告通过放弃侵权损害赔偿之诉,选择提起返还之诉,理由在于返还的收益源自被告的侵权行为。原告只能不符事实原委地诉称侵权人对原告负有特定债务并允诺向原告予以偿还。据此,现代权威机关使用"准合同"这一术语指称此类案件中的返还收益责任,相关的理念与程序也基本都是相似的。

值得注意的是,最早依据普通法受理的归入权案件中就曾涉及证券法。在拉米尼诉道拉尔一案中,侵权人取得原告的证券并将之出售,侵权人所实施的侵权行为本质上应属于侵占行为。但原告放弃对侵占行为主张救济,而是根据准合同法理论寻求将侵权人出售证券的获利加以返还的救济,最终王室法庭也作出了对原告有利的裁决,要求侵权人将出售证券所得的收益向原告予以返还。

(2) 衡平法中的归入权。普通法院并没有排他性的权力行使传统意义上的归入权,而衡平法院可在两种情形下强制不法者放弃不法收益:一是衡平法院可以将归入权作为衡平法上一项附带救济[2](如禁令、实际履行、契约变更或撤销)。在此情形下,传统意义上的归入权在技术层面属于普通法范畴,而并

---

[1] DELUCA FA. Sheathing restitution's dagger under the securities acts: why federal courts are powerless to order disgorgement in sec enforcement proceedings[J]. The trustees of Boston university review of banking &financial law, 2014(33): 906.

[2] 附带救济指代由衡平法院给予的超出原告诉状中明确要求的救济之外的救济。

不属于衡平法范畴；[①] 二是衡平法院基于原告能够证明自己与被告之间存在受托关系而裁定行使归入权，在此情形下传统的归入权方才是衡平法救济。

因此，历史上揭示了三种不同类型的传统意义上的归入权：①普通法上属于制定法范畴的归入权；②衡平法上属于制定法范畴的归入权；③衡平法上属于衡平法范畴的归入权。其中，第三种类型就是美国证券交易委员会采取的归入权救济。[②] 从概念溯源来看，"归入权（right of disgorgement）"与"利益吐还（disgorgement of profit）"属于两个不同的法律概念，"利益吐还"说系沿循英美法上忠实义务违反之主流见解，认为负有忠实义务者，绝不能利用因其地位获悉之资讯、机会等，而为自己谋利，一旦违反此义务，所得之利益将被视为公司所有，而必须吐还于公司。从降低公司负责人的公司治理风险之立法目的观之，"归入权说"与"利益吐还说"两者效力同等，难分轩轾。法理上"利益吐还说"将忠实义务建构在高于一般委任关系之信托关系基础上，故一旦公司负责人违反忠实义务时，除了对其施以委任关系之损害赔偿之外，还应有课加较高性质的消极法律效果，此即为"利益吐还"之效力。由是观之，归入权与利益吐还概念本质意涵是一致的。

2. 证券法语境下的归入权

从现代证券交易法领域发生的案例来看，证券法语境下的归入权通常包含三个基本要素：第一，它是一项金钱裁判。第二，归入利益的标准是由被告基于错误行为获得的利润来衡量的。第三，它属于一项衡平法上的救济。在赋予归入权救济时，法院通常会以归入权的行使目的作为支持证券交易委员会采取该项救济的依据。根据2013年第二巡回法院的审理意见，归入权的行使意义在于，通过剥夺不法者基于违反证券交易法的行为而获取的全部不法收益，从而实现归入权行使制度的预防与威慑目标。通过遏制违反证券交易法的行为，证券交易委员会通过行使归入权能够增进联邦证券交易法的立法宗旨，即维系投资者对资本市场公正性之信赖。自从1971年第二巡回法庭裁决美国证券交易委员会诉得克萨斯州戈夫·萨弗尔公司一案以来，归入权行使制度就在执

[①] 在普通法与衡平法融合之前，在特定情形下，如果衡平法因案件中的某些衡平法事项而获得管辖权，则衡平法可涵摄争议的全部内容，并以此目的判断普通法与衡平法上的相关问题。

[②] DELUCA FA. Sheathing restitution's dagger under the securities acts: why federal courts are powerless to order disgorgement in sec enforcement proceedings[J]. The trustees of boston university review of banking &financial law, 2014(33): 908.

行《证券交易法》相关条款方面发挥了不可或缺的作用。① 归入权在很大程度上归功于20世纪60年代末和70年代初从事证券业务的律师的智识。② 在法院开始准予行使归入权时,担任证券交易法执法部门副主任的斯坦利·斯波金提出,法院可以根据衡平法上的权力赋予原告归入权,详言之,即衡平法院传统上能够创设满足正义所需的各种救济方式。③ 早期在美国证券交易委员会的强制执行程序中,法院就吸收了斯坦利·斯波金的观点,根据衡平法上的权利向证券交易委员会授予归入权,以附带性的禁止令形式来实现证券法的立法目的。④ 但到了20世纪70年代末和80年代初,法院不再以禁止令的形式裁决归入权的行使⑤,这一现代方法的原理是,联邦法院根据其衡平法上的管辖权将证券法语境下的归入权裁定为衡平法救济,⑥ 其理由可通过三段论加以诠释,

---

① "从开始受理美国证券交易委员会诉得克萨斯州戈夫·萨弗尔公司案以来,在证券交易委员会采取的若干禁令中,法院均裁决基于获取公司重大内部信息进行交易的获利应向公司予以返还。"LOSS L, SELIGMAN J. Fundamentals of securities regulation. [M]. Los Angeles: Aspen Publishers, 2004. "美国证券交易委员会诉得克萨斯州戈夫·萨弗尔公司案是上诉法院确认归入权救济的第一案,归入权特指公司内部人(主要为董事)基于公司内部重大信息获取的不法收益应归入公司。"BLACK B. Should the sec be a collection agency for defrauded investors[J].Business law,2008(63):230. "自美国证券交易委员会诉得克萨斯州戈夫·萨弗尔公司案以来,将公司内部人从事内幕交易获得的不法受益归入公司已经为证券交易委员会采取的一项常规救济措施。"EDITORS. Equitable remedies in sec enforcement actions[J]. University of pennsylvania law review, 1975,123(5):1194.
② "1966年证券交易委员会首次在法院寻求归入权救济。"JOHNDE. Disgorgement in securities fraud actions brought by the sec[J]. Duke law journal,1977:641. "'归入权'一词似乎是证券交易委员会在诉讼中所使用的一个现代术语,作为一项辅助性救济措施,归入权旨在剥夺被告基于不法行为获得的收益,从而充分发挥联邦证券法的威慑性目标。""归入权作为一项衡平法上的救济,是将被告通过从事证券欺诈行为获得的利润返还给被欺诈的受害方,其核心宗旨即在于吓阻违反证券法的行为。"GROSS R, BRITSCH L, GOZA K, et al. Securities fraud[J]. American criminal law review, 2012(49):1271.
③ SPORKIN S. Sec developments in litigation and the molding of remedies[J]. Business lawyer, 1974(29):122-123.
④ RYAN RG. The equity facade of sec disgorgement[J]. Harvard business law review online1, 2013(2):3.
⑤ LOSS L, SELIGMAN J. Fndamentals of securities regulation [M].Los Angeles:Aspen publishers,2004:1056.
⑥ "衡平法院在18世纪就有权裁定衡平法上的归入权,我们认为当代的联邦法院被《宪法》与《司法法》赋予同等的权力。"

即法院可对证券交易法项下的各类法律行为授予衡平法上的救济，而返还属于衡平法上的救济方式，故法院可以授予归入权。① 上述关于三段论的诠释无疑是正确的②，但它是否合理则是另一个问题。③ 在卡瓦纳案之前，三段论推理的合理性是建立在法院和学者均得出"归入权是一项很少或几乎未被质疑的衡平法救济"这一结论基础之上④，尽管卡瓦纳案试图大胆提出衡平法赋予证券交易委员会有权行使归入权。

3. 反垄断法语境下的归入权

归入权作为一项反垄断救济方式，在阻遏过高定价等不正当竞争行为中发挥着巨大的威慑作用。在美国派拉蒙电影公司一案中，法院即认为，关于剥夺被告基于反正当竞争行为而获得的成果之禁令应包括剥夺被告财产的禁令。拓言之，倘若该项财产基于不合理的贸易限制而取得，法院应对行为人剥夺其所取得的财产。否则，如继续让行为人保留该财产，则意味着法律默许其通过实施不法行为来从中获利。这意味着地方法院肩负的职能并不止于禁止非法贸易限制或解散不正当竞争组织，还应延伸至消除行为人企图通过实施不正当行为来从中获利的目的。⑤

由是观之，归入权在反垄断法的语境下，不仅可授权政府提起反垄断诉讼，要求收回与反垄断违法行为有因果关系的任何超竞争性利润，而且当其他补救措施不足以剥夺违法者所有非法成果时，政府仍可提起主张归入权的诉

---

① 例如，在美国证券交易委员会诉第一城市金融公司案中，法院就认为："归入权是一项衡平法救济，旨在剥夺不法者的非法收益并遏制违反证券法的其他行为。除非法律另有规定，对于所有属于衡平法上的权力，地方法院根据证券法的相关规定对归入权均享有适当的、完整的司法管辖权。"

② "假设前提为真，则结论必定为真时，那么该推理就是有效的。"

③ "当某一个论点是有效的，并且它的所有前提都是真的，我们就认为该论点是合理的。"

④ "证券交易委员会通常将归入权描述为一项衡平救济，相似的是，法院在进行解释时认为归入权不言自明地具有衡平法的性质。"RYAN RG. The equity facade of sec disgorgement[J]. Harvard business law review online1,2013:1. "一旦证券交易委员会确认被告违反证券法，地区法院就获得了一项赋予归入权救济的衡平法权力。""归入权作为一项衡平法上的救济，旨在剥夺被告基于不法行为的全部获利，而非赔偿受害方因被告的欺诈行为而遭受的损失。"

⑤ See Einer R. Elhauge, Disgorgement as an Antitrust Remedy,76Antitrust L.J.79[2009], p.79.

讼。① 在美国联合鞋业机械公司一案中，法院认为，根据对违法行为的适当调查结果，法院有义务明确救济方式，如收回被告的非法获利。在美国格林内尔一案中，法院亦指出，垄断案件的适当救济方式应是剥夺被告非法获取的任何收益。②

目前在欧盟对超高定价行为的规制中，存在的显著沟壑在于只禁止滥用"支配地位"，而尚未禁止最初用于获得支配地位的不正当竞争行为。在此情形下，导致获得支配地位的不正当竞争行为本身不能被认定为"滥用支配地位"，因该不正当竞争行为发生在该地位存在之前。实际上，在不正当获得支配地位后出现的任何过高定价都是对该支配地位的滥用。而对于违反不正当竞争法获得支配地位导致定价过高之后果，最佳的补救措施是采取结构性救济方式，即将"公司的支配地位"与"公司基于不正当竞争行为滥用公司支配地位"加以区分。欧盟委员会认为，经营者在合并发生之时③政府不应加以干预，但如果当合并产生了导致价格上涨的主导地位时④，欧盟委员会即可向合并后的公司提起主张归入权诉讼。⑤ 针对公司的超高定价行为，主张收回其基于不正当竞争行为而获得的超高价格即十分合理。⑥

（二）归入权的特征

1. 个人救济性

归入权在英美法中又称为获利返还（accounting of profit），该救济中最实际的问题就是如何判定归入利益的精确数额以及董事理应公平获得的收入数

---

① 究其原因，在欧盟，私人身份的原告通常无法掌握提起反垄断诉讼所需的证据，更难以明确损失的数额，一旦败诉，还必须支付一系列的高额诉讼费用。See Einer R. Elhauge, Disgorgement as an Antitrust Remedy,76Antitrust L.J.79[2009], p.91.

② See Einer R. Elhauge, Disgorgement as an Antitrust Remedy,76Antitrust L.J.79[2009], p.80.

③ "经营者在合并发生之时"体现的是公司的支配地位，但并不表明公司滥用了公司的支配地位，因为无法判断其从事的是反不正当竞争行为。

④ "当合并产生了导致价格上涨的主导地位时"系公司基于反不正当竞争行为而滥用公司的支配地位。

⑤ See Einer R. Elhauge, Disgorgement as an Antitrust Remedy,76Antitrust L.J.79[2009], p.92.

⑥ See Einer R. Elhauge, Disgorgement as an Antitrust Remedy,76Antitrust L.J.79[2009], p.91.

额。董事仅对基于违反忠实义务的获利负有返还责任。董事只对个人所得的利润负责，而不对他人所得的利润负责，除非后者在其他责任项下可能被提出更宽泛的诉求，如知悉票据、不诚实协助或合伙法等。如果违反忠实义务的董事将基于背信行为获得的利润隐藏在其自己的全资公司，而非经由个人接收该利润，那么该全资公司应吐出这些利润。[①]

案例：多伦多建筑公司的四位董事中有三位董事（迪克斯夫妇和亨德斯，本案的被告）决定与第四位董事库克（本案原告）解除业务关系。多伦多建筑公司基于在一系列的建筑合同中具有令人称赞的表现，而与加拿大太平洋铁路公司建立了相当的友好关系，每项建筑合同都是由作为四名被告之一的董事与铁路公司的代表进行的洽谈。而最后几项合同也是以同样的方式进行谈判，然而当协议的事项完成后，被告却以自己的名义而非公司名义与之签订合同。库克主张：第一，公司有权获得合同所带来的一切收益；第二，为了确认公司对该项合同没有利益，股东做出解除业务关系的决议（三名被告自己进行的投票）是无效的。最终，枢密院对原告库克的这两项诉求均予以支持。

堡德曼诉菲普斯一案表明背信并非总是不诚实，尽管法院发现违反利益冲突规则，但还是以"受托人的善意源自对信赖利益的关心"为定案依据而进行详加阐述。该案将基于违反信义义务的获利（广义范围）用于赔偿为产生利润付出财力的受托人，而现在法院要求将该利润归入受益人。[②] 对此，上议院在

[①] SEALY L, SARAH W. Cases and materials in company law[M]. Oxford university press, 2016：432.

[②] 案情：韦斯特伍德（简称W）是埃尔·萨莱（简称S）所有的公司。S向穆拉德姐妹（简称M）提议他们共同购买一个价值410万英镑的酒店，于是S出资50万英镑，M出资100万英镑并就剩余部分向银行进行了贷款。M与W达成一项协议，协议内容是根据他们的初始出资比例（1/3比2/3）进行分配销售利润所得。后来，该酒店被S和M共同所属的公司（D）收购，并以200万英镑的价格进行了抛售。在M提起的诉讼中，法院认为S和M基于共同合资购买酒店而存在信赖关系，S虚假称述其出资将以现金支付，但实际上是通过抵销卖方对S所欠的债务，法院要求S与W将其从该交易中的全部获利归入M。上诉人主张归入权的行使仅针对基于违反信义义务之获利，如果抵消协议向M进行了披露，通过允诺更高的利润分成而征得其同意后继续进行出资，那么S与W应仅对未向M披露抵消协议致使M受到的损失负责。SEALY L, SARAH W Cases and materials in company law[M]. Oxford university press, 2016：434.

裁决吉尼斯公司诉桑德斯案中采取了更为严格的方法。①

2. 财产救济性

在英美法中，对于背信董事是否应基于推定信托而将其违反忠实义务的获利归入公司一直在司法和学术上富有争议，推定信托总是假想将归入的利润确认为一项由信托持有的资产。因此，归入的利润是建立在推定信任基础之上，如果获利是基于违反信义义务所得，就无须在不同类型间进行艰难的区分。例如，在一起受贿案中，受托人在担任买方代理人的同时从卖方处获得一笔秘密佣金。本案的争议点在于该情形下的归入权是否为财产性救济。当基于背信的获利在任何情形下都应被确认为一项能够以推定信托方式持有的资产，那么归入权就是财产性救济。根据英美法传统，该类推定信托发生在自我交易（即背信董事与所任职公司进行交易）及利益冲突（董事与第三方进行磋商时窃取到属于公司的机会并对之擅自利用）案例中。然而，在董事利益冲突的案件中，一旦建立在推定信托之上的财产性归入权救济超出实际的利润范畴，将对公司产生过度赔偿的结果时，则有必要适用个人的归入权救济。另一种选择是，对受托人为获取利润而支出的费用给予减扣考量，能够调和这种基于推定信托的财产性归入权救济。

三、归入权的行使内容

（一）归入权行使的范围

获利返还的行使范围旨在明晰被告将其基于不法行为获利向原告予以返还的确定标准。若该名接受者是有意识的不法行为者，那么救济的目标即在于遏制对原告的不法获利作为诉因的可能，这种返还责任通常称为"吐出"，在其他案件中所表达的类似观点也称之为"收益返还"或"利益归入"救济。不管这一术语如何加以表达，所有案件中的救济问题都归结于有意识的不法行

---

① 案情：1986年1月，吉尼斯董事会任命了一个由三名董事（分别是桑德斯、容克斯和沃德）组成的委员会，负责处理吉尼斯对迪提乐斯公司进行投标收购的相关日常决策。该投标最终取得成功。沃德获取520万英镑的投标费，他宣称这已征得委员会的同意。公司章程授权吉尼斯董事会决定董事的个人薪酬，并有若干条款赋予其享有各项职能。但是，上议院否决了关于"赋予委员会向其自己成员支付薪酬的权力"的条款，并要求沃德将该520万英镑向公司予以返还。Sealy L, SARAHW. Cases and materials in company law[M]. Oxford university Press, 2016：284.

为。① 根据凯尔森的界定方式，不法行为是引起制裁的行为。② 制裁主要指向法律不愿管制的行为。因为只有通过这种方式，法律才能够对不法行为予以精确的管制。故此，不法行为也可以被界定为作为行为后果的制裁所间接地针对的那个人的行为。③ "不法行为"是法律直接规定的，当行为人通过"私法行为"强加给自己一个义务并违反该义务之后，就出现了一个自己参与制造的"不法行为"，从而满足应当制裁的条件。④ 法律是规定制裁的主要规范，制裁的对象是不法行为。行为人的法律义务就是不法行为的反面，因而就是"不为不法行为"。⑤ "在法律上对某一行为负有义务，指代该行为是一个不法行为且本身属于一个法律规范所规定制裁的条件。一个法律义务的存在本质上是法律规范效力的体现。"⑥ 公司法规定，董事对公司负有忠实义务，法律对其违反忠实义务的不法行为通过利益归入公司的方式加以制裁，从而达到遏制董事不法行为的目的。

美国《返还与不当得利法重述》第 51 条认为，该返还法重述确立的返还责任的数额是在主张返还诉求中因第 1 款所列举的"错误行为"（"不法行为"）而获得的利益。对于其他形式的不法行为，虽对原告不构成可予起诉的错误，但能引致行为人对产生不当得利的交易负责，那么这些不法行为也会影响行为人的返还责任范围。在法院依据该条审理的案件中，最终的返还数额时常取决于积极抗辩的有效性。如果行为人将其所从事的不法行为告知了原告，无论行为人的行为是否具有不法性质，该不法行为都会被排除在最重要抗辩之外。⑦

---

① SMITH, LIONEL. Restatement of the law third: restitution and unjust enrichment[J]. Mcgill law journal,2012,57(3):629.
② 凯尔森.法与国家的一般理论[M].沈宗灵,译.北京：中国大百科全书出版社,1996：59.
③ 凯尔森.法与国家的一般理论[M].沈宗灵,译.北京：中国大百科全书出版社,1996：60-61.
④ 李旭东.法律科学导论——凯尔森纯粹法学理论之重述[M].济南：山东人民出版社,2015：57-58.
⑤ 李旭东.法律科学导论——凯尔森纯粹法学理论之重述[M].济南：山东人民出版社,2015：63.
⑥ 凯尔森.法与国家的一般理论[M].沈宗灵.译.北京：中国大百科全书出版社,1996：66.
⑦ SMITH, LIONEL. Restatement of the law third: restitution and unjust enrichment[J]. Mcgill law journal,2012,57(3):629.

（二）归入权与其他财产救济的竞合

不法行为人负有返还责任的范围，其前提是原告的救济是对个人的金钱判断。该救济既不针对特定财产的争讼，也不遵循特定的规则。获此审判的原告仅对被告进行个人诉求，其权利与其他侵权人和债权人相同。

案例：侵权人侵犯了所有人的版权，实现净利润5万美元。尽管侵权人承担责任的总额有时会被描述为"追溯至做出侵权行为时"的获利数额，但所有者需确定仅适当归因于侵权行为的净利润。易言之，根据返还法第58、59条的规定，不应从所有权人手中的资产追索至侵权人的银行账户（或其他资产）。如果原告没有追踪能力，所有权人的救济仅限于针对侵权人个人的金钱判决。此判决与侵权者的一般债权人的诉求相同。[①]

根据被告不法行为的性质，除了不法行为产生的孳息及被告获利的天然工具，原告主张对被告归入的利润也可能是被告手中的特殊资产，这是原告对可追索的财产享有的最为重要的所有权。《返还与不当得利法重述》第51条旨在剥夺被告基于不法行为获利的原则与第七章明确保留原告对不法行为产生的孳息享有所有权相重合。返还法中的所有权或财产性救济通过剥夺被告基于不法行为的获利为双方当事人的简单争讼提供了最为便捷的解决方案。

案例：B从A公司挪用10万美元并将所挪用的资金购买了勃勒克格产业，而B如果没有这笔资金是无力继续此项投资。一方面，随着财产的升值，勃勒克格产业的价值超过15万美元。根据第51条第3款，A公司有权对B基于勃勒克格产业的现值主张付现判决，由此剥夺B因挪用资金而获取的利润。B的资产（含勃勒克格产业）足以满足此判决。另一方面，赋予A对勃勒克格产业享有所有权的判决远比对B做出付现判决更加便捷，因为这将避免需对财产价值加以证明的必要且易于执行，这是由于A公司能够对可追索的挪用资金享有所有权，选择通过勃勒克格产业的推定信托而非对B个人做出金钱判决来加以救济。[②]

在这种情况下，财产性救济与相关追索收益诉求的意义在于，原告对不法行为者的收益所享有的权利，对不法行为者的普通债权人的权利至关重要。

[①] SMITH, LIONEL. Restatement of the law third: restitution and unjust enrichment[J]. Mcgill law journal,2012,57(3):629.

[②] SMITH, LIONEL. Restatement of the law third: restitution and unjust enrichment[J]. Mcgill law journal,2012,57(3):629.

案例：在上述案例中，除 B 的无担保债权人的索赔远超过 B 的资产之外，尽管根据第 51 条第 3 款的规定，A 公司有权主张法院对 B 做出至少 15 万美元的金钱判决，实际上 A 公司只能收回判决的极少部分财产。A 享有对挪用资金的所有权意味着 A 公司可以主张对勃勒克格产业的所有权权益，这有利于抗辩 B 的普通债权人。另一方面，基于 B 存在未清偿债权人的原因而限制 A 的返还救济意味着 A 不能向 B 收回超过 10 万美元的损失。A 有权就其 10 万美元的损失对勃勒克格产业主张衡平法上的留置权。[①]

（三）收益返还的归因性

归入权的目标在于排除有意识进行不法行为获利的可能，此目的易于表述和理解，然而在具体运用时异常困难。根据《返还与不当得利法重述》第 51 条第 3 款的规定，不法行为者的获利是指不法行为者自身资产的净增值，在一定程度上该净增值归因于不法行为。在某些情况下，收益源于对必要开支的规避。

案例：房主看到一组工作人员正在对邻居的房屋进行喷砂处理，就聘请他们清理其游泳池的地板。任务完成后，房主支付了 100 美元，工作组长将其分给每位成员。工作人员实际上是承包商的雇员，他们在从事清理地板工作时利用了承包商的设备和沙子。承包商并无数量损失。清理游泳池地板的合理价格应是 250 美元，租用设备的合理价格（包括沙子）是 25 美元。如果房主注意到承包商的权利，他应当对承包商负有 250 美元的责任。如果房主善意地认为工作人员系拥有设备和沙子的独立的承包商，那么他对承包商仅负有 25 美元的责任。[②]

更常见的情况是，原告通过净收入或财产增值来追索利润。当不法者的全部不当得利都集中在某一特定财产的所有权、占有或处分时，利润的计算最简单。[③] 归入权救济的适用取决于归因问题，因为法院试图决定被告收入的哪一部分应适当地归因于对原告的根本错误。在此，归因问题可以是相对直接的。

---

① SMITH, LIONEL. Restatement of the law third: restitution and unjust enrichment[J]. Mcgill law journal,2012,57(3):629.

② SMITH, LIONEL. Restatement of the law third: restitution and unjust enrichment[J]. Mcgill law journal,2012,57(3):629.

③ SMITH, LIONEL. Restatement of the law third: restitution and unjust enrichment[J]. Mcgill law journal,2012,57(3):629.

有关被告活动的可见事实有时将支持对被告的全部商业利润比例进行直接推理或归因于被告干预原告利益而将实现的利润增值。

案例：C 以每吨 5 美元的价格从 B 处购买煤炭，但不知该煤炭为 B 从 C 处所盗。基于与 D 的合同，A 有权以每吨 5.5 美元的价格获取其需求的煤炭，煤炭的市场价为每吨 6 美元。在促成 A 的意图中 C 的煤炭价格不会高于每吨 5.5 美元。B 以每吨 6 美元的价格将煤炭卖给 C，却误将煤炭送至 A 处。在事实真相揭露之前，A 燃烧了煤炭。A 对 B 所负有的返还责任是以每吨 5.5 美元的价格计算。[1]

然而，归因的任务往往存在困难，许多归入利益的计算在很大程度上是假设推理的产物。这是因为在重要的反复重现的场景中，什么是正确可归因的问题趋于逃避客观规则所要求的详细说明。即使相关的事实都能被证实，固有的归因问题也可能涉及以下一些或全部未解的问题：①在决定利润的某一特定要素与潜在错误相距甚远而不应加以返还之前，要遵循因果关系理论到何种程度；②被告的利润中有多少比例为潜在错误所引致，反之，如果没有被告实施潜在的错误行为，利润中有多少比例是可以预见的；③在计算被告应返还的净利润时，被告所提供的财产或服务的信用为何。

关于被告的利润是否归因于对原告实施的潜在错误行为的问题具有多个层面，其一是因果关系问题；其二是分配问题；其三是扣减和信用问题；其四是举证问题。这仅是一种大致的区分，它并不意味着在确定归因的问题上不精确。很少有归因问题能够通过规则加以解决，问题的答案会受法院对广泛内容审查的影响，一方面是错误的程度，另一方面则是利益受到保护的重要性及现有的可选择性救济措施。

1. 因果关系

如果说被告的利润直接归因于潜在的错误，或利润是错误行为的直接后果，这并不意味着被告实施的错误行为是其获得利润的排他性原因或主导性原因。事实上，由于归入权救济通常是当被告的利润超过原告可查明的损失时才被引起，几乎在所有情形下，都有可能对被告就利润的产生原因是否负有责任进行识别。故如果被告挪用公司资产 100 美元，并将该笔资产以股票形式进行投资，后来被告以 500 美元的价格进行出售，客观上被告的获利直接源自市

---

[1] SMITH, LIONEL. Restatement of the law third: restitution and unjust enrichment[J]. Mcgill law journal,2012,57(3):629.

场有利条件、被告的投资敏锐性及运气等因素，与被告的错误行为毫无因果关联。在此类简单的案件中，被告的获利是否归因于其所实施的错误行为仍取决于相关的裁判。首先，关于因果关系的证明仅是一部分答案，结论是被告的获利适当地归因于被告的错误行为同样还依赖于裁判中所隐含的意思，即被告的获利是否受市场偏好、敏锐性或运气等因素的影响。关于一项特殊利润与错误行为的因果关系过于疏远而不能加以返还的判断，有时会反映出因果关系的相反结论。研究表明，被告在任何情形下的获利纯粹取决于法院的最终裁判：不当得利并不要求存在异议的利润是错误行为的衍生后果。但判决书中对疏远的因果关系之陈述同样表明：假设利润予以保留，即使因果关系仍然存在，被告也不会被剥夺利润。

事实上，就不当得利这一终极问题而言，无论是被告的错误行为与获利之间是否存在因果关系（but-for causation），在所有案件中都具有决定性作用。一方面，因果关系的存在也并非错误行为免责的必然条件，因为被告会意识到在任何情形下的获利并不必然得出被告在此情形下未不当获利的结论。例如，受托人基于私自使用信托财产而获利，如果证明他同样能够合法地获得该笔收入将不能免除其返还责任，除非他在使用信托财产时会存在某种阻碍。另一方面，因果关系的存在也不必然在所有案件中得出此结论，即不当得利的适当方法是被告可追溯的利润之全部。

案例：买方以每股100美元的价格购买了ABC公司1万份股票。为实现诱导交易的目的，买方不当持有ABC公司的重大内幕信息。一旦该内幕信息被披露，股票的售价将为每股125美元。1个月后，ABC公司的股票在纽约股票交易所进行了交易，其市价从100美元立即升至125美元。卖方了解到事情真相后，既没有购买ABC公司的股票，也没有寻求解除买卖合同。11个月后，由于外部发展（与买方的虚假陈述无关）与整体市场条件，ABC公司的股票价格从125美元上升至200美元，买方以200美元的价格出售了1万份股票，卖方以买方存在欺诈和违反信义义务为由对其提起了100万美元的归入权诉讼。假如法院经审查后认为，买方对ABC公司的股票额外所获得的75万美元利润与买方对卖方的错误行为之间的因果关系过于疏远，买方在该股票交易中的不当得利应限制为25万美元。该结论被认为是合理的，因为法院确信卖方在任何情形下均有权要求买方返还25万美元。然而，为了对由买方承担费用的

ABC 公司股票进行投机交易，卖方通常会选择推迟提起诉讼。[1]

对"因果关系不是问题所在"持异议的观点认为，"疏远的利润"可简单理解为不可能计算出利润的精确数额；抑或被告基于合法获得而不应返还给原告；又抑或是返还利润的责任将具有不可接受的惩罚性，且无益于实现返还法中归入权救济的目标。法院在决定哪些利润归因于被告的错误行为，而哪些利润与错误行为之间过于疏远，最终取决于对因果关系的评价及其他影响公平的因素，其中不仅关乎双方当事人，还包含当事人之外产生的诱因，法院否认利润的返还体现了"疏远性"的特点。由此，被告的获利就不会认定为不当得利而保留该利润。

案例 1：董事为购买私人财物而向公司借款，之后又将该财物转卖给公司，基于此违反忠实义务的行为而获利 30 万美元。董事利用该笔资金投资开设另一业务不相关的公司，由此获利 70 万美元。董事在任何情形下对 30 万美元的收入负有责任。董事就间接获得的 70 万美元收入对公司负有责任，除非法院能查明在后续交易中所产生的该笔收入与董事的错误行为完全不具有疏远性。董事对公司实施的错误行为与其间接获利之间的因果关系也会发生断裂，如董事能够证明自己拥有筹措资金的多种渠道并在任何情形下同样会进行后续的投资。[2]

案例 2：某设计工作室的经营内容是以图纸形式售卖家装设计方案。基本设计不受版权限制，也不作为商业秘密加以保护。但出售给顾客的图纸属于对原件的再造，而原件需要投入相当的时间和费用加以创作，故并不进行出售。工作室的前任董事在辞职时带走了所有权归属于工作室的原件。随后，该董事开展与工作室相竞争的业务，出售经原件再造的图纸。该董事可以通过非版权保护的资源来创制属于自己的原件，但这需要花费 12 个月和 1 万美元才能实现。在设计工作室对前任董事提起的诉讼中，法院经查明认为董事违反了信义义务，应对原件的转化负有责任，应将董事基于错误行为获得的收入归入设计工作室。假如法院发现董事已经取得属于自己的原件，应将归入利益限定在董

---

[1] SMITH, LIONEL. Restatement of the law third: restitution and unjust enrichment[J]. Mcgill law journal,2012,57(3):629.

[2] SMITH, LIONEL. Restatement of the law third: restitution and unjust enrichment[J]. Mcgill law journal,2012,57(3):629.

事离职后获取收入的前12个月。[1]

2. 归入利益的分配

分配问题大致包括一个和多个层面的分配。如果被告的业务较为复杂，对原告所实施的错误行为仅影响其一部分业务，分配问题将包括两方面：一是公司整体业绩部分归因于实施错误行为的特定业务；二是对这些公司业绩所收取的日常管理费或其他一般开销部分决定着争议业务的净利润。因为类似的问题需要根据不同目的来解决，与返还责任无关，在现有的会计实践中也有可能寻求到合适的答案。一旦超出分配的阈值，法院将面临进一步的问题，即一般的会计实务并不能解决问题。当有争议的净利润部分源自被告对原告实施的错误行为，部分来自被告的合法活动，故至少有一部分净利润即便不存在错误行为依然会产生，由此观之，关于分配的确切答案往往难以企及，法院一般会根据具体情况来达到最佳分配效果。[2]

案例1：某设计公司制作了一部成功的影片，但该影片侵犯了作者的版权，公司应对其侵害版权的故意行为向作者负有返还净利润的责任。对归因于侵权行为的利润的计算就涉及不同阶段的分配问题。在该案件立案伊始，法院必须明确公司全部收入的部分，该收入来自制作和发布影片，而非其他的经营活动，故应计算通过影片获得的净利润，以及影片与公司其他业务之间的各项日常管理费用和一般开销费用。尽管非常复杂，相同的利益分配在其他情形下照例进行。例如，确定公司对个人的合同义务，因个人对特定影片的净利润享有股份。除非情况另有变化，类似的利益分配将作为计算设计公司对作者所负有返还责任的起点。一旦净利润来自该影片的事实被确定，法院面临的进一步问题就是，哪些净利润归因于公司对作者的作品的使用？庭审中所提供的证据显示：根据作者的代理意见，利润总额的20%归因于公司对作者作品的无权使用，而根据设计公司的代理意见，零利润归因于公司对作者作品的无权使用。权衡所有的相关证据，法院的审理结论是设计公司归因于侵权行为的利润部分大致在0～10%之间，对于具体限度的确切答案是不可能做出的。由于在不法

---

[1] SMITH, LIONEL. Restatement of the law third: restitution and unjust enrichment[J]. Mcgill law journal, 2012, 57(3):629.

[2] SMITH, LIONEL. Restatement of the law third: restitution and unjust enrichment[J]. Mcgill law journal, 2012, 57(3):629.

行为者的返还收益中存在不确定风险，作者有权获得影片 10% 的净利润。①

案例 2：A 陈列了部分位于 B 土地之上的洞穴馆，A 在经营展览期间获得的净利润达到 10 万美元。将该利润分配给 A 与 B 的唯一证据就是 30% 的洞穴馆位于 B 土地之上，通过 A 发行的邮票来判断，该洞穴馆最具特色的景点正好位于双方土地的边界处。除此之外并没有其他的收益分配，法院的审理结论认为 A 的 30% 净利润应归于其故意侵犯 B 的利益。②

3. 扣减规则

由于归入权是关于净利润的责任，是《返还与不当得利法重述》第 51 条第 4 款关于利益返还的一个循环性问题，鉴于被告对应被归入的利润有所贡献，因此在一定程度上被告应被允诺扣减利润额。作为一项普适规则，被告有权要求产生归入收益的边际成本获得扣减，若否认适当的扣减，要求被告对额外的净利润承担责任，结果将视归入权体现为一项惩罚性赔偿，而这恰为返还法所力图规避。然而，被告不被允许扣减在任何情形下都将发生的开支（如一般性的日常开销费用），其结果是通过将被告基于不法行为的获利扣除总开支的一部分，从而使归入利益的范围体现为被告整体经营中所增长的利润。

在对被告应予归入的资产或利润（被告在获取该资产或利润时投入一定精力和财力）进行扣减时，返还法更倾向于一些故意的不法行为者，如《返还与不当得利法重述》在对待知情的挪用者、入侵者（其一致性地否认任何有关增加原告财产的分配额）与违反忠实义务（一致性地返还了其购买财产的价款，而该财产正是基于违反忠实义务所得）间的差别最为明显。

案例 1：（故意入侵者对原告财产的增加部分不予返还）

B 以每吨 6 美元的市场价从 C 处购买煤炭，C 误将煤炭运送至 A 处。而根据 A 与 D 的合同，A 应获得每吨 5.5 美元的煤炭。在事实真相揭露之前，A 燃烧了煤炭，A 对 B 的返还责任是以每吨 5.5 美元计算。③

案例 2：（被告利用从原告处挪用的资金所购置财产的增加部分不予返还）

---

① SMITH, LIONEL. Restatement of the law third: restitution and unjust enrichment[J]. Mcgill law journal,2012,57(3):629.

② SMITH, LIONEL. Restatement of the law third: restitution and unjust enrichment[J]. Mcgill law journal,2012,57(3):629.

③ SMITH, LIONEL. Restatement of the law third: restitution and unjust enrichment[J]. Mcgill law journal,2012,57(3):629.

根据当地法律，在一个固定地带开采天然气的权利可以根据对地表享有的所有权进行集中分配。由于出现任何一方均不负责的错误，A被授权开采并出售该天然气，并对天然气进行了合理的分配，A和B应享有同等的股份。A应对B负有返还一半销售收入的责任，并应减去A以B的份额在创造该收入时的开支。A以每口井为10万美元的交易价格打了5口井，但其中一口井为干井。在A对B的返还责任中，A至少有权要求B返还20万美元（代表其打井的一半费用）。A无权就干井要求B承担返还责任，除非法院采信A打干井的开支对B带来利益。[1]

案例3：（对因违反信义义务所获财产的返还以偿付被告取得财产的费用为条件）

根据法定税率，从美国拨打圭亚那的电话，需向圭亚那电信公司支付每分钟85美分的费用。佛罗里达电信公司未向圭亚那电信公司支付费用即欺诈性地传送了100万分钟，并以每分钟仅25美分的价格向顾客计费，由此带给圭亚那电信公司的损失达35万美元，因圭亚那电信公司有义务向美国的不相关方支付每分钟50美分的费用，故佛罗里达电信公司基于违反信义义务而向圭亚那电信公司的收益归入金额将不高于25万美元。[2]

4. 举证责任/不确定风险

归入权并非强加的一项盖然性没收，即被告的返还责任不是指从其染指的交易中获得的全部收益，而是归因于所实施的错误行为的收入总额，而被告的这项收入总额难以精确计算。因而，法院在适用归入权救济时，通常需要依赖举证责任来加以判断。根据传统的证明责任分配方式，原告负有提供收入数额的证明责任，而被告负有收入数额减扣的证明责任。而《返还与不当得利法重述》采取的是一种更为现代和实用的举证责任规则，即原告应对法院可能就被告的收益做出合理的估值提供举证责任，假设原告已提供相应的证据，被告便无须证明真实的获利数额应予减扣。而倘若原告的证据不足以证明该合理估值，易言之，原告主张的归入利益数额仅是猜测，那么归入权救济将不被允许。

---

[1] SMITH, LIONEL. Restatement of the law third: restitution and unjust enrichment[J]. Mcgill law journal,2012,57(3):629.

[2] SMITH, LIONEL. Restatement of the law third: restitution and unjust enrichment[J]. Mcgill law journal,2012,57(3):629.

案例：管弦乐队未经许可，将艺术家的一幅照片作为宣传册的扉页。乐队使用他人肖像的行为构成侵犯艺术家的著作权。艺术家有权要求乐队返还其基于侵权行为的获利，但他除了纯粹地估算乐队可能产生的获利，而无法提供任何证据，艺术家有权获得赔偿，但他不能证明自己承受多少损失。尽管乐队应返还其基于侵犯艺术家肖像权的获利。法院认为，许可使用照片的合理价格是1 000美元，乐队对艺术家的收益归入数额是1 000美元。①

（四）行使归入权后的法律后果

故意不法者对原告的财产进行了未经授权的投资，他应当同时对获得的利润和产生的损失承担责任，原告则无须提起更有利的诉求。假设被告以价值不恒定的可予追索形式对原告的资产进行投资，原告既会取得该财产的所有权（如果该投资取得盈利）又会主张对被挪用资金享有担保权（如果该投资没有盈利）。

案例：受托人违反信义义务，将信托公司10万美元的信托资产以自己名义购置勃勒克格产业。信托公司有权通过推定信托对财产本身享有所有权或诉请法院对受托人获取的10万美元及相应利息，并对信托财产享有衡平法上的留置权作出判决。法院也可采取另外的救济措施，即在确定勃勒克格产业的价值后再进行判断。假如当前勃勒克格产业的价值是12万美元，该财产价值将被授予信托公司，受托人需按照《返还与不当得利法重述》51条第3款的规定承担利益归入责任；倘若勃勒克格产业的价值下降至8万美元，受托人将依据《返还与不当得利法重述》第51条第2款负有返还10万美元及相应利益的责任。在第二种情况下，信托公司可以通过享有留置权出售勃勒克格产业，并就不足部分向法院申请执行受托人的其他财产收入。②

被告将基于违反信义义务而取得的资金进行有利可图的投资，该笔投资交易应区别于其他的交易，即该笔投资交易不得抵销其他未经授权投资所产生的损失。

案例：遗产管理人从所托管的遗产中为自己取得两笔贷款，并将这两笔贷款用于发展其所属的独立企业。其中，第一笔贷款进行的投资获得了可观的利

---

① SMITH, LIONEL. Restatement of the law third: restitution and unjust enrichment[J]. Mcgill law journal,2012,57(3):629.

② SMITH, LIONEL. Restatement of the law third: restitution and unjust enrichment[J]. Mcgill law journal,2012,57(3):629.

润，管理根据市场利率偿还了这两笔贷款。遗产管理人私自使用托管遗产构成对信义责任的违反，由此产生利益归入的责任，即管理人应将从成功投资中实现的利润归入遗产账户。在计算归入利益的数额时，管理人可以扣除未经授权使用遗产基金所支付的利息，但不得扣除因第二次投资失败所产生的损失。[①]

第四节　归入权理论在我国的发展

从既有的研究成果来看，中国学界主要通过不当得利制度与获益性损害赔偿制度来识别归入权在法律体系中的规范基础与功能定位。

首先，有的学者认为归入权应置于不当得利制度的射程中。以获利返还为中心的不当得利制度在大陆法系源远流长。在罗马法上，不当得利起源于"返还不当得利之诉"，指当原告为换取第三方相应的给付而向被告交付自己的财产时，被告根据所承担的义务而有效取得财产，如果被告拒不承担该给付义务时，原告有权通过提起"因给付要求返还之诉"来追索已经交付的财产。[②] 尽管"基于得利的索偿是多因的"，但学界似乎默认"返还与不当得利是一物的两面：不当得利引致并且只能引致返还；而返还由不当得利所引致"这一谬误。其背后的原因在于：对基于得利的索偿之研究不能通过其原因事件来完成对权利的分类，于是建筑在潘德克顿学派和萨维尼历史学派之上的《德国民法典》就据此确认不当得利作为"得利的索偿"之必不可少的法律类别，而这俨然是已被学术论证千锤百炼所检验和证明了的定理。受之影响，我国《民法典》将"得利的索偿"统摄为不当得利概念之下。然而，德国法上不当得利中的获利返还以信赖为基础，在某种意义上是受益人信赖保护规则的实践。[③] 不当得利中的获利返还根据返还范围的不同分为现存利益的返还与超额利益的返还。善意受益人的返还限于现存利益，如《法国民法典》第1 380条规定，"善意受益人如已将其受领物卖出，仅需返还出卖该物时所得的价金"[④]。与此，适用产

[①] SMITH, LIONEL.Restatement of the law third: restitution and unjust enrichment[J]. Mcgill law journal,2012,57(3):629.

[②] 吕来明.商法研究[M].北京：中国政法大学出版社,2017：90.

[③] 吕来明.商法研究[M].北京：中国政法大学出版社,2017：90-92.

[④] 吕来明.商法研究[M].北京：中国政法大学出版社,2017：92-93.

生超额利益返还之基础法律关系主要涉及商事规则。《公司法》第148条规定的公司归入权,即公司享有法定的归入董事全部获益的权利,其中董事返还的获利就属于超额利益。[①] 对超额利益返还的受益人需区分善意和恶意,如图1-3所示。[②]

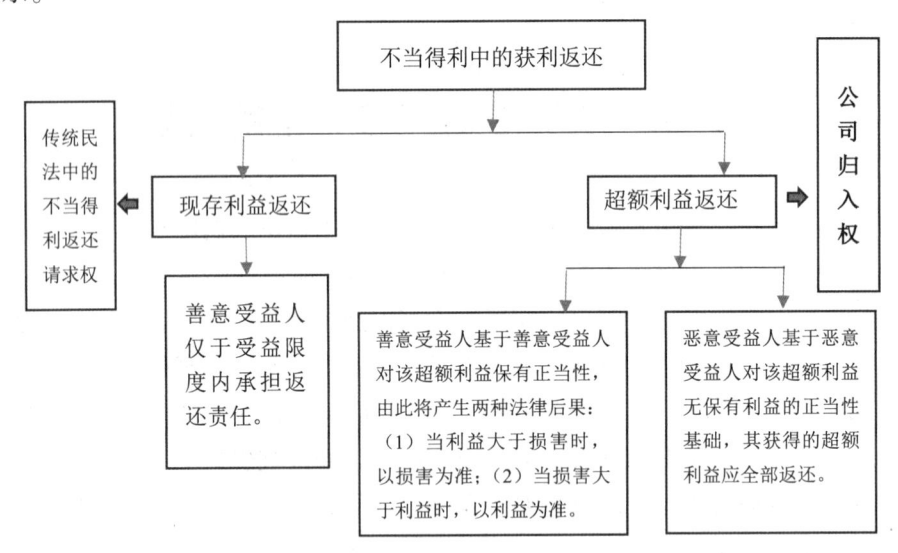

```
                    不当得利中的获利返还
                            │
          ┌─────────────────┴─────────────────┐
传统民       现存利益返还              超额利益返还        公
法中的                                                司
不当得    善意受益人              善意受益人基于善意      恶意受益人基于恶意    归
利返还    仅于受益限              受益人对该超额利益      受益人对该超额利益    入
请求权    度内承担返              保有正当性,由此将      无保有利益的正当性    权
          还责任。                产生两种法律后果:      基础,其获得的超额
                                  (1)当利益大于损害时,   利益应全部返还。
                                  以损害为准;(2)当损害大
                                  于利益时,以利益为准。
```

图1-3 不当得利中获利返还的类型

其次,有的学者认为归入权是获益性损害赔偿的主要内容,其本质上属于侵权法的范畴。当代社会,传统侵权法以损失为基础的损害赔偿机制已不能满足权益保护的需求,面临着功能性失效的制度风险,故以行为人获益为基础的获益损害赔偿成为侵权法上重要的责任承担方式之一。[③] 获益性损害赔偿制度呈现了不当得利法与侵权法之间的互动关系。其一,在以法国为代表的侵权责任放任主义体系中,不当得利返还请求权限于无侵权或违约请求权时方可适用[④],获益性损害赔偿应纳入侵权责任体系,发挥一般规范的功能。其二,在

---

① 例如,公司董事投资1英镑购置一项资产,用3英镑价格卖给关联公司,随后该关联公司又以5英镑的价格卖给原公司。撤销交易会使公司收回5英镑,公司还可以对董事不法取得的2英镑获利行使归入权。因此,迫使董事返还其不应得到的利润远比公司要求董事进行赔偿更有价值,这体现了法的预防或威慑性目标。吕来明.商法研究[M].北京:中国政法大学出版社,2017:97.
② 吕来明.商法研究[M].北京:中国政法大学出版社,2017:96-99.
③ 杨彪.受益型侵权行为研究——兼论损害赔偿法的晚近发展[J].法商研究,2009,26(5):83.
④ 杨彪.受益型侵权行为研究——兼论损害赔偿法的晚近发展[J].法商研究,2009,26(5):80.

以德国为代表的侵权责任保守主义体系中，鉴于理论上将不当得利分为给付得利与非给付得利，其中侵害型不当得利就属于非给付得利①，该类型的确定扩大了不当得利请求权的适用范围及规范功能②，故由不当得利法作为侵权责任的补充救济方式。其三，在英美为代表的侵权实用主义体系中，获益性损害赔偿是现代侵权损害赔偿立法革新的体现，以获利返还为内容的获益性损害赔偿作为侵权责任救济方式而被纳入侵权法体系。③中国获益性损害赔偿制度包括知识产权的侵权赔偿、人身权侵权获益赔偿、违约获益赔偿及公司归入权四个方面。④鉴于不当得利以矫正不正当的财产损益变动为构成原理，采用的是后果视角，其预设功能中不包含预防和威慑功能。⑤而归入权的适用要件为违背信义义务或利用他人的机密信息而获利的行为，阻吓并遏制该类行为的再次发生是归入权的法目标所在。与此，侵权责任法旨在平衡权益保护与行动自由，其采取的规范方法偏向行为视角⑥，预防和威慑功能为其首要的制度功能，因此将获利返还定位为获益性损害赔偿的规范内容更具科学合理性。目前，我国获益性损害赔偿制度分散在民商事法律的各个部门，其中包括《民法典》第122条、157条、1182条，《著作权法》第49条，《专利法》第65条，《商标法》第63条，《最高人民法院关于审理专利纠纷案件适用法律问题的若干规定》第20条第2款，《最高人民法院关于审理商标民事纠纷案件适用法律若干问题的解释》第14条，《公司法》第148条，《证券法》第47条，《信托法》第26条。立法规制较为粗略，基本不具备可操作性，受立法过于抽象的影响，法院在具体裁判中自由裁量权较大，审判结果常难以令当事人信服，这尤其体现为三个方面：一是在获利返还的范围上，由于立法尚未确认返还利润与被告的不法行为间应具备因果关系，实践中法院对返还范围的界限十分模糊；二是在扣除规则上，法院在判断获利返还的范围时，对于被告收入中应予以扣除的具体行使规则，立法缺乏统一的标准；⑦三是在举证责任分配上，原告应当

---

① 王泽鉴.债法原理第二册不当得利[M].北京：中国政法大学出版社,2002：139,169.
② 杨彪.受益型侵权行为研究——兼论损害赔偿法的晚近发展[J].法商研究,2009,26(5)：81.
③ 杨彪.受益型侵权行为研究——兼论损害赔偿法的晚近发展[J].法商研究,2009,26(5)：77.
④ 刘承韪.获益损害赔偿制度的中国问题与体系构建[J].陕西师范大学学报（哲学社会科学版）,2016,45(6)：117.
⑤ 张家勇.基于得利的侵权损害赔偿之规范再造[J].法学,2019(2)：65.
⑥ 张家勇.基于得利的侵权损害赔偿之规范再造[J].法学,2019(2)：65.
⑦ 缪宇.获利返还论——以《侵权责任法》第20条为中心[J].法商研究,2017,34(4)：87.

证明被告通过不法行为获得了利润，如果原告无法证明被告利润数额，法院就不会适用获利返还救济，而将代之以酌定的损害赔偿金。此外，《民法典》第1182条未规定获得利益的具体范围，而商标法和专利法的司法解释则笼统地将获益范围界定为侵权产品的销量与单个产品的利润之乘积，且这两部司法解释对利润的概念认识不一，故对返还利润的计算带来一定难度。[①] 简而言之，当前我国获利返还请求权分散型的立法直接引致的后果就是司法裁判结果常不具有检验性。

最后，我国《民法典》并未对作为归入权制度内涵的"收益吐还"与"获利返还"规则进行一般构造。作为民事主体权利的宣言书，《民法典》为私权保护提供根本依循，目前学界主要从得利返还请求权与获利返还请求权两个角度对《民法典》中有关"收益吐还"规则进行类型化分析。就得利返还请求权的体系而言，应以非统一说[②]为标准，将得利返还请求权类型化为给付型不当得利返还请求权、侵害型得利返还请求权、合同失败后的得利返还请求权、侵害型不当得利的特别返还请求权、费用型不当得利返还请求权，如图1-4所示。[③] 从获利返还请求权的规则来看，我国《民法典》第1182条是在《侵权责任法》第20条的基础上确认了"收益吐还"规则在侵权法中的一般性地位，彰显了构筑加害人与受害人之间特别联系、实现矫正正义和分配正义的立法目的。在规范内容上，主要涉及适用范围、构成要件、证明责任与返还范围等方面，如图1-5。[④] 所示显而易见，无论是不当得利返请求权还是侵权获利返还请求权，均无法科学准确地解释获益性损害赔偿的法律基础。一方面，不当得

---

① 缪宇.获利返还论——以《侵权责任法》第20条为中心[J].法商研究,2017,34(4):87.

② 民法学说上的"非统一说"认为，无"法律上原因"一语，应分别就各种得利的情形所包含的意义进行规范分析。陈自强.不当得利法体系之再构成——围绕《民法典》展开[J].北方法学,2020,14(5):7.

③ 王洪亮.《民法典》中得利返还请求权基础的体系与适用[J].法学家,2021(3):30-46,191.

④ 石佳友,郑衍基.侵权法上的获利返还制度——以《民法典》第1182条为中心[J].甘肃政法大学学报,2020(6):21-27；王涌,周晓冬.《民法典》第1182条获利返还制度的解释与完善[J].广西大学学报,2021,43(2):125-126.

利制度与获益性损害赔偿制度的立法目的与价值取向明显不同[①]，不当得利返还请求权根本无法发挥归入权制度的预防与震慑功能，更无法替代归入权制度来实现"收益吐还"的预设目标。另一方面，《民法典》并未突破《侵权责任法》第 20 条将侵害人身利益作为获利返还请求权的适用范围之限制，因此我国《民法典》缺乏获益性损害赔偿制度的规范基础。由此，收益吐还请求权的法律效果将始终游弋于不当得利返还请求权与侵权获利返还请求权之间，难以形成统一的规范模式。

```
                        不当得利返还请求权
    ┌──────────┬──────────┬──────────┬──────────┬──────────┐
 给付型不     侵害型不      合同失败后     侵害型不      费用型不
 当得利返     当得利的      的得利返      当得利的      当得利返
 还请求权     一般返        还请求权      特别返        还请求权
              还请求权                     还请求权
```

给付型不当得利返还请求权：
（1）一般条款：《民法典》第 985 条；
（2）非债清偿类型中的一般条款：《民法典》第 985 条第（一）项与第（三）项、986 条、987 条。

侵害型不当得利的一般返还请求权：
一般条款：《民法典》第 122 条。

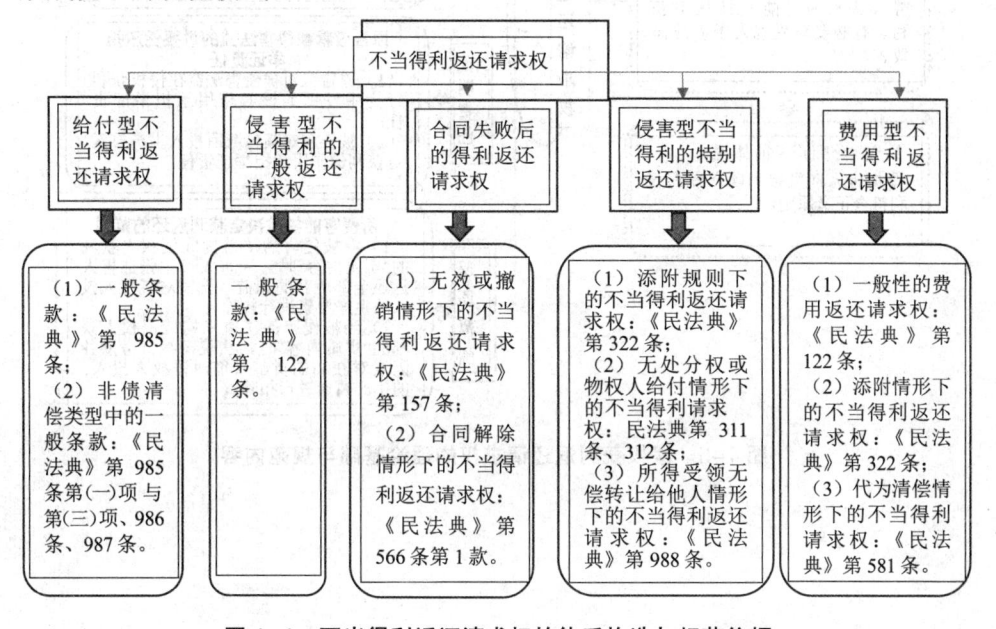

合同失败后的得利返还请求权：
（1）无效或撤销情形下的不当得利返还请求权：《民法典》第 157 条；
（2）合同解除情形下的不当得利返还请求权：《民法典》第 566 条第 1 款。

侵害型不当得利的特别返还请求权：
（1）添附规则下的不当得利返还请求权：《民法典》第 322 条；
（2）无处分权或物权人给付情形下的不当得利请求权：民法典第 311 条、312 条；
（3）所得受领无偿转让给他人情形下的不当得利返还请求权：《民法典》第 988 条。

费用型不当得利返还请求权：
（1）一般性的费用返还请求权：《民法典》第 122 条；
（2）添附情形下的不当得利返还请求权：《民法典》第 322 条；
（3）代为清偿情形下的不当得利返还请求权：《民法典》第 581 条。

图 1-4　不当得利返还请求权的体系构造与规范依据

[①] 关于不当得利与获益性损害赔偿的差异，作者已在本书第一章第一节——"收益吐还"规则的规范演绎的第二个一级标题"作为一般法律救济方式的获益性损害赔偿之缺位"中予以述明。

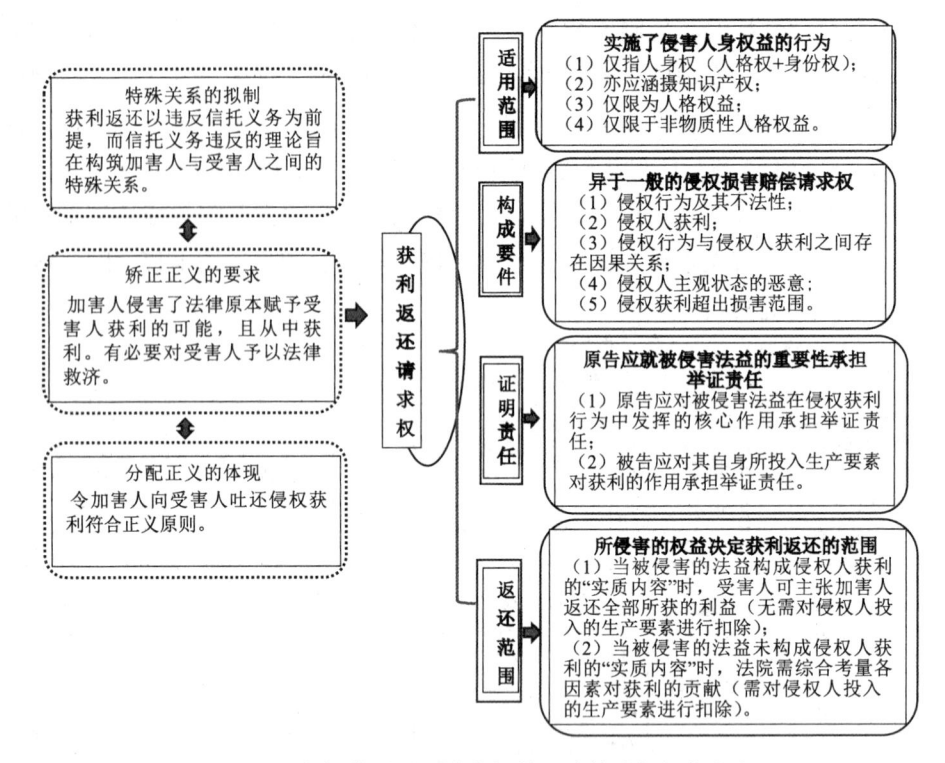

图 1-5　侵权获利返还请求权的理论基础与规范内容

特殊关系的拟制
获利返还以违反信托义务为前提，而信托义务违反的理论旨在构筑加害人与受害人之间的特殊关系。

矫正正义的要求
加害人侵害了法律原本赋予受害人获利的可能，且从中获利。有必要对受害人予以法律救济。

分配正义的体现
令加害人向受害人吐还侵权获利符合正义原则。

获利返还请求权

适用范围
实施了侵害人身权益的行为
（1）仅指人权（人格权+身份权）；
（2）亦应涵摄知识产权；
（3）仅限为人格权益；
（4）仅限于非物质性人格权益。

构成要件
异于一般的侵权损害赔偿请求权
（1）侵权行为及其不法性；
（2）侵权人获利；
（3）侵权行为与侵权人获利之间存在因果关系；
（4）侵权人主观状态的恶意；
（5）侵权获利超出损害范围。

证明责任
原告应就被侵害法益的重要性承担举证责任
（1）原告应对被侵害法益在侵权获利行为中发挥的核心作用承担举证责任；
（2）被告应对其自身所投入生产要素对获利的作用承担举证责任。

返还范围
所侵害的权益决定获利返还的范围
（1）当被侵害的法益构成侵权人获利的"实质内容"时，受害人可主张加害人返还全部所获的利益（无需对侵权人投入的生产要素进行扣除）；
（2）当被侵害的法益未构成侵权人获利的"实质内容"时，法院需综合考量各因素对获利的贡献（需对侵权人投入的生产要素进行扣除）。

第二章　公司归入权行使制度之基本意涵

从历史维度来看，公司自诞生之日起即为特定主体牟取私人利益提供机会，世界各国普遍选择以返还不法获利的私法救济方式来维护商业制度的公平和平等，公司归入权行使的效果及其影响力被广泛予以确认。除自我交易外，公司归入权的行使范围还扩及董事基于内幕交易行为取得的不法获利。从规范基础来看，公司归入权行使制度的产生根基在于利益不得冲突规则、不得获利规则以及简化复杂证据规则。归入权是违反忠实义务的法律后果，本质上属于一类特殊的责任方式。[①] 公司归入权行使制度的功能在于预防和威慑董事从事违反忠实义务的不法行为，从而降低公司治理风险。公司归入权行使制度的法制机理是董事违反忠实义务而承担的商事责任。从公司法忠实义务与证券法的冲突与协调来看，公司负责人从事内幕交易的行为应构成对忠实义务的违反，其由此承担的民事责任就是将基于从事内幕交易取得的收益返还公司。

第一节　公司归入权行使制度的缘起

一、公司归入权的产生原因

（一）公司归入权产生的现实背景

受有限责任原则的影响，公司自诞生以来，就为特定主体提供了无须承担个人责任就能获取个人利益的便捷通道，尤其体现为公司负责人借由在公司享有的优势地位牟取不正当的私利。这种利用职务之便攫取私利的行为违背了公平与平等原则，而这些基本原则构筑了商业制度持续发展的根基。为了遏制公司负责人利用其特殊职务或地位攫取私利，世界各国的法院和监管机构均倾向

[①] 徐化耿.信义义务的一般理论及其在中国法上的展开[J].中外法学,2020,32(6):1583.

于采取归入权救济，并将其作为一种强有力的手段，以阻止公司管理层获取或保留非法收益。公司归入权制度的宗旨即在于公司负责人应将其从不法行为中获得的收益交还公司，公司归入权的三个基本特征是追回公司负责人基于不法行为产生的收益、将所追回的收益归还公司作为其因不法行为所遭受的补偿以及对今后其他公司负责人从事违反公司或证券法的行为形成威慑。公司归入权是恢复原状或现状原则的一种延伸，其主要目的在于恢复了公司在其负责人所从事的自我或竞业交易完成之前所持有的地位，因为该交易导致公司负责人获得以潜在地导致公司利益受损为代价的非法收益。1990年以前，美利坚合众国证券交易委员会（以下简称证券交易委员会）只有从联邦地区法院提起的民事诉讼中取得法院的指令，方能采取归入权作为一项救济措施。但到了1990年，美国国会通过《证券强制执行救济法》和《低价股改革法》，则正式授权证券交易委员会在相关的行政诉讼中有权将归入权作为一项救济措施。随之归入权制度逐渐得到推广。英国企业监管机构——前金融服务管理局在围绕威慑性（Deterence）、纪律性（Discipline）与归入权（Disgorgement）（通常又被称之为3D政策）这三项执行政策中，表明立法关于归入权作为一项弥补不当收益的救济之效果、影响和认可，对涉及内幕交易、投资顾问欺诈、市场操纵、虚假财务报告和未作出或作出虚假披露的公司负责人将采取归入权作为一项重要的救济措施。除此之外，欧洲联盟也在反垄断行动中广泛采取归入权作为补救措施。[1]

（二）公司归入权产生的深层原因

首先，从代理成本的角度来看，公司董事是自利的经济人，既有机会主义行为的倾向，又有不同于公司的目标函数，所有权和经营管理权的分离必然产生代理成本。现代公司利用董事的专业管理技能和经验，提高了组织效率，但同时也付出了代理成本，主要体现在三个方面：一是通过自我交易或变相自我交易，化公为私；二是玩忽职守，滥用权力；三是过度留利，营造"公司王国"。代理成本虽无法避免，但必须由相应的机制予以控制，促使董事为公司最佳利益行事。[2] 鉴于董事的上述行为并非偶发性的个别行为，往往具有潜在

---

[1] Maria Farrukh Irfan Khan.Disgorgement – an effective deterrent against corporate offences[EB/OL].(2014-04-2)[2019-02-18]. http://www.iflr1000.com/NewsAndAnalysis/Disgorgement-an-effective-deterrent-against-corporate-offences/Index/40.

[2] 朱羿锟.董事问责：制度结构与效率[M].北京：法律出版社,2012：13-15.

的集体效应，故该机制应着重发挥预防与威慑功能，显然一般的侵权损害赔偿只能发挥事后填补损害的功能，且只有在符合一般侵权责任构成的前提下方可实现损害赔偿救济。除此之外，如开除、解聘、降薪等公司内部管理措施并不足以消弭公司董事受利益驱使的动机，同时尊重董事会权威，秉持司法干预有限原则是公司作为自治性组织的应有之义，由公司单方行使归入权自然成为公司应对和控制代理成本问题的最佳机制。

其次，从信义关系的角度来看，公司与公司董事基于委任而产生信义关系，信义关系需要通过信义义务加以维系，而信义义务在很大程度上依赖于公司董事的个人诚信，但源于自我欺骗的控制，公司董事的内部制衡极易被打破，而将操纵交易自认为是无害于公司的交易。在公司的立场上，允许董事对利益冲突情况下未经授权的交易加以考量存在巨大风险。这是因为，信义关系中固有的两个因素，使受托人在冲突条件下更有可能做出偏颇的判断。第一，利用受托人地位的特殊试探，即一个人为另一个人处理事务；第二，适用于特定情况下受托人履行职责的方式为其自由裁量留有很大的余地。这两个因素共同作用，加剧了受托人产生自我欺骗的几率，由此将破坏受托人内在道德约束，进而助长非典型欺诈的可能性。[①] 因此，只有导入更为严格的规则方能规避这种风险，因为只有阻止公司董事考量某一特定利益冲突的合法性，才能从根本上遏制趋于被自欺所颠覆的反思过程。当衡平法对诚实与欺诈不再作区分时，对此一定存在适宜的理由。故各国公司法都设置了如下规则：作为受托人的董事一旦陷入自身利益与义务相冲突的境地时，其据此获得的全部受益均应予以剥夺。而这与董事对公司造成的实际损害，抑或董事的善意动机，抑或董事因此给公司带来独立贡献等均毫无关联。[②]

最后，从受托人滥用其受托人地位的角度来看，虽然受托人的分类可能是开放性的，但法院应该防止将所有的信义关系都归类为防止对受托人的诱导，抑或在信义关系终止后继续忠诚义务的结论。1992年，加拿大最高法院的索比卡法官在诺贝格诉文瑞布一案中指出：信义义务不应仅为了完善补救措施的性

[①] SAMET I. Guarding the fiduciary's conscience—a justification of a stringent profit-stripping rule[J]. oxford journal of legal studies, 2008, 28(4):764.

[②] SAMET I. Guarding the fiduciary's conscience—a justification of a stringent profit-stripping rule[J]. oxford journal of legal studies, 2008, 28(4):763.

质或程度而叠加在普通法义务上。① 就如何考量受托人是否滥用了其受托地位，可从以下八个方面加以判断：一是购买属于委托人的财产；二是购买委托人的收益利息；三是将自己的财产出售给委托人；四是与委托人进行竞争；五是获取机密信息；六是与委托人的财产进行交易；七是与第三方进行交易；八是秘密获利。② 该标准亦为公司归入权的行使要件提供可资依循的根据，当董事从事上述任何一种行为时，公司都有权将其因此取得的全部收益收归公司所有。

二、公司归入权行使制度的规范基础

（一）利益不得冲突规则

维系受托人与委托人关系的基本原则是利益不得冲突规则，即受托人有义务避免其个人利益与委托人的利益发生冲突。利益不得冲突规则的特殊性就在于维护委托人的利益。③ 利益不得冲突规则具有不同寻常的绝对意义，因为它同时涵盖了存在潜在利益冲突的情况，故该规则适用于所有可疑的案件。易言之，由于已初步证实董事存在利益冲突的情形，因此继续让董事人行使职权必然存在风险。公司归入权的创设，就是为了确保不违反董事的避免利益冲突义务，而不违反该义务将不会对公司造成损害。利益不得冲突规则的无条件特征不仅体现在其适用范围的广泛性上（如包括因果关系确实疏远的潜在损害后果），还表现在违反该义务的严苛性上：董事基于非法交易产生的全部收益都将被收归公司所有。一旦非法交易确立，衡平法上的避免利益冲突义务则涵摄全部利润。例如，某受托人可以合法地从某笔交易中获得利润（X），但计算其基于违反利益冲突的获利数额是（X+n），委托人违反该义务的直接后果就是剥夺其全部收益（X+n），而非仅限于盈余部分（n）。该简单示例可能会误导人们以为归入权具有惩罚性的立法意图，那么这将是一个认识误区——就现行法律的立场而言，即使是诚实行事的受托人，也会因一项事实上的错误而违反避免利益冲突的义务而受到严厉的对待。④

---

① 加雷斯·琼斯. 戈夫和琼斯论返还法 [M]. 北京：商务印书馆, 2013:727-728.
② 加雷斯·琼斯. 戈夫和琼斯论返还法 [M]. 北京：商务印书馆, 2013:728.
③ SAMET I. Guarding the fiduciary's conscience—a justification of a stringent profit-stripping rule[J].Oxford journal of legal studies, 2008, 28(4):766-767.
④ SAMET I. Guarding the fiduciary's conscience—a justification of a stringent profit-stripping rule[J].oxford journal of legal studies, 2008, 28(4):765-766.

第二章 公司归入权行使制度之基本意涵

利益不得冲突规则旨通过剥夺受托人的不正当获利来确保受托人未滥用委托人的职务。信义关系越紧张,法院审查受托人的行为越警惕。由于受托人和委托人之间的关系甚为敏感,引致受托人的义务被宽泛地界定为仅避免产生利益冲突的可能性。在确定公司董事的义务时,信托法至关重要。在受托人诚实行事且其行为符合委托人最大利益的关系中,认定受托人具有潜在的利益冲突行为将难以成立。如果委托人从事了违反忠实义务的行为,且该行为属于忠实义务范畴,则无须进一步审查受托人所获得的利益是否基于该行为而产生,委托人是否能够创造出受托人所获得的同样利益。此外,即使未违反信义义务,受托人亦会取得该项收益。①

作为一项个人救济,公司归入权的首要功能是警示作为受托人的董事不要卷入其个人利益与公司利益冲突的情形②,否则,董事必须向公司交回违反信义义务的全部利润。英国立法者对此进行了更为深刻的理解,但凡受托人从事违反忠实义务的行为且该行为属于忠实义务的范围之内,则应推定受托人取得的收益为信托资产,由此受托人应将此项收益归还委托人。利益不得冲突规则的一个重要目标就在于遏制受托人考量将其私人利益凌驾于信义义务之上的可能性。③ 归入权制度产生的基础在于董事的义务与利益间存在潜在的冲突。信义义务通常被理解为预防性的义务,其目的在于确保委托人的其他基本义务得以履行,而并非提出一项独立的、更高的道德标准。相应地,利益不得冲突规则即在于防止董事陷入发生机率较高的违反信义义务的情况。法律要求不论董事出于何种动机,都必须归还在未经授权的利益冲突中获得的全部利润,而非仅依靠董事的良心。④

利益不得冲突规则有两个目的:一是剥夺受托人因违反忠实义务而以损害委托人利益为代价而获得的任何收益;二是遏制受托人伺机从事违反信义义务的行为,即使仅存在利益冲突的可能性。一方面,受托人以损害委托人的利益为代价而获得收益;另一方面,受托人获取了其委托人所无法取得的收益。在

---

① 加雷斯·琼斯. 戈夫和琼斯论返还法[M]. 北京:商务印书馆,2013:723.
② SAMET I. Guarding the fiduciary's conscience——a justification of a stringent profit-stripping rule[J].oxford journal of legal studies, 2008, 28(4):767.
③ 加雷斯·琼斯. 戈夫和琼斯论返还法[M]. 北京:商务印书馆,2013:724.
④ SAMET I. Guarding the fiduciary's conscience——a justification of a stringent profit-stripping rule[J]. oxford journal of legal studies, 2008, 28(4):764.

这两种情况下，法院审查的重心就是受托人是否违反了忠实义务，简言之，其行为是否为不法行为，如果是，他必须向委托人归还所取得的全部收益，无论这些收益是否以损害委托人利益为代价。① 受托人滥用其信托地位攫取私利将被剥夺其因此取得的全部收益，并将该收益推定为委托人的信托资产。该一般性原则适用于所有受托人及各类情况。受托人会受到最为严格的监督，如其通过滥用职务行为来谋取私利，将被迫放弃基于受托人地位所获得的全部收益。②

然而，作为一项广泛的原则，衡平法上的忠实义务不可改变会被过分加以适用，从而惩罚了诚实行事的受托人。因此，衡平法上的规则并非一成不变。信托关系的具体范围须根据信托关系的性质来确定。在每一种情况下，确定信义义务所延伸的标的物都是至关重要的。③ 1984年，澳大利亚高等法院在行使平衡法上的自由裁量权时，则采取了严格性稍弱的原则，即要求董事仅将基于违反忠实义务取得的收益归还公司。其坚持的主核原则为若推定信托无充分理由予以坚持时就不应对其强行适用，其中的一个情形是受托人与委托人之间不存在利益冲突的可能性，受托人通过自身条件获得个人利益，其行为符合委托人的最大化利益。另一个情形是受托人收购和经营企业，其区别于收购特定资产。因此，在沃曼国际有限公司诉迪乐一案中，高等法院的结论如下。

根据特定情形允许受托人获得一定比例的利润可能是妥当的。譬如，受托人所取得利润的绝大部分基于其自身的技能、精力、财产、相关资源以及为抵御风险所投入的资本。④

高等法院的这一结论无疑与美国 2011 年《返还与不当得利法》重述中关于归入权的扣减规则相一致，即作为被告的委托人的公司董事有权要求将创造归入收益的边际成本予以扣减。

(二) 不得获利规则

不得获利规则是在利益不得冲突规则的基础上衍生而来的，是指作为受托人的公司董事即使未违反规避利益冲突的义务或不具有侵害公司利益的动机，仍应将其所得收益全部交还公司。作为衡平法上的刚性规则，利益不得冲突规

---

① 加雷斯·琼斯.戈夫和琼斯论返还法 [M].北京：商务印书馆,2013:726-727.
② 加雷斯·琼斯.戈夫和琼斯论返还法 [M].北京：商务印书馆,2013:727.
③ 加雷斯·琼斯.戈夫和琼斯论返还法 [M].北京：商务印书馆,2013:727.
④ 加雷斯·琼斯.戈夫和琼斯论返还法 [M].北京：商务印书馆,2013:725.

第二章 公司归入权行使制度之基本意涵

则要求法院必须对之加以适用，其基本原理在于为保护委托人的利益，不应要求法院审查受托人是否诚实行事抑或委托人是否因受托人从事的交易活动中受到任何损害，因为任何法院在查明或决定的上述事实都是不一致的。通过让受托人承担其未滥用忠实义务的举证责任，能够令委托人的利益得到保护。[①] 当受托人诚实行事时，其并不存在任何违反道德的行为抑或其他不法行为，且不具有从事不法行为的动机，其获利不能被认定为基于损害委托人的利益而产生，法庭或许会得出信义义务与个人利益间不存在冲突的定论。然而，为遏制激起诱导他人的效应，即使受托人是诚实的，其收益也应收归委托人所有。[②]

在衡平法上，信义义务的一个显著特征就是受托人利用职务之便取得收益并不全是基于欺诈行为或缺乏诚信的行为。当受托人诚实行事，一方面，其承担的受托人义务与违反该义务的结果之间并无关联；另一方面，即使受托人竭力履行其作为受托人的职责，但最终还是未能免除返还全部收益的责任。可见，违反信义义务的公司归入权救济在此类案件中同样适用。法官在解释这一令人费解的结论时指出，这是法律出于禁止为受托人利用职务之便获利预留空间而进行权衡的结果。[③] 从一般规律来看，即使是诚实行事的公司董事也易于被自欺行为所控制，从而具有令委托人利益遭受损害的可能性。

作为现代公司法上具有里程碑意义的案件之一，波德曼诉菲普斯一案表明公司对董事基于不法行为所取得收益行使归入权具有一定的独立性，即公司归入权的行使与公司是否遭受实际的损害无关。董事实际上从证券交易中受益（收购增加了他们的股票价值），尽管董事基于维护公司利益目的建议公司购买股票的提议遭到否决，但其作为受托人的诚实行事未受到质疑。审理该案的盖斯特法官对适用归入权的情形进行了鞭辟入里的概括："对处于受托人地位的被告董事来说，唯一可行的辩护是在公司知情并同意的情况下取得利润。至于公司并未因此而遭受损害或其自身不具有恶意动机等均属于无效抗辩，无论被告董事是否出于诚实抑或善意，均无法逃避公司对其全部收

[①] 加雷斯·琼斯. 戈夫和琼斯论返还法[M]. 北京：商务印书馆, 2013: 722.
[②] 加雷斯·琼斯. 戈夫和琼斯论返还法[M]. 北京：商务印书馆, 2013: 722-723.
[③] SAMET I. Guarding the fiduciary's conscience——a justification of a stringent profit-stripping rule[J]. oxford journal of legal studies, 2008, 28(4): 766-767.

益行使归入权。"①

同样，在慕塔德诉阿萨莱一案中，上诉法院对行使归入权的理由有所质疑，就归入权与受托人动机的无关联性展开集中论证，并认为将归入权统一应用于诚实和不诚实的董事之上是基于对威慑性目标的需要，正如海登法官在哈瑞斯诉普尔斯有限公司一案中所述："毫无疑问，公司归入权的严厉性是为了防止董事产生利用受托人地位牟取私利的试探，从而保护公司不受董事实施非法行为的影响，而且公司归入权往往会吓阻董事从事不法行为。"② 当董事有意利用其在公司拥有的职务或权力攫取私利时，公司采取严厉的归入权救济措施符合公平原则，而这恰是一项公认的原则。③

此外，1942 年的瑞格有限责任公司诉格列佛一案是受托人不得获利原则的典型案例。

案情： 上诉公司在黑斯廷斯市拥有一家电影院，计划通过收购两家电影院而将该公司的财产作为持续经营的公司出售。上诉公司拥有一家电影院，并希望收购另外两家电影院，以期高价出售该公司的财产。为了实现收购电影院的目的，上诉公司又成立了一家子公司。出租人准备向子公司提供相关财产的租赁协议，但要求董事需对支付租金提供保证，除非子公司的实收资本为 5 000 英镑。上诉公司持有子公司的全部股份，但仅能通过现金支付 2 000 英镑的股份，而董事则不愿意为其余部分租金提供个人保证。因此，这项计划以另一种方式进行融资。上诉公司拥有 2 000 股份，董事（代表他们自己以及特定第三方）与公司律师拥有其他 3 000 股份。这项安排在董事会会议上通过决议正式予以确立，律师也出席了该会议，并且股票已经正式支付与分配。董事和律师全程均诚信行事且符合上诉公司的最佳利益。随后，上诉公司及其子公司的股票被出售。在子公司的股份进行出售的过程中，董事与律师分别获得每股 2l6 英镑的利润，上诉公司遂主张董事和律师将其取得的这笔利润归入公司。

对此，英国上议院经审理认为，董事（而非律师）必须向公司归还其私自

---

① SAMET I. Guarding the fiduciary's conscience——a justification of a stringent profit-stripping rule[J].oxford journal of legal studies, 2008, 28(4):767.

② SAMET I. Guarding the fiduciary's conscience——a justification of a stringent profit-stripping rule[J].oxford journal of legal studies, 2008, 28(4):767.

③ SAMET I. Guarding the fiduciary's conscience——a justification of a stringent profit-stripping rule[J].oxford journal of legal studies, 2008, 28(4):766-767.

取得的利润，因为其作为受托人，已经通过在公司的职位获得了收购这些股份的机会与特殊知识。正如拉塞尔法官指出：

衡平法规则认为，受托人应将其利用自身特殊地位取得的利润归入公司，而并非取决于受托人是否存在欺诈还是缺乏诚信，或在此类问题或考虑因素的影响下，利润是否会或原本应归属于原告，或受托人是否有责任获得原告的利润来源，或受托人冒了风险或为了原告的利益采取了行动，抑或是原告利益是否因委托人的行为而受损或受益。公司归入权源于在上述情形下已经获得的利润的事实。即便董事出于诚实和善意，也无法规避被要求将其所获利润归入公司的责任。

拉塞尔法官认为，鉴于董事行使其作为董事的权利而与上诉公司存在信义关系，其基于一定的原因而获得该股份，并且事实上唯一的原因就是其作为上诉公司的董事在行使职责过程中取得该股份。因此，基奇诉桑福德一案中所确立的关于归入权的衡平法规则对本案董事完全适用。

然而，由于律师不是受托人，他在董事的要求下接受了该股份，法院并未要求其将所获利润归还公司。波特法官对此作出总结，委托人基于信义关系而不得获利的原则至关重要，至于事实上上诉公司是否会因董事的行为而获利在法律上则是无关紧要的考量因素。[①]

（三）简化复杂证据规则

简化复杂证据规则是指一旦委托人发现受托人存在违反信义义务的行为，即可单方收回其违反信义义务所取得的全部收益。这表明以信义义务为基础的归入权并不是以损失的发生为前提的普通责任，鉴于公司很难就因董事违反信义义务而遭受的损害提供证据，故在公司（或公司股东）行使诉权的情形下，公司（或公司股东）对董事利用受托人地位攫取私利的行为进行初步举证后，通过将举证责任转移至作为受托人的董事身上，由董事证明其未获得收益或应予以扣减的收益范围等。[②]

反之，如果要求公司（或公司股东）必须依据实际损害而诉诸归入权，那么法院将必须查明在不违反受托责任的情况下（最可能）会产生的法律后果。若无董事违反信义义务的行为，公司能否获得这些利润？如果受托人没有违反

---

① 加雷斯·琼斯.戈夫和琼斯论返还法[M].北京：商务印书馆,2013:740.
② Samet I. guarding the fiduciary's conscience——a justification of a stringent profit-stripping rule[J].oxford journal of legal studies, 2008, 28(4):765-766.

信义义务，其获得的收益是否一致？如果不是，有多少比例的收益是董事基于违反信义义务而取得？鉴于上述各类问题在动态发展的商业环境中必然引发无限的结果，且考量上述追问也不具有相当的价值，故衡平法院一般也不会对此类问题展开调查。这是因为当开展此类调查的投机性与当时衡平法院所适用的繁琐的证据法相互交叠时，让公司来承担董事基于违反信义义务而遭受实际损害的举证责任是完全不公平的。[1]

在帕克诉麦凯纳一案中，詹姆斯法官指出：法院无权就委托人是否因代理人的交易受到任何损害而获得证据、建议或论据；为了维护人类交往秩序，任何受托人抑或代理人都不能把他的委托人置于这样一种调查的危险之中。该案上诉法院，雅顿法官认为将举证责任转移给受托人，由其证明对自己有利的合理情形，这是保护委托人合法利益的最佳路径。[2]毋庸置疑，当作为受托人的董事从事违反信义义务的行为，如果委托人公司依循一般的侵权损害救济路径，将面临着繁重的举证负担，如公司的实际损害数额、该损害数额是否完全基于董事的违反信义义务行为等，一方面公司的利益难以得到维护，另一方面也不利于遏制董事从事违反信义义务的行为。基于此，公司归入权成为委托人公司的首要救济路径，它集中体现了简化复杂证据规则的内在要求，能够实现切实维护公司利益之目的。

第二节 公司归入权作为董事侵权责任的理论证成

现代公司的权利结构基本呈现董事会中心主义的变迁趋势，股东让渡自己的部分权利并助推董事成为公司权利的中心枢纽，为避免公司董事追求自身利益而牺牲公司整体利益，并凭借其职权侵害股东、债权人以及投资人的利益，各国公司法均对公司董事课以一定程度的信义义务，使其能够在公司自治的背景下谨慎履行职责。当董事违反信义义务，如何辨别法律责任是立法规制的重心。而在义务与责任的关系上，我国民法借鉴了德国式"违反了义务者应当

---

[1] SAMET I. Guarding the fiduciary's conscience——a justification of a stringent profit-stripping rule[J].oxford journal of legal studies, 2008, 28(4):766.

[2] SAMET I. Guarding the fiduciary's conscience——a justification of a stringent profit-stripping rule[J].oxford journal of legal studies, 2008, 28(4):766.

承担责任"之思路,如《民法典》第176条规定:"民事主体依照法律规定和当事人约定,履行民事义务,承担民事责任。"同理,公司是承载着众多利益关系和相关者利益的社会共同体,无论是公司内部还是外部关系中的利益相关者,他们与公司之间的利益冲突也应通过"违反义务—承担责任"这一民事关系进行化解。在公司内部,当董事的利益与公司利益发生冲突时,立法需要通过"董事违反忠实义务—公司行使归入权"这一构造体系来解决董事与公司之间的利益冲突。在我国,学术界代表性的观点认为董事的信义义务是一种法定义务,因而违信责任实际上是侵权责任在公司法上的特殊体现和具体运用。[1]实务界也秉持董事的信义义务构成公司董事侵权责任的主要内容这一观点。[2]然而,作为一项特殊的侵权责任,公司董事侵权责任在现行立法中尚未加以规制,故归入权作为董事侵权责任的承担方式并未被立法者所重视。为此,通过深入信义义务理论,有助于我们理解公司归入权作为董事侵权责任之法理依据。

一、董事信义义务的理论续造

(一)个体主义和整体主义问题之提出

致力于完善公司治理的努力主要集中在董事会上,这是源于其对公司享有近乎不受法规约束的权利。[3] 赋予公司董事会以广泛的权威,立法者、法院及法律学者一直在不遗余力地探寻提升董事会职能的路径,尤其受安然公司、世界通信公司等公信力严重受挫等丑闻的警醒。呼吁董事履行具有更多实质内涵的信义义务是一个热门议题。信义义务意味着股东与董事之间的代理成本降低。[4] 然而,近年来,信义义务总体上难以有力地推动董事以股东最大利益行事,在一定程度上信义法努力寻求对董事不法行为课以责任。在该认知背景下,有些公司法学者呼吁更加严格的信义义务,即明确以诚信为表现形式的义务或注意义务的复兴。而有些公司法学者对信义义务责任作为潜在改善董事会治理困境秉持悲观的态度,他们更倾向于采用市场制裁等其他机制来完善公司

---

[1] 施天涛.公司法论[M].北京:法律出版社,2014:407.
[2] 潘勇锋.论公司董事的侵权责任[J].人民司法,2009(11):89.
[3] 徐文彬.特拉华州普通公司法[M].北京:中国法制出版社,2010:38.
[4] IBRAHIM DM. Individual or collective liability for corporate directors[J]. Lowa law review, 2008,93(3):931.

治理问题。①董事会采取集体和以投票方式实现决策的共管模式②,但每位董事都是一个个体,而且其可能会符合或不符合信义法关于"义务"的标准。③由此引申的问题是,董事责任应是个体主义评价抑或整体主义评价?

一般而言,个体主义将不允许一名违反信义义务的董事隐匿于遵守信义义务的其他董事中,相反,个人主义聚焦于董事违反信义义务的个人行为足以严重破坏董事会的功能,往往对其施以严苛的法律责任。整体主义则通过其他董事均遵守了信义义务而忽略其中一名董事的不法行为,故一般不会对其课以任何法律责任。由此观之,个体性与整体性评价对董事的责任及免责具有实质性的差异。此外,法院对个体主义与整体主义问题的解读会影响董事之间的互动行为,同时也对违反信义义务的责任作为公司治理的重要机制提供了重要的司法视角。④

个体主义与整体主义很难从制定法中加以识别。为了使该问题的法律观点能够形成一个连贯性的知识谱系,唯有通过分析和整合相关案例法来实现。以下将以美国特拉华州三个典型类案为例,对法院提出与回应整体主义和个体主义问题展开论述。

1. 史密斯诉万高库姆案

1985年,特拉华州最高法院迈出了史无前例的一步,即裁定通讯公司的十名董事。因其同意公司的销售,违反了其注意义务而连带承担2.35亿美元的赔偿责任。⑤通讯公司的主席和CEO万高库姆在另一个内部董事车伯格的帮助下,策划了该销售。直到买方接受的截止期限当天,提案也未通知董事会的其他成员。董事会同意该销售是基于万高库姆20分钟的陈述,车伯格的支持,

---

① RIBSTEIN LE. The mandatory nature of the ali code[J]. 61george washington law review, 1992(61): 1027.

② 邓峰.代议制的公司[M].北京:北京大学出版社,2015:4.

③ 例如,其中一位董事可能与公司存在利益冲突,而其他董事会成员则不存在该情形。同样,不同的董事在达成意见时的注意程度也有所区别。M. IBRAHIM D. Individual or Collective Liability for Corporate Directors[J]. Lowa Law Review, 2008,(93):932.

④ IBRAHIM DM. Individual or collective liability for corporate directors[J]. 93 lowa law review, 2008,93(3):932.

⑤ 根据报道,董事对该笔赔偿仅支付了很少份额。公司的董事及高管保险支付了1亿美元,并购者几乎赔付了1.35亿美元。转引自 MANNING B. Reflections and practical tips on life in the boardroom after van gorkom[J]. Business Lawyer,1985(41):1.

以及公司法律顾问、董事对公司股票市场历史的知识。当通信公司的股东对董事提起集体诉讼，董事们选举其中一名董事为其统一辩护。法院认为，所有的董事，包括外部和内部董事，具有统一的诉讼地位，故应将所有的董事视为一个整体来判断其是否有权受到商业判断规则的保护。根据整体主义的方法，法院并未区分万高库姆在谋划销售时缺失作为董事应有的专业认知，车伯格的同谋，以及董事会对提案未得到充分通知的责任或自知晓该提案后具有充分的故意。相反，由于董事对其行为提起集体抗辩，法院认为应将其视为一个整体对其责任进行评价。其最终的结果是董事会及其成员被免于追究责任。

该案中，基于董事的要求，整体主义的方法被法院采纳。摩尔法院对这种整体主义的方法是否妥适表示怀疑。在上诉中，特拉华州法院要求召开一个专门的听证会来决定是否存在事实或法律原因在评价董事的责任方面有所区别。[①]

2. 新兴通讯股份有限公司股东诉讼

该集体诉讼是针对新兴通讯股份有限公司的董事们同意将被私有化[②]的公司收购方案，而有违信义义务，被收购的公司是兼任该公司董事会主席和CEO——普若塞的个人公司。该收购方案最初由普若塞提出，由于他推断基于新兴通讯股份有限公司的市场估值已有所下降，正值以优惠的价格并购新兴通讯股份有限公司的有利时机。新兴通讯股份有限公司的董事会由7名董事组成，包括内部董事普若塞、公司顾问瑞纳以及财务专家慕奥里欧。[③]

特拉华州高等法院的扎考布法官被指派出席衡平法院[④]审判此案。扎考布

[①] IBRAHIM DM. Individual or collective liability for corporate directors[J]. Lowa law review, 2008,93（3）: 935.

[②] 该私有化有两个阶段：在第一阶段，普若塞所有的创新通讯有限公司已经是新兴通讯股份有限公司的大股东，在收购定价中已取得新兴通讯股份有限公司29%的股份；在第二阶段，两个月后，创新通讯有限公司在现金流出的合并中获取新兴通讯股份有限公司的剩余已发行股票，并将该公司转化为创新通讯有限公司的子公司。自此，普若塞成功拥有创新通讯有限公司和新兴通讯股份有限公司。IBRAHIM DM. Individual or collective liability for corporate directors[J]. Lowa law review, 2008,93（3）: 936.

[③] IBRAHIM DM. Individual or collective liability for corporate directors[J]. 93 lowa law review, 2008,93（3）: 938.

[④] 在美国，衡平法院主要处理普通法不能解决的案件。宋雷. 英汉法律用语大辞典[M]. 北京：法律出版社,2005: 118.

法官查明，根据法院的评估，每股的公平价格应为38.05美元，而同意以每股10.25美元的私有化方案属于违反忠实义务（和）或诚信义务的行为，由此该三名董事应承担连带责任。扎考布法官认为，董事的责任应在个体主义基础之上加以判定，这是由违反义务的性质所决定的。每名董事对其违反义务的行为是否应予以免责均有差异。扎考布法官应用个体主义的方法，认为普若塞因从事自我交易而违反忠实义务、瑞纳因"有意识地漠视小股东利益"，协助普若塞实现私有化目标而违反诚信义务，慕奥里欧违反忠实义务和（或）诚信义务，因为他在投票表决该收购方案时，作为财务专家，其至少应有理由确信每股10.25的收购价格是不公平的。基于此，法院对董事普若塞、瑞纳及慕奥里欧均课以严格的法律责任。

3. 沃特·迪士尼公司派生诉讼

迪士尼公司的股东针对董事提起派生诉讼，因为他们与"雇佣奥维兹作为迪士尼公司的董事长及后续任职期限届满，在14个月的工作期间公司为奥维兹共计支付约1.3亿美元天价报酬的结果"具有一定关联性。迪士尼董事会由17名董事组成，其中包括兼任主席和CEO的艾伊斯奈，赔偿委员会成员如赛尔、沃特桑、保伊特尔等。艾伊斯奈促成了奥维兹的受雇，赔偿委员会被认为应对奥维兹的雇佣合同负首要的责任。[①]

经查明，尽管奥维兹的雇佣合同与董事违反信义义务没有联系，但在该案中，注意义务和诚信义务被加以适用。在分析信义义务诉讼之前，查恩德勒大法官对前两个案例中关于个体主义和整体主义问题的矛盾性答案作了笔记：在史密斯诉万高库姆案中，特拉华州最高法院在决定是否适用商业判断规则时，将通讯公司董事会作为一个整体加以分析判断。近年来，更多的案例表明责任的认定应当以每个董事为基础。在新兴通讯股份有限公司一案中，扎考布法官就作出"董事的责任应在个体主义基础之上加以判定"的论断，尽管两个案例程序各异，但两种立场的紧张程度并不是无足轻重的。查恩德勒大法官分析了艾伊斯奈和赔偿委员会成员的个体行为。他们的行为不符合公司实践的理想状

---

① IBRAHIM DM. Individual or collective liability for corporate directors[J]. Lowa law review, 2008, 93 (3): 939.

态[1]，但也不在信义义务确立的标准射程之内。对其他董事的行为仅是非常简略且整体性的。[2] 整个董事会都被免责。2006年，特拉华州最高法院确认大法官的决定时，并未触及个体主义和整体主义的实质问题，但却发现程序上禁止原告提出大法官对主要当事人采用个体主义的方法是错误的，法院补充解释为原告没有释明该方法的不利之处。

在美国，有两部重要的法律对信义义务运用个体主义抑或整体主义方法做了解答。其一，根据《特拉华州普通公司法》第144条a项的相关规定[3]，提及忠实义务，因"一名或者一名以上的"董事自我交易，不尽然导致合同或者交易无效或者可撤销。三项机制可使自我交易避免自动无效或者可撤销：①经由无利害关系董事同意对该利益冲突进行了披露；②经由股东同意对该利益冲突进行了披露；③司法裁判认为该交易对公司是公平的。一旦交易无法受该三项机制保护，从事自我交易的董事将承担的赔偿额与不公平交易价值等额，一般都是基于合同撤销或得利返还的方式承担责任。[4] 其二，《美国标准公司法》第8章30节的规定，整体主义集中体现在董事注意义务上。该规定将注意义务作为一项行为准则。[5] 董事行使职权必然包含个体的行为（如筹备会议等），董事会往往通过合议行为发挥职能。该法第8章30节强调整个董事会是一个集体决策制定机构，相比一名董事的特定行为，整个董事会的行为更为重要。[6]

---

[1] 法院强烈倡导董事和公司高管以最佳实践的方式进行雇佣，由于这些实践在公司作出决策时是能够理解的。但特拉华州公司法未对此作出规定，事实上，普通法不能进行类似规定，如信义应对未以公司最佳实践的行为承担责任。IBRAHIM DM. Individual or collective liability for corporate directors[J]. Lowa law review, 2008,93（3）：939.

[2] 大法院在陈述其意见时，用了11页致力于审查艾伊斯奈和赔偿委员会成员在同意奥维兹的雇佣协议上所发挥的作用。转引自 In re The Walt Disney Co.Derivative Litig.(Disney IV), 907A.2d 760-71(Del.ch.2005). 而仅用了2页来说明所有当时其他的董事。这是因为旧董事会的唯一行为就是同意艾伊斯奈当选主席，至于他的任期则委派赔偿委员会来决定。原告以授权代理事项向特拉华州最高法院提起上诉时被驳回。

[3] 徐文彬.特拉华州普通公司法[M].北京：中国法制出版社，2010：44-45.

[4] IBRAHIM DM. Individual or collective liability for corporate directors[J]. Lowa law review, 2008,93（3）：944.

[5] 沈四宝.最新美国标准公司法[M].北京：法律出版社,2006：101.

[6] IBRAHIM DM. Individual or collective liability for corporate directors[J]. Lowa law review, 2008,93（3）：945.

综上，在史密斯诉万高库姆案与沃特·迪士尼公司派生诉讼案中，并未对法官如何运用整体主义方法审查关于董事注意义务，案例法暗示了法院集中并倾向于整体主义。尽管《特拉华州公司法》没有《美国标准公司法》第8章30节的类似规定，即在注意义务的案件中应偏重整体主义。①

（二）公司治理背景下个体主义与整体主义方法之运用

1. 完善董事会职能的规范标准

（1）董事会权威与责任的平衡。平衡董事会的权威与责任是整部公司法的追求目标。② 一方面，董事会对公司事务具有绝对的权威，而在理论上，股东仍保留一定的控制权，如股东依法享有选举董事、修订公司细则、同意重大交易等权利，然而在实践中这些权利具有严重的局限性，如股东只能从管理层的提名中选举董事或提起代表诉讼，对公司的交易行为必须先由董事会发起。③ 被认为是组织效率的实质，董事会所享有的广泛权威引致公众公司所有权与控制权相分离。④ 另一方面，董事会必须对其权威负责，因董事更倾向于服务自己的利益，而非股东利益。信义义务是实现董事向股东负责的方式之一，以此降低代理成本。对董事权威而言，信义义务所强加给董事的责任起到制衡作用，故相关的问题就是董事会的权威与责任之间的平衡如何实现。⑤ 在信义义务诉讼中，答案似乎很简单——董事仅对其违反信义义务承担责任，如无违反，则尊重董事会的权威。但在个体主义和整体主义之下问题就变得复杂起来，如当有些董事违反信义义务而其他董事未违反的情形下，很难分辨责任的认定与权威的尊重。适用个体主义方法而认为仅违反信义义务者承担责任不会对所有的案件都能产生理想效果。相反，个体主义与集体主义的关注点应在

---

① IBRAHIM DM. Individual or collective liability for corporate directors[J]. Lowa law review, 2008,93（3）: 945.

② 保持董事会自由作出决策的需求与董事会对其决策负有责任的需求相平衡。BAINBRIDGE SM. The business judgment rule as abstention doctrine[J]. Vanderbilt law review, 2004,(57): 84.

③ BAINBRIDGE SM. Directorprimacy:the means and ends of corporate governance[J]. 97Northwesternuniversity law review, 2003(97): 568-573.

④ BAINBRIDGE SM. The business judgment rule as abstention doctrine[J]. Vanderbilt law review, 2004,(57): 107.

⑤ IBRAHIM DM. Individual or collective liability for corporate directors[J]. Lowa law review, 2008,93（3）: 947.

于董事会作出决策的过程是否被充分的告知,其旨在促进董事会作出能增加股东财富的决策之职能。因此,权威与责任的界限应通过董事会决策过程是否充分加以划定,倘若董事会的决策是充分的,我们应限制司法,尊重董事会的权威;然而,如若董事会的决策是不充分的,我们应通过司法干预对董事课以责任。合理确定权威与责任的界限十分关键。过多强调责任会使得董事集中决策的效率降低。而对董事决策过程的过多干预和董事课以责任的概率过高将会影响董事主动承担商业风险,并使得外部董事不愿意当选董事。相反,过多强调权威,会令董事丧失做出理想决策的激励。因此,在信义义务诉讼中实现董事会的权威与责任的平衡对确保董事职能的发挥尤为重要,而个人主义和整体主义直接回答了如何实现两者平衡这一难题。个人主义偏重责任,允许司法干预董事会,即法院可以对董事会的决议过程进行审查,并基于每一名违反信义义务的董事对其课以责任。当一名董事的行为足以严重破坏董事会职能的发挥时,采取个人主义的方式是妥适的。[①] 集体主义的方式则更偏重权威,表现为推迟董事会的决策过程。只有在多数董事违反信义义务的案件中才允许司法干预。因为集体主义允许一名违反信义义务的董事被免责,在董事违反信义义务不足以破坏决策过程的案件中适用集体主义是适当的。简言之,即使存在董事个体的不法及疏忽行为,董事会的功能发挥也是充分的,在此情形下适用整体主义的方法是妥当的。法院能通过集体主义的方式对由于一名董事的不法行为而对整个董事会强加责任,以此促使外部董事更加细致监督内部董事。但是,法院一般不会因一名董事的违反信义义务行为而对整个董事会课以责任。在最近的实证研究中,学者在过去25年里只找到3份案件是外部董事对违反信义义务的行为进行了现金赔付,其中就包括史密斯诉万高库姆一案。外部董事承担责任的低概率是因为整体主义的方法实际上令未违反信义义务的外部董事倾向于保护违反信义义务内部董事。因此,整体主义的方法并不是通过集体制裁的方式承担责任;相反,其重在强化董事会的权威。[②]

(2)信义义务诉讼的威慑与赔偿目标。美国法学会提出信义义务诉讼的两个具体目标具有理论与实践的双重检验性。其一,事前威慑违反信义义务行

---

① IBRAHIM DM. Individual or collective liability for corporate directors[J]. Lowa law review, 2008,93(3):948.

② IBRAHIM DM. Individual or collective liability for corporate directors[J]. Lowa law review, 2008,93(3):951.

为；其二，事后对违反信义义务行为造成的损失进行赔偿。

①威慑。在信义义务诉讼中，对董事的不法行为，威慑比赔偿具有更深厚的理论基础。[①] 美国最高法院甚至在相关案例中标注："对董事基于违反信义义务获得的利益根本无法通过金钱估价。"信义义务诉讼能够为公司及其股东提供救济。尽管与市场及其他非法律因素对董事的影响相比，信义义务诉讼本身是一个相对较弱的威慑。而且保证赔偿金及董事、高级管理人员责任保险专门服务于维护特定违信董事免于个人赔付，这必然降低了信义义务的威慑效果。[②] 尽管如此，信义义务在威慑董事的不法行为层面发挥着巨大作用，进而降低股东与董事间的代理成本。[③] 由此，即便不存在损失，法院也支持该类诉讼。[④] 对此，个体主义和整体主义方法在威慑效果上有所差异。个体主义方法旨在威慑董事会的每一个董事，即使一名董事违法也会施以惩罚。因此，个体主义方法提供了一项严苛的威慑方式。对有必要让所有董事作为或不作为的案件，个体主义的方法应予以保留，尤其是旨在保证决策制定过程值得信赖。显然，让每一名董事都履行信义义务是一种愿景，但是法律必须均衡威慑过低与威慑过度引致董事不愿冒险或供职于董事会的后果。公司法的总体目标和具体评估方法的选择标准是保持董事会的权威与责任间的平衡。偏重责任的个体主义方法会在一些案件中发挥理想的威慑效果，而未必也会对其他案件有同样效果。[⑤] 整体主义方法，则旨在威慑整个董事会。如果法院运用该方法作为整体

---

① 美国法学会的提案认为，相比赔偿，威慑在两个重要层面上更具优先性：一是尽管被告董事以"其不法行为会使公司产生净利润"为由而抗辩免责，如法院坚信该抗辩将损害公共政策所确立的权威，提案就不会支持该抗辩；二是法院在审查一个专门诉讼委员会的驳回意见时，必须确认诉讼驳回将不会损害公共政策所确立的权威。COX JD. Compensation, Deterrence, and the market as boundaries for derivative suit Procedures[J].52george washington law review,1984(52)：780.

② 一般董事和高级管理人员补偿（D&O indemnification）的特点之一在于，对董事、高级管理人员的责任给予补偿必须符合公共政策，即该补偿必须具有适当性。例如，因董事、高级管理人员的故意行为而导致的责任，不应给予补偿。施天涛.公司法论[M].北京：法律出版社,2014：485.

③ SITKOFF RH. An agency costs theory of trust law[J]. Cornell law review,2004,(89)：638.

④ IBRAHIM DM. Individual or collective liability for corporate directors[J]. Lowa law review, 2008, 93(3)：952.

⑤ IBRAHIM DM. Individual or collective liability for corporate directors[J]. Lowa law review, 2008, 93（3）：95.

制裁方式，对因董事个人违反信义义务而对董事会施以惩罚，这是对外部董事监督内部董事不利而进行的一项严苛的威慑方式。但事实上，整体主义方法在信义法中并未发挥整体制裁的作用；相反，整体主义方法是一项较弱的威慑方式，在过度威慑和公众信赖董事会的决策制定过程（如果绝大多数董事履行信义义务）的情形下，整体主义方法的运用是妥当的。整体主义偏重董事会的权威，而笃信不需要责任。[①]

②赔偿。信义义务的另一目标是赔偿，其不比威慑目标重要的原因在于：董事承担赔偿责任对维护原告的经济利益微乎其微，原告的律师是最大的获益者。相较集体主义方法，个体主义方法令赔偿目标得以最大化地实现，这是因为即使一名董事的违反信义义务行为也能触发赔偿，若该赔偿数额基于一名董事的原因而有所减少，则违反信义义务的所有董事对原告的全部损失均需承担连带责任。与此，集体主义方法不会让违反信义义务的所有董事都承担赔偿责任。通常情形下，法院选择运用两种方法的标准是寻求一项合适的赔偿而非过度赔偿。例如，在一名董事的不法行为可能导致损害的案件中，法院会选择个体主义方法并施以赔偿责任，但是在一名董事的不法行为不可能导致损害的案件中，法院将选择整体主义方法，并否认施以赔偿责任。[②]

③董事信义义务诉讼中规范标准之适用。为了适当均衡董事会权威与责任以及原告在信义义务诉讼中提起的威慑与赔偿双重目标，适用董事信义义务诉讼的规范标准，能够表明法院对个体主义和整体主义问题的答案是，该两种方法的运用是以特定的义务为前提。[③]

（3）忠实义务。

①自我交易。

从一般意义上来理解，违反忠实义务是董事以牺牲股东的利益为代价，而批准公司的某项利己行动，故称之为自我交易行为。为辨识个体主义和整体主义问题，可从以下三方面对自我交易行为进行审视。第一，它是故意而非过失

---

① IBRAHIM DM. Individual or collective liability for corporate directors[J]. Lowa law review, 2008, 93（3）：954.

② IBRAHIM DM. Individual or collective liability for corporate directors[J]. Lowa law review, 2008, 93（3）：954.

③ IBRAHIM DM. Individual or collective liability for corporate directors[J]. Lowa law review, 2008, 93（3）：955.

的行为。第二，它主要由内部董事实施并完成，因其能够利用职务便利及所掌握的大量公司内部信息从中攫取私利。第三，内部董事对董事会的决策制定起主导作用，外部董事对内部董事作出的任何决策都仅发挥"橡皮图章"的作用。当自我交易同时符合以上三个条件时，潜在地将决策的利益终端由股东转变为董事，显然已经实质性地破坏了董事会的决策制定过程。因此，在此情形下有必要偏重责任以维护董事会的功能。个体主义方法使法院能在不公平交易中对违反忠实义务的董事施以责任，从而针对董事会的决策制定过程或交易的实质优势保持更广泛的审查。[1]

在新兴通讯股份有限公司股东诉讼一案中，CEO普若塞的行为便恰当诠释了在自我交易案件中运用个体主义方法的必要性。普若塞通过放弃一项合并而取代以推进私有化的自我交易，从中攫取不正当的私利。普若塞具有恶意动机，即诱使董事会不慎重考虑股东利益，而对其操纵的决策进行投票。由于普若塞是对董事会占据主导地位的内部董事，董事会往往会批准其提议，新兴通讯股份有限公司的董事会对董事个人的不忠实行为没有适当地发挥作用。威慑和赔偿的对象更适于自我交易案件中的董事个人，对即使是一名董事的违反信义义务行为也施以责任，相较整体主义方法，个体主义方法提供了更为严苛的威慑和赔偿方式。因为故意的违信行为远比过失违信行为更应加以威慑，故法律会偏重对故意的违信行为施以比过失行为更为严苛的惩罚。对自我交易等故意违反信义义务的行为，过度威慑并不会被质疑。从价值取向来看，违反忠实义务仅在于反驳关于商业判断规则的论断，从而引发对一项有挑战性的交易进行司法审查。法律的除外机制，尤其体现为当法院对自我交易案件运用个体主义方法时，通过整体公平的目标来维持威慑和惩罚。尤其在法院最终认定董事负有责任，那么一般仅采用公司归入权救济，将董事的不法收益全部收归公司所有。[2]

②诚信。时至今日，特拉华州法院对诚信的精确内涵持续发生变化。在特拉华州法院审理沃特·迪士尼公司派生诉讼案之前，关于诚信义务是否与忠实义务、注意义务密不可分抑或属于忠实义务与注意义务之外的第三类独立的信

---

[1] IBRAHIM DM. Individual or collective liability for corporate directors[J]. Lowa law review, 2008, 93（3）：955.

[2] IBRAHIM DM. Individual or collective liability for corporate directors[J]. Lowa law review, 2008, 93（3）：957.

义义务并不明晰。有学者认为,各种不同立场均有相应的支撑观点,如学者格瑞夫认为,衡平法院一些具有相近理由的裁判意见(包括新兴通讯股份有限公司股东诉讼案在内)都将诚信义务视为忠实义务的一部分。[①] 还有另外一些学者(包括衡平法院在审理沃特·迪士尼公司派生诉讼案时的意见)认为,诚信义务与适当的注意义务属于相互配合的关系。学者塞勒提出特拉华州法院近期的裁决为诚信义务作为一项独立的信义义务奠定基础。[②] 在沃特·迪士尼公司派生诉讼案中,特拉华州最高法院倾向于将诚信义务作为一类独立的信义义务。法院的审理记录表明,违反信义义务的行为不仅限于基于传统理念下的违反忠实义务,或重大过失行为。尚需要设置一个新的义务类型对教义上的违反行为加以规制,而该教义上的新型义务类型就是诚信义务。吊诡的是,在讨论诚信义务及其负担的内容后,法院在最终的注释中指出,我们并未得出此结论,即诚信义务能够作为一项独立的信义义务类型,并以此为基础向公司董事及高管施加责任。距法院审结沃特·迪士尼公司派生诉讼案 5 个月后,在斯通案中,法院认为诚信义务并不是一项独立的义务,而是忠实义务的一部分。在斯通案中,诚信义务不仅在忠实义务的项目之下,而且将其置于监督义务之下,似乎是注意义务的子义务。[③] 尽管后来法院对诚信义务的裁定令人匪夷所思,但与注意义务相比,迪士尼案和斯通案所确立的诚信与传统的忠实义务更相近。在沃特·迪士尼公司派生诉讼案中,特拉华州最高法院认为至少存在 3 项不诚信行为:1)非以公司最佳利益为目标的故意行为;2)故意违反实在法的适用;3)漠视义务的有意识或故意行为。[④] 前两项不诚信行为是具有故意侵害的动机。对此法院认为,这类行为构成了典型的不诚信,也是信义法中公认的不诚信。第三类是不诚信的一小部分行为,也是信义行为潜在扩大的禁止范围。鉴于自我交易也具有故意的属性,个体主义方法也应当运用在诚信案件中。这是因为即使一名董事的部分不诚信行为也会破坏董事会的决策制定过程,法院在诚信案件中会偏重责任和更严苛的威慑与赔偿。[⑤]

---

① GRIFFITH J. Good faith business judgment: a theory of rhetoric in corporate law jurisprudence[J]. Duke law journal, 2005(55): 48.

② Sale HA. Delaware's good faith[J]. Cornell law review. 2004,89(2): 494.

③ Sale HA. Delaware's good faith[J]. Cornell law review.2004,89(2):456,467.

④ See Disney V. 906A,2d at67.

⑤ IBRAHIM DM. Individual or collective liability for corporate directors[J]. Lowa law review, 2008, 93(3): 959.

2. 注意义务

注意义务在个体主义和整体主义方法的选择上更加富有挑战性,从法律角度看,适当注意的行为意味着避免重大过失。从实务角度看,适当的注意是指要知晓、权衡决策,并且与适当的咨询者进行协商。[①] 尽管《特拉华州普通公司法》第102条第2项第7款规定了董事责任限制条款,即允许公司免除董事个人违反注意义务的行为。适当注意的诉讼呼吁审判后对个体主义和整体主义方法加以抉择。基于《特拉华州普通公司法》第102条第2项第7款,原告仅提起违反注意义务的诉求将被驳回。因此,同时主张违反忠实义务和诚信义务的诉求才可被裁判,如此方能反驳商业判断规则的保护性假想和避免第102条第2项第7款之相关规定。另外,第102条第2项第7款并未就法院在评估违反注意义务而施以禁止性救济时,应如何选择个体主义和整体主义方法给出答案。因注意义务不具有忠实义务的故意属性而免除其责任是不正确的。忠实义务区别于注意义务在于种类,而非程度。因被指控的董事会的过失行为免于司法审查具有强制的、经济上的正当性。事实上,漠视诚实存在瑕疵的已决案件不仅是故意的违信行为。[②] 董事的不法行为是故意的还是非故意的对董事会决策制定过程具有重要的衍生后果。故意的不法行为远比疏忽大意带来的影响更为恶劣和广泛。董事的故意行为具有破坏决策制定过程的动机,试图获得董事会对可满足其私利的交易的批准。而董事过失行为则由于欠缺相关信息,而不太可能参与故意的决策过程。根据多数规则,设想一名因疏忽大意而严重过失的董事,在董事会会议中要比一名缺席董事具有较大的危害,但董事会的决策过程受一名过失董事的影响远比一名故意的董事小。另一个重要的区别就是注意义务取决于董事在从事不法行为时的地位。内部董事由于全职服务于公司而具有排他的职业追求,故其更有可能与公司产生利益冲突。而外部董事则不太可能与公司产生利益冲突,由于他们对公司投入不足,故更倾向于疏忽大意。即便近年来学界和实务界均致力于提升外部董事的监督职能,但总体来看,外部董事一般会放纵内部董事的故意行为。如果违反注意义务在性质上不那么严重,内部董事只是对具影响力的外部董事存在沉默(不予披露相关决策信息)的忽视行为,我们有理由信赖董事会的决策制定过程。相应地,为了防止司法

---

① SALE HA. Delaware's good faith[J]. Cornell law review,2004,89(2):466.
② BAINBRIDGE SM. Corporation law and economics [M].Mineola, NY:Foundation press, 2002.

过度干预董事会的商业决策过程，法院一般会选择整体性的方法来裁决注意义务诉讼。在注意义务中运用个体主义方法会给董事会职能的发挥增添额外的消极影响。为了免责，合议驱动的董事会决策制定过程将会衍化为董事之间的互相对抗过程。董事会必须详细了解各董事在故意行为中发挥的作用，如此董事仅关注自身利益的保护，而非公司业务的发展。进入审判程序，基于个人承担责任而将面临区别对待，董事往往要求各自独立的诉讼律师，这会增加公司对董事律师费的偿还成本，而且董事会一般的规模为7～9名董事，如全部参加庭审，审判也存在一定困难。此外，还将面临其他的问题，如法院必须区分董事的具体类型（内部/外部地位，专家/非专家资质）。因此，在注意义务案件中采用个体主义方法将同时导致董事会和司法的效率降低。而且在裁定注意义务案件中，运用个体主义方法是不切实可行的，因为很难认定疏忽的董事是任何损害的近因。[1] 显然，在注意义务案件中法院应运用整体主义方法，但仍存在的问题是，如何审视注意案件中个体主义与整体主义方法的选择？这需从公司法"行为标准"和"责任标准"的区分上来加以论述。早期公司法学者艾森伯格和史密斯认为，行为标准旨在说明董事该如何行为，而责任标准则告诉法官何时应对董事的不法行为施以责任。[2] 行为标准表明董事应以适当的注意行事，而注意是指一个普通谨慎人在相似职位及类似情况下所预期的行为。[3] 但是，责任标准则告诉法官只有董事的行为在不合理的基础上才能评估其责任，如此就排除了商业判断规则的有效适用。"行为标准"和"责任标准"的双重结构倡导最佳行事原则，只惩罚不能被普通谨慎人所接受的董事行为。这要求董事会必须充分发挥其职能，如未充分发挥职能，董事会将受到惩罚，同时也需容忍董事会在前述两种情形下尚可能存在的中间地带。一般认为，行为标准应更加清晰，而责任标准应有所模糊。相应的，在注意义务案件中明确运用整体主义，面临的风险是董事将知悉对其施加责任存在巨大的障碍。对此，史密斯直接针对美国标准公司法目前采用整体主义的方法发表评论认为，将责任的

---

[1] IBRAHIM DM. Individual or collective liability for corporate directors[J]. Lowa law review, 2008, 93（3）: 964-965.

[2] EISENBERG MA.The divergence of standards of conduct and standards of review in corporate law[J].Fordham law review, 1993, 62（3）: 437；SMITH DG. A proposal to eliminate director standard from the model business corporation act[J].University of cincinnati law review,1999(67): 1213.

[3] 施天涛.公司法论 [M]. 北京：法律出版社,2014：413.

焦点从董事会的董事个体转为作为一个合议机构的董事会，美国标准公司法实质上抑制了强制性的规范效力。[1]特拉华州法院则前瞻性地维持"模糊性的阐述裁定规则"[2]，仅暗示了其采取整体主义方法。[3]

上述研究表明，公司归入权作为违反信义义务的首要责任，正是基于个体主义与整体主义的方法在信义义务理论的产生与运用。个人主义方法偏重责任，允许法院对董事会的决议过程进行审查，并对任何违反信义义务的董事课以责任；集体主义方式则更偏重权威，只有在多数董事违反信义义务的案件中才允许司法干预。由于公司归入权集中体现了信义义务诉讼的威慑性目标，反映了个体主义方法在信义义务的具体运用，即对董事个人因违反忠实义务（含诚信义务）而施加的法律责任。鉴于个体主义方法运用在注意义务案件中会产生诸多消极效应，在此背景下，董事个人因疏忽大意、自由放任等违反信义义务的行为往往被免于施加责任，只有该违信行为达到普通谨慎人不能接受的程度时，为实现赔偿目标，法律方才对其课以法律责任。因此，以维护董事会权威为己任的整体主义方式更适合运用在注意义务诉讼中。可见，公司归入权的行使是以董事违反忠实义务为前提。

二、忠实义务的概念重塑

（一）将忠实义务作为研究对象的必要性

我国 2005 年修订实施的《公司法》和《证券法》正式确立了公司归入权制度，详细列举了忠实义务的具体类型并明确了归入权的法律概念，从而为规范董事适当地履行职务行为提供了基本规则。根据我国《公司法》第 186 条的规定，董事、监事、高级管理人员违反对公司的忠实义务所得的收入应当归公司所有。一般认为，忠实义务就是与公司利益冲突的行为，包括董事（含高管）利用资产及商业机会的行为，2005 年《公司法》将董事（含高管）篡夺公司商业机会纳入忠实义务的范畴具有开拓性意义。我国《证券法》第 47 条的标题

---

[1] SMITH DG. A proposal to eliminate director standard from the model business corporation act[J].University of cincinnati law review,1999, 67（4）:1213.

[2] SMITH DG. A proposal to eliminate director standard from the model business corporation act[J]. University of cincinnati law review,1999, 67（4）:1206.

[3] IBRAHIM DM. Individual or collective liability for corporate directors[J]. Lowa law review, 2008, 93（3）:969.

为"公司归入权",其具体含义是上市公司董事、监事、高级管理人员、持有上市公司股份5%以上的股东,将其持有的该公司的股票在买入后6个月内卖出,或者在卖出后6个月内又买入,由此所得收益归该公司所有,公司董事会应当收回其所得收益。我国《公司法》《证券法》修订实施后的这个阶段,针对公司归入权与短线交易归入权的研究相对较多,但关于忠实义务的本质内涵仍欠缺从法学上进行深入系统的研究,由于忠实义务仅限于传统的利益冲突理论,而且《证券法》第47条关于公司归入权的主体作了特殊规定,学界往往认为《公司法》第148条与《证券法》第47条分属不同的制度范畴,两者之间具有内在联系的一致性。由于公司归入权多以公司决议的方式加以行使,即使诉诸法院,法官通常倾向于采取损害赔偿权的裁判思路,而现行证券立法主要以行政处罚方式来制裁董事利用职权从事证券交易的行为,故实际上公司归入权尚未发挥吓阻董事从事违反忠实义务行为的制度功效。

(二)忠实义务的基本内涵

在英美法上,董事的忠实义务是信义最基本的义务。通过进一步廓清忠实义务的实质内涵,能有力地阐释归入权为何涵摄为董事侵权责任。

忠实义务的内容应当包括诚信。[1] 现代公司理论认为,诚信义务作为一类独立的信义义务,其边界不甚明晰,只有将其融入忠实义务之内,诚信义务的范围才会在忠实义务的概念下受到限制。尽管各类违反诚信义务的案件转化为违反忠实义务的案件时,忠实义务的涵义会有所模糊,但忠实义务的概念是可以充分扩容的。[2] 黎曼·乔森认为,忠实义务在《公司法》上包括两种不同维度。一方面,忠实义务的下限是拒绝诱惑和不背叛所忠实的对象[3],即董事不得自我交易或篡夺公司机会,但利益冲突不足以涵盖忠实义务的全部内容。另一方面,忠实义务的上限是对职责负有使命感。对职责负有使命

---

[1] 大陆法系国家将诚信原则发展演化为私法上的最为重要的原则之一,英美法系虽未明确设立诚信原则,但诚信的观念已渗透在绝大多数私法理论及相关立法中,从某种程度上体现了两大法系的融合之处。

[2] GOLD AS.The new concept of loyalty in corporate law[J].University of california davis law review, 2009(43):526.

[3] FLETCHER GP. Loyalty: an essay on the morality of relationships[M].New York: Oxford university press,1993, 40.

感将忠实义务与注意义务涵摄为包罗万象的信义概念之下。[1] 忠实义务的一个主要层面是照顾公司与股东的利益。[2] 因此，忠实义务有"应尽的责任心"之意，作为一项更广泛的义务具有为他人利益行事的特点。美国特拉华州的案件就采纳了这两个层面的忠实义务，强调对职责的使命感，使得"忠实义务"的内涵要比公司法的规定更为广泛和严苛。[3] 忠实义务的内涵应包括诚实、尊重和尽职。这无疑与诚信的含义相一致。[4] 从词义来看，诚信是指诚实与信用。诚实，要求行为人正直；信用，指相对人可以对其信赖。[5] 董事因公司的信赖而具备有责性，即一旦董事破坏该信赖关系，就应对公司负责。当法律制度本身没有提供适当的请求权时，由于董事违反诚信的事实出现，责任的成立便一目了然。[6]

忠实义务的重要特征体现为强制性。英美法对忠实义务的性质有两大主流学说[7]，一种是"合同说"，认为忠实义务并非一项特别的义务，也没有道德基准，与合同项下的其他义务在来源和履行方式上均相同。[8] 合同中的任何一方都能自主地对个人利益进行"讨价还价"，因为磋商、妥协和权衡的结果是使所有参与方的福利均得以提高。[9] 为保护受益人的福利，合同各方应自由地决定在公司中运用忠实义务规则的成本是否高于分配该规则及其他替代机制的

---

[1] FLETCHER GP. Loyalty: an essay on the morality of relationships[M].New York: Oxford university, 1993, 42.

[2] JOHNSON L. After enron: remembering loyalty discourse in corporate law[J].Delaware journal of corporate law, 2003(28): 27.

[3] Gold AS. The new concept of loyalty in corporate law[j]. University of california davis law review, 2009, 43 (2): 486.

[4] LYMAN PQ, JOHNSON.The social responsibility of corporate law professors[J].Tulane law review, 2002(76): 1498.

[5] 陈甦.民法总则评注[M].北京：法律出版社,2017：45.

[6] 朱广新.信赖保护理论及其研究述评[J].法商研究,2007(6)：75.

[7] FENDLER FS. A license to lie, cheat, and steal? Restriction or elimination of fiduciary duties in arkansas limited liability companies[J]. Arkansas law review, 2007(60): 646.

[8] EASTERBROOK FH. FISCHEL D R. Contract and fiduciary duty[M]. Jounal of law and economy, 1993(36)：427.

[9] MITCHELL LE. Private law, public interest: the ALI principle of corporate governance[J]. George washington law review, 1993(61): 878.

成本。[1]另一种则是"传统说",认为忠实义务的前提是基于整体的社会道德规范之上,即社会公众相信人们在经营活动中能够并应该遵守一定的行为规范,社会公众更青睐通过法律来激励,如有必要,强制人们遵守相应的行为规范。[2]简言之,拥有管理职权的公司高管应负有一项强制性义务,它是以公司范围内最低限度的道德行为准则为要义。[3]显然,两种学说的主要分歧在于忠实义务的法律效力,按照"合同说"的观点,忠实义务具有任意性;相反,"传统说"则认为忠实义务具有强制性。对此,克莱伯格指出,将信义义务置于合同框架内,则严重而直接的后果就是弱势参与方在合同解释的机制下无法得到保护。"合同说"与"传统说"在法律救济上具有实质性差异。依据"传统说",在违反忠实义务的案件中,基于信赖或合理期待理论,原告不需证明损害即可主张归入权,而归入权明显并非合同的典型救济措施。即便合同的制定方因预见违反忠实义务的问题,将利益归入作为合同中的救济方式。但由于该救济的性质是衡平的,法院一般都会反对将衡平救济加以法定化的合同意图。[4]我国公司法在借鉴英美法上的信义义务理论基础上,规制了违反忠实义务的行为类型及法律后果,这体现忠实义务的强制性特征,即董事、高管必须履行义务,不得以协议的方式加以排除。而且公司法所列举的违反忠实义务的行为类型足以僭越整个社会道德基准,势必会侵害公司的利益。

忠实义务的主要功能在于增进信赖在公司治理中的重要性。信赖本身有多重定义,归结起来,主要有三个基本特征:一是信赖至少包括双方主体,即信托方和受信方。二是信托方必须主观故意地使其易被受信人伤害,同时受信方能够从利用信托方的易受伤害性中获益。三是信托方的易受伤害性必须是建立

---

[1] FENDLER FS. A license to lie, cheat, and steal? Restriction or elimination of fiduciary duties in arkansas limited liability companies[J]. Arkansas law review,2007(60): 649.

[2] MITCHELL LE. The death of fiduciary duty in close corporations[J]. University of Pennsylvania Law Review,1990(138): 1725.

[3] Miller SK. What fiduciary duties should apply to the llc manager after more than a decade of experimentation[J]. The journal of corporation law, 2007, 32 (3): 570.

[4] KLEINBERGER DS.Two decades of "alternative entities": from tax rationalization through alphabet soup to contract as deity[J]. Fordham journal of corporate and financial law, 2008, 14 (2): 467-468.

在对受信方事实上会作出值得信赖的行为之期许上。① 信赖通常对公司成功至关重要,如能促使公司的各方参与者竭力互为信任,进而降低交易成本。② 作为非正式的行为规范,信赖能够提供有价值的社会资本。仅以法律和合同为公司的执行机制存在局限性,确有必要将董事与公司界定为高度的信赖关系。社会规范包括一个庞大的信赖圈,即信赖关系不应限于近亲属和同伴,如此方能推动公司发展,如单靠法律与合同,则无法实现这一终极目标。若公司董事认为其在信赖圈外,则理性投资者不可避免地会减少对该类董事经营的公司进行投资。这不仅反映了信赖的语义,还体现了公司对董事的合理期待。由此观之,公司对董事信用的需求是信赖利益保护的近因,当董事违反对公司的信用时,公司的信赖利益将受到实质性侵害。简言之,公司归入权行使制度应涵摄为董事侵权责任的基本框架之下。③

(三) 忠实义务的规范构造

1. "滥用行为"概念的引入

在1995年澳大利亚高等法院裁决的雷夫诉伯恩斯一案中,针对董事是否违反忠实义务的判断标准,法院首次引入了"滥用行为"这一概念。④

案情:伯恩斯和霍普伍德是若干个公司的董事,包括玛格纳克雷特公司和

---

① GOLD AS. The new concept of loyalty in corporate law [J]. University of california davis law review, 2009, 43 (2): 526.

② 降低交易成本包括交易费用的低廉,监督成本的降低及诉诸法院的需求减少等。GOLD AS. The new concept of loyalty in corporate law [J]. University of california davis law review, 2009, 43 (2): 511.

③ 目前,我国法学界对公司归入权适用的领域有两种截然不同的观点:一种观点认为归入权应适用于合同法领域,公司管理层违反忠实勤勉的信托义务与公司从事同业竞争,既可以从给公司造成的损害角度计算其违反雇佣合同的违约责任范围,也可以从其违反雇佣合同的禁止性规定所获得利润的角度出发,要求其承担返还利润的义务。朱岩. "利润剥夺"的请求权基础——兼评《中华人民共和国侵权责任法》第20条[J]. 法商研究, 2011(3): 143;另一种观点认为,归入权应适用侵权法领域,《侵权责任法》第20条虽然在侵害人身权益的规定中对获利返还请求权作出了规定,但其适用范围不应仅限于人身权益受侵害的情形,还应当包括董事违反忠实义务的情形。王若冰. 获利返还制度之我见——对《侵权责任法》第20条的检讨[J]. 当代法学, 2014(6): 82.

④ HARRIS J. Company law: theories, principles and applications [M]. Sydney: lexisNexis butterworths, 2015: 552.

杰夫科特公司。杰夫科特公司是玛格纳克雷特公司的大股东,杰夫科特公司有严重的债务问题。杰夫科特公司同意发行可转换债券来帮助偿还债务,但承销商要求其取得一个分包销商。有一家商业银行同意作为分包销商,但同时也要求伯恩斯和霍普伍德从联邦银行获得170万美元的贷款,而这笔贷款是通过另一家公司而获得。伯恩斯和霍普伍德促使玛格纳克雷特公司向联邦银行提供200万美元作为该笔贷款的保证金。此外,伯恩斯和霍普伍德为获取4万美元的手续费,还令玛格纳克雷特公司为这笔贷款提供担保。上述行为是未经玛格纳克雷特公司董事会知情或同意的情况下进行的,而且其对玛格纳克雷特公司印章的使用也未经授权。伯恩斯建议玛格纳克雷特公司董事会,投资银行和第三家公司(威克斯)将与玛格纳克雷特公司成立合资企业,玛格纳克雷特公司将仅提供临时资金支持威克斯公司,董事会批准了该项交易,这事实上是对已经达成的协议的虚假陈述。玛格纳克雷特公司接管了杰夫科特公司,随后进入清算程序。[1]

刑事上诉法庭依据澳大利亚2001年《公司法案》第182条认定伯恩斯和霍普伍德的行为属于滥用行为,由于该条款不要求提供不诚实或意图欺骗的证据,刑事上诉法庭撤销了对他们的判决,因此王室法院向高等法院提出上诉。[2]

高等法院的法官(其中包括布莱南法官、迪恩法官和高德伦法官)认为,当确定被告利用职务时是否具有某种不被允许的主观意图,应考虑被告在具体时间对相关情况的考量,其对周遭情况的考量可能不仅与该行动目的相关,还与其行动中利用职务的适当程度相关。被告在董事会会议上的提案尽管对第三方公司有利也依然有可能是完全正确的,但如果董事在作出提案时并未考虑公司的利益,而只是为了让第三方公司受益,同时与其行为的正当性和利用董事职务在选举提案时的主观意图相关。简言之,滥用职务行为会涵摄对该职务所承载的权力或权威的滥用。假设董事滥用权力为自己或他人谋取利益,抑或由此对公司造成损害,虽然只有一项行为是主动以一项意思表示作出,但这两类行为均构成对忠实义务的违反。刑事上诉法院关于"因未对公司造成损害的

---

[1] HARRIS J. Company law: theories, principles and applications [M]. Sydney: lexisNexis butterworths, 2015: 553.
[2] HARRIS J. Company law: theories, principles and applications [M]. Sydney: lexisNexis butterworths, 2015: 553.

目的故被告不应被定罪"的观点是错误的。庭审法官显然发现，如果执行文件被详加规定，而且授权玛格纳克雷特公司向联邦银行存入200万美元的保证金已触及伯恩斯和霍普伍德滥用职务的临界点，即为了从杰夫科特公司攫取私利的目的而从事滥用职务的行为就已完成，即使伯恩斯和霍普伍德并无损害玛格纳克雷特公司的意图，并认为该项交易将对玛格纳克雷特公司有益，然而这并不影响对两名被告违反忠实义务的认定。[①]

"滥用行为"作为一个不确定性的术语在刑法中并不常见。霍普伍德的律师认为，"滥用行为"应指代为了被禁止的目的而故意利用职位，而完全不考虑公司的利益。毫无疑问，董事如此利用职务是不适当的，因为其实际滥用了该职务所承载的权力或权威。然而，与律师意见相反的是，该案件并没有穷尽"滥用行为"的具体种类。"滥用行为"并不仅限于不法者的有意识的滥用行为。因此，在格拉维诉弗拉维一案中，扎克布法官认为"滥用行为"并不是一个艺术类的术语。在商法语境下，"滥用行为"特指与董事（高管）的职责、义务和责任的适当履行不相一致的行为。"滥用行为"并不取决于不法者的不正当意识。"滥用行为"特指知悉该职务的职责、权力和权限以及案情的理性人会认为不法者违反了与其处于同样地位的人应具备的行为准则。当"滥用行为"指代权力的滥用时，不法者的内心意思则很关键，因为不法者在知情或对具体情况了解的背景下行使权力和他行使权力的目的或意图是判断权力是否被滥用的重要因素。但"滥用行为"并不仅限于权力的滥用，它还包括董事知道或应该知道他无权执行的行为。[②]

如果依照公司章程及业务施行规定，董事授权执行相关业务，该业务的后果归属于公司，而该授权需得到其他董事的批准或同意，不当行使这种权力未经批准或同意行使职权就是滥用职权行为。例如，某一业务的执行需要事先获得授权，则执行该业务的人可能因下列任何一项原因而无法获得授权：未能寻求授权或不能高效获取所需权限（如职权受利益冲突原则的限制）或者由于其他原因而无法得到授权。在上述任何一种情况下，董事或高级人员执行业务的行为均属不正当滥用职务行为。因此，检验滥用行为的标准，既非公司是否会

---

① HARRIS J. Company law: theories, principles and applications [M]. Sydney: lexisNexis butterworths, 2015: 553-554.
② HARRIS J. Company law: theories, principles and applications [M]. Sydney: LexisNexis butterworths, 2015: 554-555.

受执行契约的约束亦非第三方是否有权信赖该执行契约。究其本质,"滥用行为"源于董事或高级管理人员在公司内部管理方面的行为特征。①

伯恩斯和霍普伍德通常有权加盖或证实玛格纳克雷特公司的印章,这种假设可能是无效的,因为法官一般不会考虑到该情形。初审法官经查明发现,促使其对维克斯公司进行合资的目的是杰夫科特公司的分销商承销能发行的可转换债券。伯恩斯和霍普伍德均处于相互冲突的受托责任之中:他们都是玛格纳克雷特公司和杰夫科特公司的董事。伯恩斯和霍普伍德创设维克斯合资企业,并执行了相关的业务,以便将玛格纳克雷特公司的资源转移至杰夫科特公司。无论伯恩斯和霍普伍德获得何种授权通过利用玛格纳克雷特公司的印章执行业务,并使得该类业务的效果归属于玛格纳克雷特公司,伯恩斯和霍普伍德均没有获得为杰夫科特的利益而执行业务的授权。玛格纳克雷特公司有权得到每位董事的公正与独立的判断。公司董事同时作为其他公司的董事,将可能负有相互冲突的受托责任。然而,公司章程也许会许可——或许经常许可——对所提议的业务具有兴趣的董事从交易中获利,前提是其向董事会其他成员进行了披露,且未参与董事会决策事务。在这种情况下,决议该项交易的董事会席位通常会排除那些参与交易的关联董事进行投票。假如参与交易的董事对此进行了披露,并放弃对该项决议投票,该交易的有效性不会受到损害。但是,如果一名董事对某项交易存在一定的利益并参与该项交易的决议,由于董事应具有公司利益至上的忠实义务立场,他未能对其利益进行充分的披露,其行为就应认定为滥用职务行为。②

本案的被告伯恩斯和霍普伍德未披露其在杰夫科特公司获取的利益,其主要目的在于获得维克斯合资企业的利益。伯恩斯也未在2月3日的董事会上投弃权票。然而,这并不是被指控不法行为的特定方面。伯恩斯和霍普伍德均行使了其作为董事的权力,将玛格纳克雷特公司印章加盖于特定的执行业务契约上,而且是在没有得到在此类契约加盖公司印章的任何授权下。即使他们在执行该类业务时可能会因公司董事会其他成员通过的一项决议而获得授权,但他们并未寻求授权。相反,他们试图向董事会其他成员隐瞒维克斯合资企业的真

---

① HARRIS J. Company law: theories, principles and applications [M]. Sydney:lexisNexis butterworths, 2015:555.

② HARRIS J. Company law: theories, principles and applications [M]. Sydney:LexisNexis butterworths, 2015:555-556.

实性质，直到杰夫科特的可转换债券发行完毕。

上诉法院认为，该案应发回下级法院，以重新决定被告是否应被定罪。对此，麦克乌法官认为，在决定是否存在滥用职务行为时，董事的内心意思往往与之相关，因为职务的适当行使与否取决于董事利用该职位的主观目的。有时出于某一个意图的利用职务行为是适当的，而也有时利用职务行为会因另一种意图而被认为是不适当的。目的性在滥用职务行为的问题上与利用职位是为了获得利益抑或造成损害同等重要。然而，即使是为了让公司获得利益，也会被认定为滥用职务行为。通常很难确定某一特定的利用职务行为属于滥用行为。事实上，董事的行为违反忠实义务为自己或他人攫取利益或对公司造成损害就属于滥用职务的行为，除非他们对引致义务违反的事实源自诚实且又合理的误解。在不存在误解的情况下，很难想象违反忠实义务而利用其职务谋取私利或对公司造成损害的董事能够避免发现滥用职务行为。显然，他们不能仅因为坚信自己为了公司的利益行事而规避滥用职权行为。同样，他们也不能因为确信自己违反忠实义务的行为将会得到批准而规避滥用职权行为，如同一名雇员认为雇主会同意其获取一项非法收入而规避挪用资金的裁决。据此，该案应重新发回刑事上诉法院。[1]

2. 忠实义务的概念界定

尽管不同国家的公司法制各有千秋，但就忠实义务而言，各国公司法均规定了实质类似的法定义务，即对同一类型的行为进行规范，只是方式不同而已，这里的同一类型的行为指的就是滥用职务的行为和滥用信息的行为。该类行为的共同点在于董事不以公司最佳利益行事（追求公司最大利益是董事信义义务的核心内容）。从具体法律适用来看，滥用职务的行为与滥用信息的行为存在重叠的趋势。例如，董事利用其特殊职位获取公司的机密信息，以此为其个人公司攫取私利，该董事的行为显然是滥用公司信息的行为，但也属于滥用

---

[1] HARRIS J. Company law: theories, principles and applications [M]. Sydney: LexisNexis butterworths, 2015: 556-557.

职务的行为（如董事试图向公司隐瞒其行为）。① 根据澳大利亚 2001 年《公司法案》第 182 条的规定，判断行为人违反忠实义务的基本要素如下。一是公司的董事、秘书、其他高级职员或雇员；二是滥用职务以此为自己或者他人攫取利益或对公司造成损害。该法案第 183 条的规定与之十分相近，仅将董事（包含离任董事）、其他高级职员（包括公司秘书）及公司雇员滥用职位取代为滥用获取的公司信息。因此，是否存在"滥用行为"（具体包括滥用职务的行为或滥用信息的行为）能够确定被告违反忠实义务的证据是否成立。②

由于违反忠实义务是行使归入权的前提，只有厘清忠实义务的法律概念，才能实现公司归入权行使制度的立法目的。客观来看，忠实义务本身是一个开放的体系，并不局限于《公司法》第 148 条所列举的各种情形。③ 诚然，在上市公司中，董事违反忠实义务的类型也绝非仅限于"短线交易行为"及"通过收购信息从事证券交易的行为"，还应包括通过增加对长期项目的投资和实施超额员工福利计划来减少公司报告中的盈利，压低股价；④ 实施阻止管理层之外的第三方竞价的方式来压低价格；通过隐藏利润等方法，故意扩大公司的账面亏损，使得股东对收购陷入错误判断；将目标公司的利润或优质资产转移至关联公司名下等。⑤ 尽管违反忠实义务的具体类型或表现形态各异，但从本质看，在公司法上，忠实义务的实质内涵应包含两个层次：一是董事不得从事与公司利益冲突的行为，如自我交易、篡夺公司机会或转移公司利润或资产等行为。二是董事基于职责所在而负有维护公司及股东利益至上的使命感。股东利益至上是公司设立的重要目标。基于委托—代理理论，董事受股东委托代为行

---

① 在 ASIC v Adler 一案中，阿德勒利用他担任 HIH 公司"非执行董事"一职，将 HIH 公司的一个子公司的资产转移至他个人拥有的家族公司。阿德勒的行为被视为违反忠实义务的行为，法院的理由是他滥用职权谋取个人利益，并且滥用公司的内幕信息，通过绕开公司内部控制而骗取资金。HARRIS J. Company law: theories, principles and applications [M]. Sydney: LexisNexis butterworths, 2015：552.

② HARRIS J. Company law: theories, principles and applications[M].Sydney：LexisNexis butterworths, 2015：552.

③ 赵万一. 公司收购中目标公司董事信义义务研究 [J]. 河南财经政法大学学报,2012(2)：25.

④ 郑佳宁. 目标公司董事信义义务客观标准之建构 [J]. 东方法学,2017,(4)：45.

⑤ ARTHUR O D, NORBERG JR. Management buyouts: Creating or appropriating shareholder wealth[J]. Vanderbilt law review,1988, 41（2）：236-241；郑佳宁. 目标公司董事信义义务客观标准之建构 [J]. 东方法学,2017(4)：45.

使职权，董事的代理行为必须以维护股东利益为重要使命。然而，董事基于其所处的重要职位而掌握股东（一般为中小股东）无法获取的公司内部信息，股东的利益随时会因董事的不忠实行为而受到侵害，这就要求董事必须时刻遵循最佳行事的原则，即董事应按照法定程序及时向公司股东会及董事会履行信息披露义务，不得擅自公开公司内部信息，更不得利用公司内部信息谋取私利。虽然董事利用公司内部信息从事证券交易的行为客观上并未给公司带来实际损害，但是该行为仍然被视为违反忠实义务的行为，因为股东的利益将受到实质性的损害，投资者对公司信赖度的降低势必影响公司的外部评价。简言之，无论董事是利用公司的资产、商业机会还是内部信息，均以滥用其职务之便作为先决条件，因此董事是否滥用职务行为应该是其违反忠实义务的主要判断标准。

综上，忠实义务的法律概念应重塑为董事应遵循最佳行事的原则来维护公司及股东的最大利益，禁止董事滥用职务从事与公司利益冲突的行为以及利用公司内部信息攫取私利的行为。忠实义务由此将具有更大的涵盖面与解释力，从而为证券法上公司归入权的有效适用提供制度保障，进而真正实现预防和遏制董事及大股东利用公司内部信息从事证券交易行为的立法目的。

三、公司归入权的功能定位与定性

（一）公司归入权的功能定位

忠实义务是个体主义方法在信义义务中的具体运用，目的在于通过董事个体的责任，以此威慑董事从事与公司利益冲突的行为以及利用公司内部信息谋取私利的行为。董事违反忠实义务，纵使公司未遭受损害，只要董事因此获得收益，即应将其所得收益返还于公司；倘若公司的损害难以确切计算或存在高度举证困难时，可将董事所得收益推定为公司的损害。简言之，即使董事的不法行为未给公司带来实际损失，立法依然赋予公司享有将董事基于不法行为的全部获利归还公司的权利，这有力保证了董事在决策制定时应遵循最佳行事原则做出值得信赖的决定，进而有效降低股东与董事间的代理成本。由此观之，公司归入权并不以对公司造成损失为前提，而是以董事在客观上从事了与公司利益冲突的行为以及利用公司内部信息谋取私利的行为，其核心的制度功能即在于预防和吓阻董事从事违反忠实义务的行为，从而降低股东的代理成本。而损害赔偿请求权的核心功能在于填补公司的损害，旨在将公司的利益恢复至董事不法行为发生之前的状态。不容置喙的是,可计算的公司财产利益可通过损害赔偿方式加以弥补,但对于不可计算的非财产性公司利益却无法通过损害赔偿方式获得救济。基于此,在违反忠实义务的情形下,归入权基于威慑与预防的功能而应作为优先于损害赔偿权的法律救济方式。

(二) 公司归入权的定性

需澄清的是,将归入权与获利返还请求权相联系的推演,存在的逻辑悖论在于主流观点认为归入权的性质是形成权[①],认为归入权行使的效果仅限于公司与董事间的内部关系,仅发生债权的权利归属关系。董事只承担将所得收益移转于公司的义务,并非因归入权的行使而返还该所得收益,故无须经过董事的给付,即可自动移转于公司。也有学者指出,将归入权定性为形成权,则归入权的规范逻辑就是公司股东会作出"将董事违反忠实义务行为之所得,视为公司之所得"的决议,形成"请求违反忠实义务的董事交付其由该行为所得之金钱、其他物品或报酬移转于公司"之"请求权"。而后,公司须有行使该请求权之意思,并进而执行股东会决议,方能达成"将行为之所得,视为公司之所得"的目的。如上法律概念推演,实为迂回复杂。如将归入权的性质解释为一项"法定请求权",那么股东会决议则为该请求权发动的要件,法律概念将较简单而明确。[②] 本书认为,在归入权的性质上,我们应审视"形成权抑或请求权"这种非此即彼的思维模式,在侧重归入权的权能或作用的前提下,认为其属于请求权也未尝不可。[③] 归入权的性质为形成权是针对公司的决议而言,在公司诉至法院的情形下,只有将归入权定性为请求权,公司主张董事将违反忠实义务之所得归入公司的利益诉求才具备正当性,否则法院更倾向通过侵权损害赔偿进行裁判,那么归入权旨在预防和遏制董事违反忠实义务的权能将无法实现。

---

① 雷兴虎.论公司的介入权[J].法学研究,1998(4):105;王文宇.董事之竞业禁止义务[J].月旦法学杂志,2000(6):20.
② 林国全.董事竞业禁止规范之研究[J].月旦法学杂志,2008(8):233.
③ 姜朋.内幕人短线交易收益归入制度简论[J].法制与社会发展,2001(3):71.

第三节　公司归入权行使制度的法制机理

一、公司归入权是董事的商事责任承担方式

董事作为公司的受信托人，必须利用自己的知识、经验和智慧全心全意为公司服务，不得追求自身利益，不得使自己处于一种其对公司所承担的义务和董事自身的个人利益相冲突的位置上。[①] 其原因有三：一是董事必须代表公司与第三人从事交易，为公司设定权利、义务和责任关系，这是代理关系的本质之使然。如果允许董事与公司竞业或利用公司的商业机会，那么实质上董事同公司缔结的契约违背了代理关系法和受信托人关系法的根本原则，根据代理法和信托法，代理人和受信托人在交易时不得同时成为货物或服务的出买方和买受方；二是董事作为公司的管理机关必须尽心竭力地为公司服务，不得利用董事的身份和地位谋取自身的利益。公司实体仅能由董事作为代理人代理进行经营活动，于是董事作为代理人的基本任务，即为促进其处理事务的公司之利益而进行对公司最有利的代理行为。这是一个广泛适用的规则，即任何承担履行该种义务责任的人，不应当被允许去缔结他与之有或可能有个人利益冲突的契约或缔结可能与他有义务加以保护的公司之利益相冲突的契约。董事如果缔结了此种契约，完全可以推定他已经利用所享有的权利而使自己获得利益；三是董事如果被允许从事其义务与其个人利益有冲突的交易，则该种交易在极大程度上会损害公司的利益。董事作为代理人和受信托人，在从事活动时享有不受限制的自由决定权，这种自由决定权之行使应当以最有利于公司利益为原则，而不应受到个人利益或其他与公司利益无关的因素之影响。如果允许董事从事其义务与自身利益相冲突的交易，则他们极有可能滥用其所享有的权利侵害公司利益。而且，一旦董事利用职权侵害公司利益，其又能轻易地运用职权来隐匿相关证据或得到其他公司高管或大股东的支持，因为在很多情形下，公司股东尤其是中小股东对董事主导缔结的契约仅能够通过董事所提供的材料获知，

---

① 张民安. 现代英美董事法律地位研究[M]. 北京：法律出版社，2007：335.

故其很难找到证明董事滥用其作为公司受信人所享有的权利的证据。[①] 根据我国"谁主张，谁举证"的举证责任分配原则，在公司股东提起董事侵害公司利益的诉讼中，公司股东作为原告负有证明董事实施侵害公司利益的具体行为之举证责任，但由于缺乏相应的信息源，公司股东基本无力证明董事滥用了其作为受信托人所享有的权利。大量的案例表明，董事违反了规避利益和义务相冲突的义务或多或少会给公司及股东利益带来不利影响。因此，世界各国几乎都设置了董事的忠实义务，并将忠实义务等同于规避利益与义务相冲突的义务。为了预防和遏制董事违反规避利益与义务相冲突的义务，法律亦采取严厉的规则，即董事对于违反该义务所获得的收益推定为公司因此而遭受的损失，即便公司没有因董事违反该义务而遭受损失，董事亦应将其所得返还公司。可见，公司归入权就成为董事违反第一性义务——利益和义务相冲突的规避义务而产生的第二性义务，故公司归入权属于董事的商事责任承担方式。

二、公司归入权是董事违反忠实义务而承担的商事责任

如上所述，公司归入权是董事违反利益和义务相冲突的规避义务之民事责任，该义务的范围便是公司归入权的适用情形。只有通过类型化方式对其范围加以抽象概括，方能科学诠释公司归入权的法制机理。由于公司法学者论述董事的利益和义务相冲突之规避义务存在不同立场，他们对义务范围也有不同的看法。有的学者认为，董事违反利益和义务相冲突的规避义务之范围包含三类：一是董事与公司订立契约，转让或受让公司财产；二是公司财产、信息或机会的使用；三是与公司展开竞争。也有学者认为董事从事的利益和义务冲突行为的范围包括滥用公司信息、滥用公司机会和与公司展开竞争。另有学者则对董事从事的利益和义务相冲突行为之范围作广泛的解释，不仅指公司董事利用公司信息、机会，还包括董事的服务性契约、重大的财产交易、对董事的贷款或准贷款及公司与董事间的财产转让或受让契约。尽管学者对董事违反利益和义务相冲突的规避义务之范围存在认识上的差异，但上述归类仍相互重叠，归结起来，公司归入权的适用情形具体类型可分为以下四个方面。[②]

第一，董事与公司之间的自我交易。顾名思义，自我交易是指董事在代表公司进行活动时，以公司名义同自己订立契约，转让、受让公司财产、雇佣自

---

① 张民安.现代英美董事法律地位研究[M].北京：法律出版社,2007：335.
② 张民安.现代英美董事法律地位研究[M].北京：法律出版社,2007：338-339.

己为公司服务。①

第二，董事攫取和利用公司的财产、信息和机会。公司财产虽然处于公司董事的控制下或掌握在公司董事的手中，但是公司财产的使用只能以实现公司的利益作为指导原则。董事如果攫取并利用公司的财产为自己的私利服务，则应对公司承担责任。此外，公司在从事经营活动中，随时面临着众多的可供使用的内部信息和机会，董事不得利用所掌握的公司内部信息和机会谋取私利，从而损害公司利益或对公司造成不良外部评价，否则即应对公司承担法律责任。②

第三，公司对董事进行贷款或准贷款。其目的在于防止董事滥用自己所享有的权利而促使公司对自己以优惠的条件提供贷款或准贷款，公司违反规定对董事提供贷款或准贷款，不仅取得该笔贷款的董事要承担法律责任，就是批准此种贷款或准贷款的董事也要承担法律责任。③

第四，董事从事特权交易行为。所谓特权交易，是指董事及配偶或未成年子女购买该有关股份或有关债券的特权。特权交易有三种形式：一是以特定的价格，在特定的时期取得所转让的特定数量的相关股票或债券的权利，即"购买特权"；二是以特定的价格，在特定的时期内转让特定数量的相关股票或债券的权利，即"出卖特权"；三是以特定的价格，在特定的时期内取得或转让特定数量的相关股票或债券的权利，即"双重特权"。④

第四节 公司归入权行使制度的内生逻辑

一、公司法忠实义务与证券法之冲突与协调

（一）公司法忠实义务与证券法之冲突

早在1949年，美国德拉瓦州衡平法院在布若菲一案中，即判决公司负责人从事内幕交易应承担违反忠实义务的民事责任。原告布若菲为城市服务公司

---

① 张民安.现代英美董事法律地位研究[M].北京：法律出版社,2007：339.
② 张民安.现代英美董事法律地位研究[M].北京：法律出版社,2007：340.
③ 张民安.现代英美董事法律地位研究[M].北京：法律出版社,2007：340.
④ 张民安.现代英美董事法律地位研究[M].北京：法律出版社,2007：340.

的股东，其对公司董事托马斯·肯尼迪提起派生诉讼，主张被告基于职务，知悉公司计划在市场上买回相当数量之库藏股的非公开重大消息，于消息公开前，托马斯·肯尼迪以其个人或他人名义买进公司的股份，并于公司实施库藏股股价上涨后卖出股份而获利。对此，被告主要有两个抗辩：第一，它并非公司之受托人；第二，公司并未因此受有任何实际的损害。[①]

对此，衡平法院认为，首先，托马斯·肯尼迪为公司董事与主管的机要秘书，其职务被赋予信任与信赖关系，类似受托人地位。而受托人对受益人负有如下义务，不得为自己的利益利用委托人处获悉重要保密信息而与委托人形成竞争关系，进而损害委托人的利益。其次，当受托人滥用其地位而获取个人利益，对公司造成实际损害是不需要证明的。法院据此引述具有影响力的古夫诉劳福特案之见解：公共政策将不会允许雇主具有信任和信赖地位的员工为了自己的利益而滥用该信赖关系，不论该雇主是否会因此受有损失。简言之，布若菲案件中，法院用拟制受托建立被告托马斯·肯尼迪的受托义务，并认为其责任是建立在被告为其个人利益而构成受托义务的违反，且不论公司是否因此受有实际损害。该案成为后来德拉瓦州原告主张董事因内幕交易违反受托人义务之民事责任争议中最常引用的案件，称之为布若菲之诉。2004年，奥拉寇判决中，德拉瓦州法院认为，原告要提起布若菲之诉，必须证明公司受托人持有公司未公开的重大信息以及公司受托人系基于该信息内容之全部或部分，而以交易方式不当使用该公司信息。同时，法院也强调只要未利用公司内部人的特殊地位，董事就可以处分自己的股份，以此实现其最佳的经济利益。[②]

随着美国联邦法律不断强化内幕交易之相关法律责任，德拉瓦州实务律师开始寻求在诉讼中为被告提出下列主张：联邦证券法已使得布若菲之诉成为德拉瓦州公司法中不必要的部分。在奥拉寇案件中，被告即主张：1949年布若菲案件系在防止内部人交易的联邦证券法出现前的规定，联邦证券法全面性地强调内幕交易，并课以公司内部人可能的刑事责任、民事责任以及行政罚金。因此，导致布若菲之诉系重复且无必要，不应该继续成为德拉瓦州公司法的一部分。此外，布若菲之诉与证券法重叠适用，将使被告就相同的行为重复进行诉讼，并在联邦证券法已规定的民事、刑事和行政责任基础上再强加公司归入权

---

① 张心悌.月旦裁判时报[J].2018(2)：98.
② 张心悌.月旦裁判时报[J].2018(2)：98.

责任，进而提高被告的防御成本。①

（二）公司法忠实义务与证券法之协调

承前所述，在德拉瓦州布若菲一案中，法院认为当受托人滥用其地位而获取信赖利益时，公司无须就其是否受到损害承担举证责任。然而，在2010年普费弗一案，法院认为受托人因内幕交易违反忠实义务的诉讼中，因其并非从事自我交易行为的类型，原告并不得就被告因内幕交易所产生的获利主张归入权。此外，就损害赔偿部分，公司仅就违反忠实义务相关的实际损害请求赔偿，如相关规范程序和内部调查的成本与费用、律师和其他专业人士之费用、主管机关的罚款以及法院判决等。法院对普费弗案进行限缩解释，不但否定归入权的行使，更使公司获得损害赔偿的可能性大幅下降。然而，在2011年普瑞梅达案件中，德拉瓦州最高法院明确拒绝被告主张公司必须有实际损害的抗辩，而重申布若菲之诉，强调公司政策将不会允许对雇主具有信任和信赖地位的员工，为自己滥用该关系，不论该雇主是否会因此受有损失，进而认为原告基于内幕交易主张不需要证明实际损害，即使公司未受有实际损害，其应将使用公司信息所获得之利润行使归入权。②

与此，2012年我国台湾地区《公司法》修正增订第23条第3项之规定，明确规定公司负责人利用特殊职务获悉公司信息而取得的收益应当归入公司，公司股东会代表公司作出行使归入权的决议。该条立法理由就是基于公司负责人的忠实义务之规定，系延续英美法及日本商法公司与董事间之委任关系而来。除此，第209条第3项亦对股东归入权作了规定，其立法目的在于避免公司负责人动辄径自利用职务行为攫取私利。由此观之，我国台湾地区《公司法》修正增订第23条第3项之规定尤为必要。学者亦表示，本项立法明定公司负责人违反忠实义务之归入权规定，特别是在公司无损害之情形下，将其不法收益归入公司颇有意义，值得肯定。同时，亦强调新增本项归入权规定并未排除或取代该条第1项违反忠实义务的公司负责人之损害赔偿请求权，公司除行使归入权外，亦可另行请求损害赔偿。③

综上，公司负责人利用公司内部未公开之重大消息为内幕交易，应属受托人义务中忠实义务的违反。在我国台湾地区监察人离职之诉一案中，高等法院

---

① 张心悌.月旦裁判时报[J].2018(2)：98.
② 张心悌.月旦裁判时报[J].2018(2)：100-101.
③ 张心悌.月旦裁判时报[J].2018(2)：100-101.

认为，监察人显然考量个人利益优先于公司利益，将原本应属于公司全体股东之重大消息挪用为个人规避损失之私益，其利用职务之便及资讯上不平等的优势，违反了禁止内幕交易的规定，显然属于意图牟取个人不法利益的违反忠实义务行为。对于公司内部人从事内幕交易的行为，短线交易归入权本质上含摄强化禁止内幕交易的立法目的。因此，公司内部人从事内幕交易行为违反忠实义务之后，公司内部人由此承担的民事责任就是将其因内幕交易所获得利益收归公司所有。

二、公司法上的归入权与证券法上的归入权之体系融合

（一）公司归入权的适用情形包括董事利用公司信息的行为

忠实义务的本义在于董事不得擅自利用公司的资产、信息和机会谋取私利。在1987年卡彭特诉联邦美国一案中，美国最高法院认为，公司信息属于公司的一类财产，公司对其享有排他的权利和利益。[①] 可见禁止董事利用公司信息属于忠实义务的基本范畴。另外，在普费弗诉陶勒一案中，特拉华州衡平法院作了如下结论：归入权不仅适用于受托人（特指董事）直接从事的实际欺诈行为或从基于欺诈信息的交易中获益情形，还同样适用于公司内部人员利用公司机密信息而直接与公司竞争的行为。譬如，董事通过获悉公司即将购买大量股份的内部信息购买股票，从而令自己在股票市场上与公司产生冲突。然而，我国现行《公司法》对忠实义务缺乏抽象性概括，导致公司归入权在公司法与证券法层面内在逻辑发生矛盾，这集中体现为归入权的适用情形缺乏科学全面的规定，使得公司对短线交易的归入权之正当性备受诟病。尽管我国《公司法》第181条对董事违反忠实义务的行为设定了兜底条款，但由于该条所列举的董事违反忠实义务行为皆属损害公司利益的行为，故理论界与实务界均将归入权的适用情形片面理解为与公司利益相冲突的行为，而遗漏了董事利用公司信息的情形。由此，董事的短线交易行为仅在《证券法》上被界定为特殊内幕交易行为加以规制，学者认为，短线交易归入权制度的主要悖论在于董事在证券市场中的交易行为直接侵害的是交易相对人，而非公司的合法权益，故短

---

① LABY A B. Resolving conflicts of duty in fiduciary relationships[J]. American university law review, 2006（1）: 75-149.

线交易人的不法收益应用于对受其侵害的投资者进行赔偿而不是归入公司。①在实务中,证监会则主要依据《证券法》第189条追究从事短线交易行为的董事之行政责任。近年来,关于短线交易归入权制度的存废问题不断被热议②,但尚未有学者以忠实义务的本质内涵为逻辑起点,对《公司法》第186条与《证券法》第44条的本质属性展开系统论述,从而割裂了二者之间的内在一致性。

(二)公司法上的归入权与证券法上的短线交易归入权之内在联系

公司归入权既是公司法亦是证券法上的一项制度,尽管二者适用情形、义务主体及权利行使方面存在较大差异。③但从归入权行使制度的整体性和体系性的角度看,探寻二者的逻辑体系将是公司归入权行使制度的前提性基础。由于预防和遏制董事从事违反忠实义务的行为是公司归入权行使制度的逻辑起点,公司归入权行使制度因公司的性质不同而有所区分,这体现为公司法上的公司归入权旨在吓阻普通非上市公司的董事从事违反忠实义务的行为,而证券法上的公司归入权则针对上市公司的董事从事违反忠实义务的行为,其特殊性表现在上市公司的董事趋于利用通过职务便利获取的公司内部信息,并以此获取不菲收入。由此观之,公司法上的公司归入权与证券法上的公司归入权实质上是公司归入权制度的"一体两面",二者间的内生逻辑主要体现为两个层面:

第一,行使的主体均为公司,且法律效果都是向公司返还收益。现行《公司法》是建立在董事会中心主义的规则体系之上,董事的角色被视为最高决策制定者和管理者,一般认为,董事在介入公司经营管理时极易与公司发生利益冲突,由是,公司法将归入权的主体限定为董事及高级管理人员。与此,现行《证券法》以规范证券发行与交易活动为宗旨,禁止公司内部人员从事内幕交易行为,董事及高级管理人员,监事和持股超过5%的大股东都属于公司内部人员,都有可能利用其特殊身份来获取公司信息。故证券法上将归入权的主体

---

① 曾洋.修补还是废止?——解释论视野下的《证券法》第47条[J].环球法律评论,2012(5):49.
② 曾洋.修补还是废止?——解释论视野下的《证券法》第47条[J].环球法律评论,2012(5):39-52;汤欣.法律移植视角下的短线交易归入权制度[J].清华法学,2014(3):131-149;姜朋.短线交易收益归入制度功能的实证分析——兼谈《证券法》(2005)第47条的去留[J].中外法学,2017(3):802-817.
③ 谭贵华.论公司归入权之缘起及其理论基础[J].北京工业大学学报,2010(5):65.

范围扩展为董事及高级管理人员，监事和持股超过5%的大股东。短线交易行为将击垮投资人对证券市场公平性的信赖，进而会减少或停止对公司的投资，从长远看，将不利于公司的长远发展。故上述主体应避免利用获取的公司信息从事侵害公司长远利益的行为，从本质上讲，这是忠实义务的适用情形。无论《公司法》第186条还是《证券法》第44条，均由公司作为归入权的行使主体，通过剥夺责任主体的全部收益以此遏制其从事危害公司利益的行为。

第二，行使条件都是违反了忠实义务。《证券法》第44条规定的短线交易行为是指内幕人员利用其在公司的特殊地位，从股票买卖中谋取私利的行为，违反了忠实义务的本质，即在于利用职权攫取不正当利益，利用职权意味着义务人的特殊身份是其谋取私利的唯一通道，而所谓的特殊身份指的是负责公司经营管理或掌握公司重要信息，这意味着董事的忠实义务包含两个层次：其一是涉及自我交易与双方交易可能带来的利益冲突；其二是董事身为公司的受托人，不得利用公司资讯、资产与商机是最基本的节操，而此也广为英、美法律规定与司法判决所接受与执行。[①] 在我国，绝大多数既有研究成果仅关注和解释忠实义务的利益冲突层面，忽略了董事利用公司信息的情形，从而遮蔽了忠实义务旨在遏制董事利用其特殊身份谋取私利的终极目标。

总而言之，短线交易归入权是公司归入权制度在资本市场中的具体运用，其法治机理与公司归入权制度无异，尽管公司法和证券法同属一个位阶的法律，但就公司归入权行使制度而言，《证券法》第44条属于《公司法》第186条的特别条款。

[①] 曾宛如.公司治理法制之改造[J].月旦法学杂志,2017(9):22.

第三章　我国公司归入权之行使障碍

公司归入权在化解公司治理中的内部风险上发挥着关键作用，该制度不仅直接影响到个案中公司的实际利益，还直接关系到董事侵权责任承担方式的整体结构。因此，确保公司归入权有行之有效的行使制度尤为重要。纵观我国公司归入权的法律适用现状，其存在的行使障碍主要体现在公司法关于行使规则缺位、私法旨趣缺位与证券法规定性不足等层面。研究发现，公司归入权在法律适用中的困难因公司类型的差异而有区别。在非上市公司中，归入权的适用情形主要体现为董事从事与公司利益相冲突的行为。在司法适用中，我国不同地区、审级的法院对归入权行使的权利主体与义务主体范围、举证责任的分配原则、归入利益的计算标准及股东提起派生诉讼等实体、程序要素认识各异，审判结果常难以令当事人信服，当事人多会启动二审，甚至再审和申诉程序。从裁判结果看，由于立法规定过于简略，公司归入权制度难以得到司法适用。而在上市公司中，公司归入权的适用情形往往是董事利用公司的重大机密信息从事的不法行为（指代证券交易行为），该行为并不以与公司利益冲突为充要条件。在以行政处罚为主导的思维定式影响下，公司归入权制度在上市公司中或被束之高阁，或被彻底湮灭。

第一节　非上市公司：行使规则之缺位

以"归入权"为词条，笔者在北大法宝数据库中进行检索，共有89份裁判文书为法院依据《公司法》第148条第2款规定，对原告主张的归入权作出裁判，其中启动二审程序的有46份、再审的5份和申诉程序的2份，其中有58份裁判文书表明，法院对当事人主张的归入权未予以采纳。受规则过于抽象的影响，司法实务在适用归入权制度时也存在诸多问题。

一、对权利主体及义务主体的认识迥异

（一）公司归入权的权利主体是否仅限于公司

案例：李某与荣成市铸钢厂权益纠纷[1]

案情：铸钢厂始建于 1984 年，为村办集体企业，1997 年改组为股份合作制企业，与此重新办理了企业登记手续。李某被股东会选举为董事，并担任主管生产的副厂长。2002 年 11 月底，李某未办理相关辞职手续即离职，并于 2003 年出资设立了四维铸钢厂，生产与铸钢厂同类的产品，于是铸钢厂向李某主张行使归入权。

一审法院认为：公司法中的公司包括有限责任公司和股份有限公司两种组织形式，铸钢厂作为股份合作制企业，是社会主义市场经济中集体经济的一种新的组织形式，并不符合公司法规定的主体条件。

二审法院认为，股份合作制具备股份制与合作制双重特征，其既符合了股份制企业的资本性、营利性，又彰显了合作性企业的互助性、民主性，是一类特殊的企业形态。股份合作制企业与公司一样，均含摄追求营利并获取利润之目的，然营利非股份合作制企业的唯一目标，它还具有促进企业成员互为帮助之目标，同时，股份合作企业属于资本与劳动的联合。劳动联合反映了合作制企业之特色，资本联合则凸显出公司制企业之特点。公司法对于股份合作制企业的董事、经理是否负有忠实义务尚未明文规定，但董事和经理不能据此脱离信义义务的制约而令公司的利益受损。作为在我国特殊历史条件下的一类企业形态，股份合作制企业同公司法中的股份制企业具有很大的相似性。在当前现行法律尚无明文规定之情形下，根据法律的适用规则，应参照公司法中关于股份有限公司的相关规定。李某的行为违反了其对原任职铸钢厂的忠实义务，铸钢厂有权行使归入权。故李某应将其在四维铸钢厂取得的两年营业利润归入铸钢厂。

再审法院则认为，在我国企业改制过程中，股份合作制作为一种特殊的企业组织形式相继出现，同一般的公司企业与合伙企业具有部分相近的特征，故可参照公司法或合伙企业法的有关规定。在本案中，李某未经铸钢厂董事会的

---

[1] 最高人民法院 (2013) 民提字第 129 号。（备注：为使得案情梗概趋于清晰化，本书对所有案例中的原被告名称进行了简化。）

同意就自行辞去职务，其辞职后仍应对铸钢厂负有忠实义务。因此，公司有权主张行使归入权。综上，原二审判决正确，应予维持。

在申诉法院看来，鉴于股份制企业既非公司企业，又非合伙企业，相关的纠纷处理应首先尊重企业内部的规定及约定，只有企业内部无规定及约定时，方才适用公司法或者合伙企业法的相关规定。据已查明的证据与事实，李某投资设立四维铸钢厂之后即未曾在铸钢厂行使过董事的任何职权，更未领取工资薪金，应认定李某在设立四维铸钢厂时便未管理铸钢厂的各项事务，故其并不违反对铸钢厂的忠实义务。而且，铸钢厂始终未能向法院提供证据证明企业存在有关竞业禁止义务的规定或章程等，因此铸钢厂主张李某违反董事忠实义务无合同依据。而且现行《公司法》对董事离任后是否仍应承担忠实义务并未加以规定，而本案铸钢厂的主张是针对李某辞职后发生的竞业禁止行为，公司法并无类似规定可进行参照适用。

尽管归入权适用的公司范围尚属个案，并不具有普遍的适用性，但从我国当前持续深化和改革混合所有制经济的背景来看，通过聚焦归入权的适用公司范围这一问题，有助于我们更深层次地理解公司归入权的制度价值。盖因公司归入权的行使条件在于公司负责人违反了其对公司应尽的忠实义务，任何企业组织形态中都必然存在着企业负责人的个体利益与企业组织体的整体利益相冲突的情形，如何预防和避免企业负责人为追求个体利益而损害企业的整体利益，是所有企业组织体共同面临的问题，而公司归入权制度恰好承载了这一立法目标，对维护正常的经济秩序具有长远重大的意义。因此，通过厘清本案的裁判要旨，进而明确公司归入权适用的公司范围，对于发挥公司归入权行使制度的功能尤为必要。虽然本案已至最高审级法院，各级法院均提出各自独到的审理意见，但最高人民法院最终作出将股份制合作企业排除在公司归入权行使的公司范围之外的结论仍值得我们详加思虑。

（二）归入权的义务主体是否仅限于任职期内的董事、高级管理人员

案例1：克拉玛依市准噶尔税务师事务（所）有限责任公司与畅某等损害公司利益责任纠纷[①]

案情：原告准噶尔税务所于2001年注册成立，公司类型为有限责任公司，2010年6月9日，任命被告畅某担任总经理（所长）。2013年1月8日，被

---

① 新疆维吾尔自治区克拉玛依市中级人民法院（2014）克中民二终字第00026号。

告向原告递交辞呈等相关材料，要求原告在该材料上签字盖章。同年 1 月 16 日，原告向被告邮寄送达了一份《关于畅某要求辞职的答复》，其具体内容如下：从 2010 年 6 月 9 日被告畅某担任原告总经理起，至 2011 年 12 月 26 日由股东会决议免去被告公司经理职务期间，应妥善履行各项交接工作。在完成上述工作后方准予办理请辞手续。原告自 2012 年 1 月起不再向被告发放工资薪金。原告向法庭出示了其统计的被告畅某自 2011 年 8 月至 2013 年 1 月在尤尼泰税务所收入情况，并诉请法院将被告在尤尼泰税务所取得的工资收入应归入公司。

原审法院认定被告离职后对原公司即不再负有法定的竞业禁止义务。而且，原告公司与被告并未签订相关竞业禁止的协议，故离任董事不属于竞业禁止义务的义务主体，从而也不属于归入权行使的义务主体。

上诉法院则认为，本案被上诉人畅某在免去其职务期间对上诉人公司负有法定的竞业禁止义务，但被上诉人畅某在其任职期间并未从事竞业竞争的行为。2012 年 1 月后，被上诉人已从上诉人公司处辞职，故对其不再负有法定的竞业禁止义务，况且上诉人公司与被告间未签订有关竞业禁止的协议，因此被上诉人离职后在与上诉人公司经营同类业务的尤尼泰税务所供职的行为，不应受竞业禁止义务的限制，上诉人无权对离任董事行使归入权。

案例 2：北京联达股份有限公司与郭某损害公司利益责任纠纷[①]

案情：2000 年，原告北京联达公司注册登记设立，被告郭某担任公司董事。2015 年 5 月 8 日，原告公司章程中规定，董事对公司和股东应履行的忠实义务不应随着任期结束而终止，在任期结束后两年内，董事仍应继续履行忠实义务。2015 年 5 月 31 日，原告公司通过临时股东大会同意郭某的请辞行为，并于 2015 年 6 月 19 日在工商局就董事名单进行变更登记。2015 年 7 月 1 日，被告参与投资了注册设立近颐公司，并担任法定代表人、执行董事等职。新公司与原告联达公司的主要功能产品十分相似，二者存在竞争关系。故原告遂诉请法院主张将被告在近颐公司取得的收入全部归入原告公司。

人民法院认为，被告郭某作为公司董事，基于公司赋予的权利及其在公司内部治理结构中的优势地位，得以便捷地获悉公司重大信息，故其应对公司负有忠实义务。被告在担任原告公司董事的期间，利用职务之便谋取了属于原告公司的商业机会，自营与原告公司同类的业务，其行为违反了关于忠实义务的

[①] 北京市海淀区人民法院（2017）京 0108 民初 30588 号。

规定，客观上损害了原告公司的现实利益与可期待利益。公司归入权的行使并不以在职董事为限，本案中被告离任两年内设立近颐公司从事与原告公司同类业务，违反了原告公司章程关于董事竞业禁止义务的规定，原告公司有权要求对被告离任后两年内在新公司取得的工资收入行使归入权。

案例3：上海裕兴有限公司与沈某公司的控股股东、实际控制人、董事、监事、高级管理人员损害公司利益赔偿纠纷[①]

案情：原告裕兴公司于1990年成立，被告沈某担任原告公司董事兼副总经理。2007年6月，被告实际不再担任公司的副总经理。2008年8月1日，被告通过股权转让方式将其在原告公司及关联企业的全部股权出让。2003年11月28日，案外人杰塑公司注册设立，被告沈某持该公司80%的股权，曾担任法定代表人一职。自2007年4月23日起，沈某转让了其在杰塑公司的全部股权，并不再担任法定代表人。案外人法尔胜公司与原告的关联企业之一——上铜金属厂于1990起开始业务往来。2005年，上铜金属厂将该业务交由裕兴公司经营至2006年年底。2007年3月，杰塑公司在被告的引领下开始生产与之相类似的业务，并于同年5月25日，与法尔胜公司建立业务合作关系。原告裕兴公司遂诉请主张将被告在杰塑公司取得的收入归入原告公司。

人民法院认为，被告作为原告公司的高级管理人员，直接参与公司经营管理，无论其在任职期间还是解任或辞任后的一定时间内，对原告公司均应负有忠实义务。被告注册设立的杰塑公司虽最初时期与原告的经营业务有差异，然自原告与另一公司——法尔胜公司终止业务合作后，被告即利用其在任职期间获悉的公司内部信息，亦增设并向法尔胜公司介绍同类业务，客观上违反了履行董事职责的行为标准。

上述案例表明，关于公司归入权行使的义务主体是否包括离任董事在司法裁判中依然存在分歧。概括而言，秉持否定说的观点认为，忠实义务的基本范畴为避免利益冲突之义务，故归入权行使的适用范围集中体现为董事从事违反竞业禁止义务的行为，鉴于学理上通常将竞业禁止义务类型化为法定竞业禁止义务与约定竞业禁止义务，显然倘若公司未作特别约定，离任董事不再具有竞业禁止的法定义务，由此便得出归入权行使的义务主体不应包括离任董事之审判结论。而坚持肯定说的观点则认为，忠实义务并不因董事任期届至抑或辞去职务而随之终止，故归入权行使的义务主体应包含离任董事。在客观上，这两

---

① 上海市崇明县人民法院（2009）崇民二（商）初字第162号。

种观点因各有法理依据而难分轩轾,然如对该问题不予释明,将极大破坏归入权行使的统一性,因此有必要对该问题进行细致的论证。

除此,就归入权行使的义务主体范围,是否应当包含监事、部门负责人抑或公司分支机构的负责人也有待于进一步加以辨析。尽管立法上明确将公司归入权的义务主体限定为公司董事和高管,其立法本意倾向于认为该类主体基于公司的信任,担负着受托管理者的角色,故而具有广泛的经营管理权,能够便利地运用手中的权力实施违反忠实义务的行为,相反,监事由于不具有经营管理权,难以掌握公司的经营信息,因此一般将不存在违反忠实义务的可能。然而,在现实中,监事利用公司职权私自利用公司资产的行为明显构成了违反忠实义务的行为标准,也有法院据此作出符合逻辑的裁判结论,即监事将公司资金私自存入个人账户的行为构成对忠实义务的违反。[1] 如果偏执地将监事排除在公司归入权行使的义务主体范围之外,那么这一裁判将与归入权的立法目的相背离。

另外,在司法实务中,普遍以《公司法》第265条关于高级管理人员的解释为依循,即将高级管理人员划定为公司的经理、副经理、财务负责人,上市公司董事会秘书和公司章程规定的其他人员,据此高级管理人员指涉总公司层面的负责人,故公司财务部门以外的其他部门负责人及公司分支机构的负责人被排除在公司归入权行使的义务主体范围之外,然其合理性同样值得详加考虑。盖因违反信义义务为公司归入权的行使要件,而部门负责人及公司分支机构的负责人本身也是基于公司信任而取得公司在特定领域的经营管理权,理应对公司负有忠实义务。因此,就司法裁判中关于部门负责人及公司分支机构的负责人不应作为公司归入权行使的义务主体,明显不能契合公司归入权行使制度之立法目的。

二、对举证责任分配方式认识迥异

案例1:上海航铝航空材料有限公司与吴某公司利益责任纠纷

案情:2008年5月4日,原告航铝公司注册成立,被告吴某担任公司总经理。2011年,被告与他人共同出资设立公司,经营范围与航铝公司相似,但2012年5月18日的股东会决定载明被告自愿退出公司,增补吴某妻子为新股东。原告、被告于2015年2月28日解除劳动合同。2015年4月,原告航铝公司以被告吴某违反公司法规定而侵害公司利益为由提起诉讼,请求判令被告赔

---

[1] 浙江省乐清市人民法院(2017)浙0382民初11744号。

偿其经济损失人民币10万元，并将其经营同类竞争企业期间所得归入原告公司所有。

原审法院认为，原告航铝公司应对被告董事利用职务便利从事违反竞业禁止义务的行为承担初步举证责任，即证明被告董事基于高级管理人员的特殊职位而获取公司信息，进而实施违反董事忠实义务的行为。

二审法院认为，上诉人航铝公司应对其主张的10万元赔偿请求与归入权进行举证，如不能对此举证证明，则应承担无法行使归入权的不利后果。

案例2：江苏乐辉医药有限公司等诉谢某公司利益责任纠纷

案情：2010年5月24日，原告乐辉公司注册设立，公司股东为蓝怡医药公司。2010年5月17日，蓝怡医药公司股东会决议聘任被告谢某担任公司经理。2012年6月1日，谢某与乐辉公司签订劳动合同，其中载明谢某从事总经理工作。2013年7月15日，被告谢某向公司申请提出辞职。2012年2月22日，谢某与他人共同出资成立信好公司，公司经营范围与原告公司相似，在2012年10月30日至2013年8月27日期间，信好公司与原告公司完成多次交易。原告乐辉公司以被告谢某的行为违反对公司忠实义务为由，诉请法院将谢某违反自我交易禁止性规定所获得的收入归入原告公司。

原审法院认为，原告乐辉公司应对董事违反竞业禁止义务所取得的收入数额承担举证责任。

二审法院认为，原告乐辉公司对被告存在董事违反忠实义务的行为承担初步举证义务。原告乐辉公司申请法院对被告董事出资设立新公司的财务账册进行保全并审计，以此确定被告董事的违法收入，如果被告董事不能提供新公司的财务账册等资料，据此本院将推定原告乐辉公司主张的归入权案行使范围成立。

案例3：谢某诉周某等公司利益责任纠纷

案情：2008年6月18日，原告与被告周某、胡某等人成立思为公司，从事计算机的软件开发、销售及维护。被告周某担任法定代表人，原告担任独立监事，同时作为不直接参与公司管理的股东。思为公司开发出X软件，并于2008年10月对其完成软件著作权的登记，思为公司之后的业务就是X软件的销售、培训和维护。2011年11月21日，被告周某与胡某未告知原告，共同出资设立恩为公司，从事计算机软件开发、销售与维护服务。原告直至2015年1月才获悉被告已出资设立恩为公司。恩为公司擅自使用思为公司的企业网站，并在网上宣传其由思为公司更名而来,从事 X 软件的销售和二次开发。2015年 2 月 15 日,恩为公司将思为公司的 X 软件的名称再次进行著作权登记,还将思为公司的其他软件也登记为恩为公司名下。被告周某经营与思为公司同类业务,有违竞业禁止义务,故请求法院判决被告周某将经营恩为公司所得收入退赔给思为公司;被告胡某将经营恩为公司的所得收入退赔给思为公司。

法院经审理认为,原告申请法院调取恩为公司的财务账册、记账凭证等相关资料,如果被告拒不提供上述材料,其应承担所得收入被归入原告公司的不利后果,包括不能反证证明经营业务不同的法律后果。

在公司归入权之诉中,绝大多数法院均简单地沿循了"谁主张,谁举证"的举证责任分配方式,原告公司负有的举证责任内容包括被告的适格性、被告存在违反忠实义务的行为、被告违反忠实义务所取得的收入数额、被告出资设立新公司的营业利润归因于被告违反忠实义务等诸多方面,可见原告公司的举证负担之重,这也是导致公司归入权难以行使的最直接原因。但也有个别法院采取主客观相结合的举证责任分配方式,即由原告公司就被告存在违反忠实义务的行为承担初步举证义务,由原告申请法院对被告出资设立新公司的财务账册进行保全并审计,以此确定被告基于违反忠实义务取得的收入,如果被告不能提供新公司的财务账册等资料,应推定原告主张的归入权之行使范围成立。显然,后者关于举证责任方式分配的认识更为合理且具有客观操作性,符合公司归入权行使制度的发展要求,但这种举证责任分配方式因立法的缺位而并不具有普适性,由此,有必要从立法角度来分析并规范公司归入权的举证责任。

三、对提起股东派生诉讼的认识迥异

案例 1:盛某与毛某损害公司利益责任纠纷[①]

案情:天亿公司成立于 1996 年 1 月 23 日,股东包括原告盛某和被告毛某,被告毛某兼任总经理和董事长。2010 年 9 月 19 日,毛某出资设立华越公司,担任总经理与执行董事一职,并为该公司法定代表人。原告盛某发现被告毛某私自设立的华越公司经营与天亿公司相同的安防产品,并私自将天亿公司取得的 X 公司代理权转到华越公司名下,遂诉请法院将毛某经营华越公司所取得的全部收入划归天亿公司。

一审法院认为,本案被告毛某在其任职的原公司仍处于正常经营期间,另

---

① 广东省深圳市中级人民法院 (2013) 深中法商终字第 2243 号。

出资设立华越公司，并担任总经理与执行董事，被告毛某系违反对原任职公司的忠实义务，存在违反竞业限制的行为，因此给公司造成的损失应当承担赔偿责任，原告盛某作为原公司的股东在完成诉前程序后，即可以自己名义代表公司向被告提起损害赔偿之诉，但原告诉请的内容是对被告经营新公司期间取得的收入行使公司归入权，而公司归入权的行使并不属于公司法所规定的股东代表诉讼范围，股东并不具有提起公司归入权之派生诉讼的权利，故裁定驳回原告起诉。

二审法院认为，公司归入权亦是弥补因公司负责人违反法律、行政法规或公司章程的规定给公司造成的损失，本质上属于公司负责人对其损害公司利益行为应承担的一项赔偿责任方式。当股东发现公司负责人存在违反对公司的忠实义务行为时，在完成诉讼前置程序的前提下，有权代表公司提起归入权的股东派生诉讼。因此，上诉人盛某作为原公司股东，有权代表原公司诉请被上诉人毛某将经营新公司的收入返还原公司，一审法院裁定驳回上诉人的起诉欠妥，本院予以纠正。

案例2：刘某等与北京盛华公司等损害股东利益责任纠纷[①]

案情：原告刘某等与被告万某均系尚光公司的原始股东，万某兼任项目经理职务。2011年5月10日，尚光公司委派万某负责其与广东工业公司X工程项目部照明灯具的供应业务，尚光公司向万某支付了该项目洽谈、签约、样品展示、成本核算、设计规划、产品供应等相关业务的全部费用，万某代表尚光公司与该项目部进行采购供应时，私自以个人名义收购盛华公司并担任经理一职，并以盛华公司名义与广东工业公司X工程项目部签约。原告刘某发现被告万某及盛华公司侵害尚光公司利益的行为后，遂诉诸法院主张被告万某与盛华公司将项目所获全部利润归入第三人尚光公司。

人民法院经审理认为，本案原告刘某等提起归入权之股东派生诉讼，须满足诉讼前置程序，即书面请求尚光公司监事会或者监事向人民法院提起诉讼，尚光公司监事会或监事收到书面请求后拒绝提起诉讼，或者自收到请求之日起三十日内未提起诉讼，或者情况紧急、不立即提起诉讼将会使公司利益受到难以弥补的损害的，原告刘某等才有权提起股东派生诉讼。而刘某等既未提供证据证明其已履行了前置程序，又未能举证证明存在情况紧急、不立即提起诉讼将造成公司利益受到难以弥补的损失之情形。鉴于原告主体不适格，依法应予

---

① 北京市石景山区人民法院(2016)京0107民初1384号。

驳回其主张行使归入权的诉求。

上述案例表明，目前在司法实务中就股东能否提起归入权之派生诉讼问题存在一定的认识分歧，由于现行立法尚未设置公司归入权的行使程序，使得股东依据《公司法》第151条提起派生诉讼时，并无履行诉讼前置程序的先决条件。而且，由于公司归入权以信义义务的违反为行使要件，并非以公司利益受到实际损害为前提，在现实中，监事从事利用公司资产或重大信息牟取私利的行为存在较大几率，由此，将公司归入权的行使主体限定为监事会和董事会存在不合理之处，因为其他成员往往会受从众的动机与激励影响而发生怠于行使归入权的倾向[①]，如此将不利于公司归入权立法目的之实现。因此，将《公司法》第151条所规定的前置程序作为提起公司归入权之股东派生诉讼的诉前程序无疑将阻滞公司归入权的行使。因此，就股东提起归入权之派生诉讼而言，最终应取决于公司归入权的行使程序在未来公司立法中的确立。

四、对归入利益范围采取酌定的原则

案例1：上海天恩桥绝缘材料有限公司诉张某公司利益责任纠纷[②]

案情：2003年10月，原告上海天恩桥绝缘材料有限公司与被告张某、徐某及叶某共同投资设立了上海天恩桥绝缘材料有限公司。2008年1月，被告张某与他人创办了上海炬烽绝缘材料有限公司，成为该公司控股股东，并向上海炬烽绝缘材料有限公司透露了原告的核心技术资料和客户资料，此举严重影响到了原告的经营及利益格局。2010年8月，被告又与其儿子、亲家出资设立上海锦彤电工材料有限公司。原告遂向法院提起诉讼，因被告在担任原告法定代表人期间，参股经营其他公司，违反了公司法规定的竞业禁止条款，主张应将其所得收入归入原告公司。

法院认为，原告虽已被工商部门吊销营业执照，但仍具备提起归入权之诉的主体资格。被告自原告公司设立起一直担任法定代表人、执行董事，直至原告公司停止经营之时，其行为应当受到竞业禁止义务的限制。当被告违反竞业

---

① "从众（conformity）的动机和激励"是朱羿锟教授在剖析董事会结构性偏见时所提出的观点。该术语含摄于董事群体思维概念之下，指代基于人际吸引的社会情感凝聚力而导致董事会决议失误。客观来讲，董事会成员基于结构性偏见的心理作用往往会对同侪怠于行使归入权。

② 上海市青浦区人民法院（2013）青民二（商）初字第1173号。

禁止义务时，原告公司有权对其所得收入行使公司归入权。鉴于第三人的财务报表不能如实反映其经营状况，被告据此主张其未从第三人处获得分红的抗辩不予采信。本院依据股东张某未参与公司经营期间每年取得分红情况、被告的持股比例等各项因素，酌定被告自2008年至2010年下半年原告停止经营期间从第三人处获得股东分红款10万元，判决该款应归入原告公司。

案例2：上海水生环境工程有限公司诉方某等公司利益责任纠纷[①]

案情：2010年5月，被告方某在原告公司处担任常务副总经理职务。被告方某利用其保管原告公司印章的职务便利，未经原告公司股东会同意，于2011年7月28日出资设立水生科技公司，并将原告列为该公司的股东。原告通过诉讼，确认原告并非被告水生科技公司的股东。2012年3月22日，被告方某以被告水生科技公司的名义，承接了两个工程项目，并获得工程款共计333.6万元。而原告之前曾为负责这两个项目的公司制定过设计方案。被告方某的行为违反了法律规定的竞业禁止义务，其所获取的非法收入应当按照原告公司平均利润率25%的计算标准归入原告公司。

法院认为，被告方某作为原告公司的高级管理人员，在担任原告公司职务期间，出资设立被告水生科技公司，从事与原告公司同类业务，其行为已违反竞业禁止义务，应属于公司归入权行使的义务主体，其在被告水生科技公司所得收入理应归入原告公司。关于被告方某违反竞业禁止义务取得的收入，因被告方某与被告水生科技公司均拒不提供水生科技公司的财务账册等资料，导致法院无法借助财务审核手段对被告水生科技公司的经营状况及被告方某所得收入的金额进行合理认定。基于此，本院综合考量被告方某按其持股比例在被告水生科技公司享有的资产权益、被告水生科技公司的实际经营状况以及被告方某在被告水生科技公司的个人收入等各项因素，本院依法酌情认定公司归入权行使的范围为15万元。

不可否认，法院采取酌定的原则具有一定的积极意义，直接打断了将公司归入权替代为损害赔偿请求权的裁判思路，客观上有利于公司归入权的实现，法院据此考量的酌定因素也是公司归入权的行使范围，如被告在注册设立新公司的工资性收入、依据被告在新公司的股权比例可获得的股东分红款等。然而，在法院的审判结论中，只是笼统地通过综合考量几项因素，再运用"酌定"或"依法酌情确定"之类的空洞表述，对归入利益数额的确定过程缺乏较为细

---

① 上海市杨浦区人民法院(2013)杨民二(商)初字第665号。

致的说理，这样的裁判结论使得归入利益的确定过程充满了任意性，判决结果往往既无法令当事人信服，又不具有可检验性。

综上，在非上市公司中，当公司或公司股东行使归入权之诉时，由于法院对归入权的实体和程序要素认识迥异，同案不同判的问题甚为突出，不利于维护司法的权威性与严肃性，有鉴于此，亟须在公司法层面明确公司归入权的权利主体与义务主体范围、举证责任分配方式、归入利益计算标准等方面的具体行使规则。

第二节 上市公司：私权旨趣之缺位

一、公司负责人从事证券交易行为之规制凸显强烈的公法色彩

（一）从事内幕交易的行为

从证监会官网公布的行政处罚决定来看，行政机关主要根据《证券法》第189条追究目标公司的行政责任。为便于释明司法实务对行政处罚的倚重，在此选取一例加以说明：2014年6月8日，胜利公司召开董事会会议，时任公司董事长的高某提出公司近期将通过收购相关企业的方式快速进入移动通讯领域。卫某系昆山市龙显公司总经理，曾与胜利公司就收购事宜进行过业务洽谈，从中获悉了胜利公司即将转型的情况。在该消息尚未周知之前，卫某使用本人账户买入胜利公司股份，并从中获利。卫某的行为属于证券内幕交易行为。当事人在听证过程中提出其购买胜利公司股份源于对移动通信行业发展趋势的研判，届时收入水平提升明显，故投入了比以往更高的资金购买胜利公司股票。对此，证监会不予支持卫某对收购不知情的申辩，基于其提出的申辩理由不充分，证监会最终依据《证券法》第189条对其进行了处罚。[①] 事实上，这种公法化的行政制裁手段明显与公司对董事违反忠实义务寻求私权救济的旨趣不符。具体而言，利用获悉的收购信息从事证券交易是目标公司董事不正当

---

① 中国证券监督管理委员会. 中国证监会行政处罚决定书（卫强）[EB/OL].(2016-05-19)[2018-11-18]. http://www.csrc.gov.cn/pub/zjhpublic/G00306212/201606/t20160603_298238.htm.

利用职务便利的结果，应从公司法层面对目标公司董事违反忠实义务的行为加以规制，方能复归董事信义义务规则的逻辑自洽。收购作为重要的资本运作方式之一，在现代公司中日益具有普遍性，由此引发目标公司董事利用获悉的收购信息从事股票交易行为更为频繁。一方面，囿于证监会派出机构的组织有限，不足以查处全部的此类行为，在实务中，证监会也更倾向于查处在社会产生重大影响的案件，这种低概率的行政处罚将促使更多的目标公司董事产生侥幸心理；另一方面，运用行政处罚的公法救济路径是一种事后惩罚机制，虽旨在严厉打击内幕交易行为，但这尚不足以从根源上吓阻并遏制目标公司董事通过收购信息从事证券交易行为。

不宁唯是，行政机关介入的唯一法律依据是内幕交易，但从内幕交易的角度看，发现存在不少问题：

第一，内幕交易的规制理论尚不统一。目前，学界主要根据美国法院和证券管理委员会总结的一套规制理论，即信用义务理论、信息披露理论和滥用理论。[①] 即便信用义务理论与董事信义义务规则相近，但美国法院确立的信用义务理论适用的原理如下：持有内幕信息本身并不意味着持有人不能进行交易或者必须向交易对方披露该信息。必须予以披露的临界点是当持有人因双方间既存的信赖关系而负有披露义务时。[②] 可见，美国法院是将知情人对投资者负有信息披露义务作为承担内幕交易责任的前提，而在目标公司董事通过获悉的收购信息从事证券交易行为中，目标公司董事并不对投资者承担信息披露义务。

第二，适用内幕交易的具体规则不完全匹配。根据我国《证券法》第52条之规定，内幕信息系涉及发行人的经营、财务或者对该发行人证券的市场价格有重大影响的尚未公开的信息，一般上市公司收购的有关方案即被认定为能够对发行公司市场价格产生重大影响的内幕信息。《证券法》第50条明文规定，禁止证券交易内幕信息的知情人利用内幕信息从事证券交易活动，第51条规定"知情人的范围"包括发行人的董事、监事及高级管理人员。需提及的是，在公司收购中，存在较特殊的问题如下：目标公司董事通过获知收购预案而买入收购公司的股票，但目标公司董事并非股票发行人（收购公司）的董事，在此情形下，是否应将其视同为第51条所列的知情人范围？立法未对此作出回应。

第三，内幕交易民事责任之因果关系认定困难。内幕交易行为与投资者的

---

① 冯果.证券法[M].武汉：武汉大学出版社,2014：335.
② 冯果.证券法[M].武汉，武汉大学出版社,2014：336.

损失之间引起与被引起的关系是内幕交易侵权责任的构成要件之一。① 我国内幕交易民事赔偿纠纷案件败诉的原因都共同地指向此类案件之因果关系被法院作否定性判断。② 我国台湾地区尽管借鉴了美国法,并进而认为依据"'证交法'第157条第1款的规定,……原告无须证明交易因果关系和损失因果关系"③,但未见任何立法或司法上针对该"无须证明因果关系"的解释,④ 因果关系的认定依然是理论界关注的重要问题,相关的结论也未达成共识。⑤ 而在公司收购中,股价的涨跌并不由目标公司主导,目标公司董事利用获悉的收购信息从事证券交易不会必然获取盈利,故目标公司董事的证券交易行为与投资者的损失之间也不存在必然的因果关系。

第四,内幕交易民事责任不具备防御的功能。我国《证券法》第76条规定了内幕交易民事赔偿制度,但该条规定过于原则,缺乏应有的可操作性,学界致力于对内幕交易民事赔偿制度的研究,期冀构建刑事责任、行政责任和民事赔偿责任相互补充、有机结合,形成严密的规制体系,进而实现证券立法威慑内幕交易的目的。就民事责任而言,其主要的功能在于弥补受害人的损失,修复违法行为人与受害人之间关系。⑥ 但对于目标董事从事证券交易行为而言,如何有效防御目标董事违反忠实义务才是立法的重心所在。

(二)上市公司董事从事短线交易的行为

证券法上的短线交易归入权是反内幕交易法律制度的重要组成部分,是一种内幕交易预防机制,能够有效减少上市公司的董事、监事、高级管理人员及大股东从事内幕交易行为。与公司归入权一样,短线交易归入权也是立法赋予公司的一项特别救济权利,在法理上也称为短线交易归入权。⑦ 各国证券立法并未对短线交易归入权作出明确界定。根据各国证券立法的共同规定,短线交易归入权是

---

① 曾洋.内幕交易侵权责任的因果关系[J].法学研究,2014(6):116-131.
② 曾洋.内幕交易侵权责任的因果关系[J].法学研究,2014(6):116-131.
③ 赖英照.最新证券交易法解析[M].北京:中国政法大学出版社,2006:456.
④ 冯果.证券法[M].武汉:武汉大学出版社,2014:336.
⑤ 王林清.内幕交易侵权责任因果关系的司法观察[J].中外法学,2015(3):18;曾洋.内幕交易侵权责任的因果关系[J].法学研究,2014(6):116-131.
⑥ 赵旭东.内幕交易民事责任的价值平衡与规则互补——以美国为研究范本[J].比较法研究,2014(2):55.
⑦ 林国全.《证券交易法》第一五七条短线交易归入权之研究[J].中兴法学,1999(9):261.

指公司依照证券立法的规定所享有的对上市公司董事、监事、高级管理人员及大股东从事违反法律规定的内幕交易行为而获得的利益收归公司所有的权利。

据证监会官网报道，自 2013 年 10 月处罚权全面下放至今，证监会派出机构的行政处罚工作成效显著。2014 年，派出机构行政处罚结案 61 件，其中涉及短线交易案 4 件；2015 年，派出机构行政处罚结案 98 件，其中涉及短线交易案 10 件。[①] 2018 年上半年，证监会处罚结案 10 起短线交易类案件；自 2018 下半年截至 2019 年 3 月 15 日，证监会共处罚结案 11 起短线交易类案件，行政主管机关主要依据《证券法》第 195 条追究短线交易介入权的适用主体的行政责任。为便于释明短线交易介入权强烈的公法色彩，在此选取一例加以说明：在 2008 年 10 月 27 日到 10 月 31 日期间，担任青岛某实业股份有限公司、2008 年 12 月变更为某某投资管理股份有限公司的董事、董事长考某某用电话下单的方式合计买入"某某投资" 821 976 股，均价 2.894 元；在 2009 年 2 月 25 日到 3 月 4 日期间，其又用电话下单的方式对上述股票实施了卖出操作，合计卖出 821 976 股，均价 6.171 元。2014 年 3 月 14 日，中国证监会依据《证券法》第 195 条之规定，对考某某给予警告，并处以 8 万元罚款的处罚决定。[②] 事实上，这种公法化的制裁手段明显与短线交易归入权作为一项私权的性质不符。具体而言，短线交易归入权涉及的是特定身份之人进行短线交易后，对特定身份之人与上市公司重新做利益分配，这只关乎私的利益，即内幕人、交易相对人、上市公司三方的利益，公司归入权作为公司的一项特别救济权，是司法法律体系中甚为微观的一项具体权利，那么它在权利的行使及保障各环节就必须体现证券法、商法、民法的基本旨趣，尽量与司法体系协调统一。

二、《证券法》第 44 条之不完备性

（一）短线交易归入权的规范对象主体及其身份认定不够全面

现行立法将短线交易归入权的规制对象限定为上市公司的董事、监事、高

[①] 中国证券监督管理委员会.证监会派出机构行政处罚工作成效显著[EB/OL].(2016-03-25)[2018-11-18]. http://www.csrc.gov.cn/pub/newsite/zjhxwfb/xwdd/201603/t20160325_294745.html.

[②] 中国证券监督管理委员会.中国证监会行政处罚决定书（考某某）[EB/OL].(2014-03-14)[2018-11-18]. http://www.csrc.gov.cn/pub/zjhpublic/G00306212/201404/t20140404_246523.htm.

级管理人员及持股5%以上股东等公司内部人所从事的证券交易，但在实践中，公司内部人往往并不直接进行证券交易，而是利用其配偶、未成年子女、共同生活的家庭成员或利用其合伙人、信托委托人等他人名义而进行买卖股票，以规避证券监管和法律责任，[①]因此我国证券法未将公司内部人利用关系人持股进行短线交易纳入规制范围，这必然导致短线交易行为屡禁不止，使得立法不能令行禁止，给法律的严肃性带来了挑战。另外，由于适用主体应包含上述诸多关系人，立法还需要进一步审视其利益返还方式。

另外，现行立法对上市公司的董事、监事、高级管理人员及持股5%以上股东等公司内部人在"买入"和"卖出"时应适用"一端说""两端说"还是"折中说"尚未加以规定，为维护法律规范的严谨性和确定性，有必要在立法中予以明确。

（二）短线交易的客体范围及豁免情形不够周延

现行立法将短线交易归入的客体限定为上市公司的股票，这不符合证券市场的发展现状。随着现代衍生型金融产品的不断创新，出现许多专业金融机构给予市场需求设计发行相关产品。在现实中，投资者也往往通过从事衍生型证券交易行为来获取利益，如果无视证券市场的发展现状，而只局限于传统意义上的证券，将影响短线交易归入权之目的实现。

规制短线交易实际上是内幕交易行为的"防波堤"，是为了防止内幕交易行为发生的一个预先屏障措施[②]，故公司的短线交易归入权就是通过简单而又粗略的方法来吓阻公司内部人员利用公司内幕信息获得短线收益。但现实中的证券交易主体和交易的内容千差万别，有些市场主体本身具有特殊性，如果不适当地运用公司的短线交易归入权，会导致与其他政策目标相冲突及不公平的结果，甚至会损害到无辜投资人的利益，限制正常的投资活动，从而影响证券市场的健康发展。我国证券立法，短线交易归入权的豁免情形过于简单，有待于进一步完善。

---

① 刘春山.我国短线交易的规制完善与实施效果研究[J].社会科学研究,2011(5):93；刘连煜.大股东与配偶短线交易归入权的法律问题——"最高法院"2010年度台上字第一八三八号民事判决评析[J].月旦裁判时报,2013(2):36.

② 蔡奕.我国证券市场禁入制度简析[EB/OL].(2006-12-28) [2018-11-20]. http://www.csrc.gov.cn/pub/newsite/flb/lfzl/jnlfssyzn/yjyd/200701/t20070108_77315.html.

（三）短线交易所得利益的计算方法及时效期间尚付诸阙如

短线交易所得的利益应如何计算将直接关系到公司的切身利益，而对于内部人而言，通过法定的计算方式确定其所获得利益，有利于其明确公司归入权行使的正当性并知悉自己的行为界限，从而体现法律的严肃性和公正性。同时，由于短线交易涉及的是相互匹配的反向交易行为，其收益的计算呈现一定的复杂性：行为人每次买入的价格不尽相同，每次卖出的价格也必然有所差异，将数次买卖相匹配进行计算的方法很多，其产生的结果亦不同。[①] 而我国证券法对此问题未加涉及，将造成在司法实践中适用短线交易归入权困难。同时，由于缺失了对计算方法的规制，必将极大影响短线交易归入权的实施效果。我国公司及证券立法均未对归入权的时效期间作出法律规定，公司的短线交易归入权需要有一定的期间限制来实现法律关系的稳定状态。除斥期间经过，权利消灭，法律效力终局确定，因而其更多地服务于法律安全与清晰。[②] 缺失了对短线交易归入权的时效期间的规制，将容易导致权利人与义务人之间的利益失衡，也不利于纠纷的解决。

（四）股东提起代位诉讼的激励不足，公法色彩化浓厚

《证券法》第44条将短线交易归入权的规制对象界定为上市公司董事、监事、高级管理人员及持股5%以上股东等公司内部人，由董事会行使公司归入权经常会产生利益冲突，特别是当董事会成员就是短线交易的主体时，董事会有可能为维护董事的个人利益而拒绝或怠于行使公司的短线交易归入权，故当董事会因利益冲突怠于行使归入权时，股东代位诉讼作为一项重要的替代执行机制，但存在的问题如下：股东提起代位诉讼，一是有成本，二是有风险，即使诉讼获胜，也可能无法弥补其提起诉讼的成本和风险，因此股东并没有提起代位诉讼的激励。[③] 自《证券法》第44条颁布以来，援引该条作为法院裁判依据的案例十分罕见，除股东代位诉讼激励不足外，最为关键的是短线交易行为作为证券监管部门重拳出击的对象，完全受行政处罚的规制，致使《证券法》第44条沦为一纸空文。

[①] 刘春山. 我国短线交易的规制完善与实施效果研究[J]. 社会科学研究, 2011(5): 6.
[②] 朱庆育. 民法总论[M]. 北京: 北京大学出版社, 2014: 533.
[③] 霍仁现. 短线交易归入权的若干法律问题分析[J]. 金融法苑, 2008(3): 69.

（五）其他配套机制不够完善

依我国《证券法》第 80 条的规定，发生可能对上市公司、股票在国务院批准的其他全国性证券交易场所交易的公司的股票交易价格产生较大影响的重大事件，投资者尚未得知时，公司应当立即将有关该重大事件的情况向国务院证券监督管理机构和证券交易场所报送临时报告，并予公告，说明事件的起因、目前的状态和可能产生的法律后果。譬如：持有公司 5% 以上股份的股东或者实际控制人持有股份或者控制公司的情况发生较大变化，公司的实际控制人及其控制的其他企业从事与公司相同或者相似业务的情况发生较大变化。另外，根据《上市公司收购管理办法》第 13 条的规定，投资者及其一致行动人拥有权益的股份达到一个上市公司已发行股份的 5% 时，应在法定时间内编制权益变动报告书，并向主管机关提交书面报告。因该两项规定与公司的短线交易介入权可搭配运用，故将其称之为短线交易介入权的配套机制。从规定来看，以上配套机制尚存在不完善之处，这主要体现在以下四个方面：

（1）我国证券立法将报告主体仅限于持有股份超过 5% 的股东，而将上市公司董事、监事及高级管理人员排除在外，使其不受披露义务的约束，这与短线归入权的适用主体不相符合。

（2）我国证券立法将申报标的仅限于股票，而前已述及内部人从事衍生性证券的投资，与投资基础证券的股票获利并无区别，显然将申报标的仅限于股票不符合实际。

（3）我国证券立法采取的是一种事后申报机制，即持股变动事实发生后的公告，一方面这无法实现该项机制旨在防范内幕交易的目的，另一方面该项机制发挥作用亦不明显。尽管 2013 年颁布实施的《中国证监会关于进一步推进新股发行体制改革的意见》在强化发行人及其控股股东等责任主体的诚信义务方面，规定提高公司大股东持股意向的透明度，发行人应当在公开募集及上市文件中披露公开发行前持股 5% 以上股东的持股意向及减持意向。持股 5% 以上股东减持时，须提前三个交易日予以公告。但该项规定法律位阶不高，是否适用于新股发行之外仍有疑问。[①]

（4）在当今互联网时代，我国证券立法对申报方式仅采取的是书面形式，这与证券法所承载的现代性与效率性的精神不相适宜。

---

① 汤欣. 法律移植视角下的短线交易归入权制度[J]. 清华法学, 2014(3): 147.

第四章　公司归入权行使制度之正当性基础

本书前三章着力从证成性的角度对公司归入权行使制度的"目的之进路"加以释明，而本章则需以正当性的角度就公司归入权行使制度的"发生之进路"展开分析。[①] 公司归入权行使制度的正当性主要体现在三个层面：一是效率性与防御性目标构筑了公司归入权行使制度的价值基础；二是我国海峡两岸公司归入权制度的立法变迁与进化历程构筑了公司归入权行使制度的法制基础；三是两大法系的立法体例与规制内容构筑了公司归入权行使制度的比较法基础。

第一节　公司归入权行使制度的价值基础

一、公司归入权作为公司的特别商事救济权是自治型公司法的产物

放松管制，实现自治是我国公司法改革的目标定位，遵循经营主体的自我发展逻辑，保持对外界合理因素吸收的开放式体系是自治型公司法秉持的基本理念，尊重公司的意思自治，维护公司的行为自由是自治型公司法的核心内容。在自治型公司法的体系设计中，在不违反法律规定的前提下，公司治理机构的选择、内部权力责任义务的配置等公司事务均由公司章程或股东会、董事

[①] "证成性"是"前瞻性"概念，指射从"目的之进路"来评价某项制度、权利或权力的功能和效用，以此来说明为何需要该项制度、权利或权力；而"正当性"则是"回溯性"概念，指射从"发生之进路"来评价某项制度、权利或权力在生成过程中需要满足的限定性条件，以此来说明该项制度、权力或权利的合理性。

会决议加以约定或自主解决。[①] 由此观之，公司归入权本质上就是自治型公司法的产物。作为公司法的一项特别救济制度，指董事如违反忠实义务，公司可主动作出将董事违反忠实义务的所得全部归入公司的决议，董事出于保全职务的考虑，亦不会冒险从事违反忠实义务的行为，公司通过决议方式行使归入权来替代诉诸法院主张损害赔偿请求权的救济方式，体现了商事法律追求效率、迅捷的内在要求。

在我国，侵权责任法律体系尚未囊括商事侵权责任，其承担方式在我国现行立法中自然缺位。当前我国民商事法律的体系化整合已成立法重心，[②] 但我国现行侵权责任制度将商事侵权责任排除在外，意味着私法主体仅限于承担民事责任，导致私法侵权责任制度无法实现逻辑自洽。一方面，我国《民法典》中的返还财产是侵害物权的责任形态，即无权占有不动产或者动产的，权利人可以请求返还原物，故返还财产的价值意蕴在于维护物权支配的圆满状态。另一方面，虽然在传统"物权请求权和损害赔偿请求权"权利救济二元结构基础上，增加了惩罚性赔偿两种侵权责任承担方式，但惩罚性赔偿不应是商事侵权责任的主要承担方式，这是由商事侵权行为制度本身的宗旨和目的所决定的。商事侵权主体制度规则直接产生于市场主体的利益需求和他们的利益主张。构建商事侵权责任制度的根本目的不是为了惩罚，而是通过划定主体的权利及其界限，明确主体的权利能力和行为能力，规定生产和交换的一般条件以及对违约和侵权等违法行为的补救措施，保护人们的合法权益，使人们可以无顾虑、有合理期待、尽其所能地创造财富。[③] 因此，商事侵权责任承担方式主要体现为防御功能。从立法层面看，公司归入权是法律赋予公司的一项特别救济权，从而使得损害赔偿请求权并非公司寻求的唯一救济路径，公司归入权因不要求公司遭受实际损害而具有强大的防御功能，故与损害赔偿权相比更具优越性。

二、效率性与防御性是公司归入权行使制度的价值目标

从理论上讲，每一法律规范背后都有着法的价值目标的支撑，而法律规范

---

① 赵万一，赵吟.中国自治型公司法的理论证成及制度实现[J].中国社会科学,2015(12):161-162.
② 汪青松.主体制度民商合一的中国路径[J].法学研究,2016(2):62.
③ 张文显.中国步入法治社会的必由之路[J].中国社会科学,1989(2):190.

不过是法的价值目标的载体与具体形式。[①] 因此，科学定位公司归入权的价值目标是公司归入权行使制度的科学合理性之基础。

（一）效率性价值

在当代公司法理论中，效率是一个主导性理论范式。公司法的法理基础也是以效率分析为基础。[②] 不仅如此，效率价值也处于公司法价值位阶的首端。美国联邦上诉法院法官伊斯特布鲁克认为，传统的司法功能是解决争议，在很长的一段时期，法院将法律规则的创设理解为解决争议时的工具。解决争议是以争议的"衡平"为基础而"向后回顾的"。它主要是基于规则的公平价值，即"假定某些事件已经过去，从而就现有当事人之间的利益或损失作出一个衡平的划分"[③]。但在商事领域，最高法院正在转向一种前瞻性视角，其注意力更多地集中于某一规则对将来的作用，其核心的价值是效率，而非公平。[④] 风险规避是效率价值的最直接体现。由于董事与公司追求资产价值最大化的目标天然地存在一定偏离，公司治理的目标之一就是降低和回避代理风险。一般而言，公司治理模式受公司规则的影响，公司规则本身也是路径依赖的。[⑤] 而基于效率价值的驱动是公司规则的主要路径依赖，这在公司归入权制度中得以集中体现：董事如从事违反忠实义务的不法行为，公司可主动作出将董事违反忠实义务的所得全部归入公司的决议，董事出于保全职务的考虑，亦不会冒险从事违反忠实义务的行为，公司通过决议方式行使归入权来替代诉诸法院主张损害赔偿请求权的救济方式。

（二）防御性目标

在司法实务中，往往存在一个认识上的误区，即法院更倾向于采取损害赔偿请求权替代公司归入权的裁判思路，这实际上是忽视了公司归入权制度所追求的防御性目标。一方面，从民事侵权责任理论看，基于公平、正义的价值目

---

① 李龙.法理学[M].武汉：武汉大学出版社,2011：411.
② [美]乔迪·S.克劳斯,史蒂文·D.沃特.公司法和商法的法理基础[M].金海军,译.北京：北京大学出版社,2005：1.
③ [美]乔迪·S.克劳斯,史蒂文·D.沃特.公司法和商法的法理基础[M].金海军,译.北京：北京大学出版社,2005：71.
④ [美]乔迪·S.克劳斯,史蒂文·D.沃特.公司法和商法的法理基础[M].金海军,译.北京：北京大学出版社,2005：72.
⑤ 弗兰克·H.伊斯特布鲁克.公司法的逻辑[M].黄辉,译.北京：法律出版社,2016：468.

标，归责或可归责性是损害责任成立的前提。一般而言，损害责任是一项行为责任，只有由人的意志支配的行为引发的损失，才能被转移分担。[①] 当行为和行为后果可归咎于行为人个人时，便构成归责。在故意和可指责的过失时，存在主观归责，责任能力一般与主观归责相关。当一个事件或后果通过某种方式可归因于某个人意志时，该行为就是客观上可归责的。只要后果与行为人的意志存在一般性联系即可。因此，以故意和过失为涵盖内容的过错责任是损害赔偿责任的基础。另一方面，从我国民事承担责任方式看，防御性目标在物权法中被普遍贯彻，如以我国《民法典》规制了以防止妨碍、排除妨害及消除危险为内容的民事责任承担方式，旨在恢复物权的圆满状态。在商法领域，防御性目标是商事承担责任方式的内在逻辑要求，以弥补损失为核心目标的损害赔偿责任无法适应效率驱动型的商事侵权责任。公司归入权的防御性目标在于预防和吓阻董事、高级管理人从事不法行为，其基本原理就是公司依法剥夺董事及高级管理人员基于不法行为获得的收益，使其产生承担责任的恐惧，故被迫丧失从事不法行为的动机。

现行公司立法将归入权与损害赔偿请求权进行平行规定，尚未彰显公司归入权制度的效率价值，也由此弱化了其作为商事侵权责任方式的优先性。例如，《公司法》第148条仅抽象地规定董事、高级管理人员若违反公司忠实义务，应将所得的收入归公司所有，第149条规定董事、监事及高级管理人员给公司造成损失时，应承担民事赔偿责任，第151条规定股东提起代表诉讼的条件之一是情况紧急、不立即提起诉讼将会使公司利益受到难以弥补的损失。由此观之，立法者在设置归入权时，未区分归入权与损害赔偿请求权的实质差异，而错误地将"损害"这一因素纳入考虑，掩盖了归入权作为商事侵权请求权基础的本质，当公司以诉讼方式行使归入权时，《公司法》第148条实际沦为一纸空文，相应地，归入权也成为公司名义上的救济制度，并未发挥其应有的效率价值。目前，学术界尚未对归入权区别于损害赔偿请求权的制度价值展开研究，实务界更倾向由损害赔偿权来替代归入权的裁判思路，这实际上与公司立法欲追求的效率价值背道而驰。

[①] 埃尔温·多伊奇, 汉斯·于尔根·阿伦斯. 德国侵权法——侵权行为、损害赔偿及痛苦抚慰金 [M]. 叶名怡, 温大军, 译. 北京: 中国人民大学出版社, 2016: 3.

第二节　中国公司归入权行使制度的法制基础

既有法律总是具有一定的合理性，总有其社会和历史成因。① 历史哲学告诉人们：体现在法律之中的"理性"是"一切自然的和精神生活的基础"；"由于'理性'和在'理性'之中，一切现实才能存在和生存"。② 学者将之理解为法的历史性和继承性。③ 只有秉承法的历史性和继承性，才能了解法律条文背后的立法动机。在法律移植及其本土化的背景之下，依循我国两岸地区公司归入权发展的历史线索，有助于我们更深层次地认识和把握我国公司归入权行使制度的未来。

一、《公司法》上公司归入权制度的发展历程

（一）中国大陆公司归入权制度的立法变迁

受明清时期及民国政府时期轻商的影响，我国整体商事法制进程起步晚于其他民事法律。然而，自1978年党的十一届三中全会以后，党和国家工作重心转移到以经济建设为中心的轨道上来，出现了商业大兴、商学大兴与商法大兴史无前例的重商时代，下海经商成为时代的新潮流，中国一跃成为世界贸易强国，与之相适应的是，以《公司法》为代表等一系列商事法律法规的陆续出台，结束了商事领域无法可依的局面。④ 随着公司立法工作的开展，如何防范公司负责人利用职权侵害公司利益成为公司法亟须解决的核心问题之一，于是公司归入权在我国公司立法中得以重视并被应用，总体而言，在中国大陆公司立法过程中，公司归入权经历了4个阶段：

1. 第一阶段：公司归入权的正式确立

1993年12月，中华人民共和国第一部《公司法》颁布，共有4个条文确立了公司归入权的基本内容。其中，第59条明确将忠实履行职务作为公司主

---

① 易继明.历史视域中的私法统一与民法典的未来[J].中国社会科学,2014(5)：133.
② [德]黑格尔.历史哲学[M].王造时,译.上海：上海书店出版社,1999：9.
③ 易继明.历史视域中的私法统一与民法典的未来[J].中国社会科学,2014(5)：133.
④ 任先行.商法原论[M].北京：知识产权出版社,2015：490.

要负责人的法定义务,将利用公司地位和职权作为其违反忠实义务的衡量标准。第61条第1款及第215条明确将公司负责人的利益冲突行为作为公司归入权的适用情形之一。除此之外,第214条将公司负责人的利益侵占行为纳入公司归入权的适用情形,这是我国公司立法首次以法律的形式确认了公司归入权。

2. 第二阶段:公司归入权的积极探索

1994年8月,为进一步规范到境外上市的股份有限公司的行为,国务院证券委、国家体改委根据《国务院关于股份有限公司境外募集股份及上市的特别规定》第13条,制定了《到境外上市公司章程必备条款》,其中第127条规定公司有权对董事、监事、经理和其他高级管理人员基于违反义务取得的收益行使归入权,并明确归入权行使的范围并不限于工资薪金,还包括可能获取的利息收入。1997年,为适应上市公司规范运作的实际需要,中国证监会制定了《上市公司章程指引》,其中第30条赋予公司享有对短线交易的归入权,并将归入权的义务主体范围限于持有公司5%以上有表决权股份的法人股东的董事、监事、经理和其他高级管理人员。以上两项法规的颁布均表明我国公司归入权制度由此进入积极探索阶段。

3. 第三阶段:公司归入权的立法完善

2005年10月,由第十届全国人民代表大会常务委员会第十八次会议修订并通过的《公司法》第148条采取列举方式规定公司归入权的适用情形包括以下三个方面:一是以挪用公司资金、以自己或他人名义将公司资金存入个人账户、私自将公司资金借贷给他人或者以公司资产进行对外担保、占有公司与第三人交易的佣金等为典型的利益侵占行为;二是以自我交易、违反竞业禁止义务、篡夺公司商业机会,擅自披露公司秘密等为典型的利益冲突行为;三是其他违反忠实义务的行为。该条是在1993年《公司法》分散型立法的基础上对公司归入权的适用情形进行了整合,体现了公司归入权制度体系化的立法指导思想,标志着我国公司归入权制度进入立法完善阶段。此后,《公司法》于2013年再次进行修订,但修订内容并未涉及公司归入权部分。

4. 第四阶段:公司归入权的发展完善

2006年3月,中国证监会对1997年制定的《上市公司章程指引》进行了修订,一方面,其中第29条的内容与2005年《证券法》第47条内容保持一致，增设了短线交易归入权的行使程序内容，譬如，公司董事会怠于行使归入权时，股东有权要求董事会在 30 日内行使，若公司董事会未在上述期限内行使归入权时，则股东有权为了公司利益以自己的名义直接向人民法院提起归入权之诉。另一方面，其中第 97 条在 2005 年《公司法》第 148 条的基础上，增加了两项归入权行使的适用情形：一是董事利用职权收受贿赂或者其他非法收入，侵占公司的财产；二是利用其关联关系损害公司利益。同时，该条还表明公司可以针对具体情况，在公司章程中增设董事仍应履行其他义务的要求。2016 年，中国证监会对 2006 年《上市公司章程指引》予以修订，但仍保持了归入权的相关内容。由此观之，自 2005 年《公司法》进行重大修订后，我国公司归入权制度并未故步自封，相反，却依然处于日臻发展成长的轨道中。2021 年 12 月 20 日，全国人大常委会法制工作委员会副主任王瑞贺在第十三届全国人民代表大会常务委员会第三十二次会议上，作关于《中华人民共和国公司法（修订草案）》的说明，自此修改公司法成为最为重要的立法规划之一。[①]历经 2 年，最终全面修订后的《公司法》于 2023 年 12 月 29 日制定出台，其中关于公司归入权的规定彰显出较为成熟的立法思想与技术。

一方面，就立法思想的先进性而言，首先，强化公司利益保护的价值理念更为鲜明。新公司法将公司归入权的规范对象与适用范围进一步扩大，明确了更多可能损害公司利益的行为应被归入公司所有。这一理念体现了对公司作为独立法人实体利益的高度重视，强调了公司的整体利益不应被在公司中具有特殊资源的个体（董事、监事、高级管理人员及其近亲属或有其他关联关系的关联人）之不当行为而受损，从而为公司的持续稳定发展提供了坚实的法律保障。其次，利益均衡思想更为深入。新《公司法》通过设定合理的行使程序和条件，避免了公司归入权的滥用，在保护公司利益的同时，也保障了行为人在一定程度上的理想预期，实现了公司、股东、管理层等各方利益的平衡。再次，商事信用机制建设的意蕴更为突出。公司归入权的强化传递出全面构建商事信用机制的迫切性与可行性。这有助于在市场经济中树立诚信为本的价值导向，推动市场主体及从业人员依循商业伦理，维护商业秩序，营造公平、公开、公正的市场环境。

另一方面，就立法技术的先进性而言，一是法律界定更为明确具体。新

---

① 王翔.中华人民共和国公司法释义[M].北京：中国法制出版社，2024：484.

《公司法》对于公司归入权的适用情形等进行了更为清晰全面的规定[①]，令公司归入权的行使有了更为明确的依据，提高了法律的可操作性和可预测性。二是程序机制更为严谨规范。这体现在三个方面：第一，在关联董事回避的表决程序上，明确董事会决议时，关联董事不得参与表决，其表决权不计入表决权总数。当出席董事会的无关联关系董事人数不足三人时，应将该事项提交股东会审议。第二，在关联董事回避的适用情形上，明确关联董事回避包括董事、监事、高级管理人员，直接或者间接与本公司订立合同或者进行交易（自我交易）；董事、监事、高级管理人员的近亲属，董事、监事、高级管理人员或者其近亲属直接或者间接控制的企业，以及与董事、监事、高级管理人员有其他关联关系的关联人，与公司订立合同或者进行交易（关联交易）；董事、监事、高级管理人员，利用职务便利为自己或者他人谋取属于公司的商业机会；董事、监事、高级管理人员未向董事会或者股东会报告，并经董事会或者股东会决议，自营或者为他人经营与其任职公司同类的业务(违反竞业禁止行为)。第三，在谋取商业机会的认定上，明确董事、监事、高级管理人员谋取商业机会的例外情形为向董事会或者股东会报告，并经董事会或者股东会决议通过，或根据法律、行政法规或者公司章程的规定，公司不能利用该商业机会。

综上，新《公司法》关于公司归入权行使制度的规定，在理念上强调了公司利益保护、利益平衡思想以及商事信用机制，在技术上通过明确的法律界定与完善的程序机制，令公司归入权行使制度更为科学、合理、有效。这势必将有力地推动我国公司治理水平的提升，进而推动市场经济的健康发展。为便于释明我国公司归入权行使制度的发展脉络，特列下表所示：

[①] 包括侵占公司财产、挪用公司资金、将公司资金以其个人名义或者以其他个人名义开立账户存储、利用职权贿赂或者收受其他非法收入、接受他人与公司交易的佣金归为己有、擅自披露公司秘密、未向董事会或股东会报告，从事自我交易或关联交易行为、未向董事会或股东会报告，从事谋取公司商业机会的行为、未向董事会或者股东会报告，并经董事会或者股东会决议，从事违反竞业禁止的行为以及违反对公司忠实义务的其他行为。

表 4-1 我国公司归入权行使制度的立法变迁史

条文	公司归入权行使制度的结构与内容
1993年制定的《公司法》第61条、第213条、第214条、第215条	1. 规范对象：董事、经理
	2. 适用范围：（1）自营或者为他人经营与其所任职公司同类的营业或者从事损害本公司利益的活动（违反竞业禁止义务）。（2）挪用公司资金或者将公司资金借贷给他人；（3）以公司资产为本公司的股东或者其他个人债务提供担保（对外担保）
	3. 法律效果：（1）利用职权收受贿赂、其他非法收入或者侵占公司财产的，没收违法所得，责令退还公司财产，由公司给予处分。构成犯罪的，依法追究刑事责任。（2）挪用公司资金或者将公司资金借贷给他人的，责令退还公司的资金，由公司给予处分，将其所得收入归公司所有。构成犯罪的，依法追究刑事责任。（3）以公司资产为本公司的股东或者其他个人债务提供担保的，责令取消担保，并依法承担赔偿责任，将违法提供担保取得的收入归公司所有。情节严重的，由公司给予处分。（4）自营或者为他人经营与其所任职公司同类的业务的，除将其所得收入归公司所有外，并可由公司给予处分
2005修订后的《公司法》第148条	1. 规范对象：董事、高级管理人员
	2. 适用范围：（1）挪用公司资金；（2）将公司资金以其个人名义或者以其他个人名义开立账户存储；（3）违反公司章程的规定，未经股东会、股东大会或者董事会同意，将公司资金借贷给他人或者以公司财产为他人提供担保；（4）违反公司章程的规定或者未经股东会、股东大会同意，与本公司订立合同或者进行交易；（5）未经股东会或者股东大会同意，利用职务便利为自己或者他人谋取属于公司的商业机会，自营或者为他人经营与所任职公司同类的业务；（6）接受他人与公司交易的佣金归为己有；（7）擅自披露公司秘密；（8）违反对公司忠实义务的其他行为
	3. 法律效果：所得的收入应当归公司所有
《公司法》修订草案一次审议稿第182条至186条	1. 规范对象：董事、监事、高级管理人员及其近亲属或有其他关联关系的关联人
	2. 适用范围：（1）侵占公司财产、挪用公司资金；（2）将公司资金以其个人名义或者以其他个人名义开立账户存储；（3）利用职权贿赂或者收受其他非法收入；（4）接受他人与公司交易的佣金归为己有；（5）擅自披露公司秘密；（6）未向董事会或股东会报告，从事自我交易或关联交易行为；（7）未向董事会或股东会报告，从事谋取公司商业机会的行为；（8）未向董事会或者股东会报告，并经董事会或者股东会决议，从事违反竞业禁止的行为；（9）违反对公司忠实义务的其他行为
	3. 关联董事回避程序：董事会决议时，关联董事不得参与表决，其表决权不计入表决权总数
	4. 关联董事回避的适用情形：（1）董事、监事、高级管理人员，直接或者间接与本公司订立合同或者进行交易（自我交易）；（2）董事、监事、高级管理人员的近亲属，董事、监事、高级管理人员或者其近亲属直接或者间接控制的企业，以及与董事、监事、高级管理人员有其他关联关系的关联人，与公司订立合同或者进行交易（关联交易）
	5. 董事、监事、高级管理人员谋取商业机会的例外情形：（1）已经向董事会或者股东会报告，并经董事会或者股东会决议通过；（2）已经向董事会或者股东会报告，但董事会或者股东会明确拒绝该商业机会；（3）根据法律、行政法规或者公司章程的规定，公司不能利用该商业机会
	6. 法律效果：所得的收入应当归公司所有

续 表

条文	公司归入权行使制度的结构与内容
《公司法》修订草案二次审议稿第182条至第186条	1. 在规范对象、适用范围、关联董事回避的适用情形、董事、监事、高级管理人员谋取商业机会的例外情形与法律效果上，完全沿循《公司法》修订草案一次审议稿的结构与内容
	2. 关联董事回避程序：董事会决议时，关联董事不得参与表决，其表决权不计入表决权总数。出席董事会的无关联关系董事人数不足三人的，应将该事项提交股东会审议
《公司法》修订草案三次审议稿第182条至187条	1. 在规范对象、适用范围、关联董事回避程序与法律效果上，与《公司法》修订草案二次审议稿完全一致
	2. 关联董事回避的适用情形：（1）董事、监事、高级管理人员，直接或者间接与本公司订立合同或者进行交易（自我交易）；（2）董事、监事、高级管理人员的近亲属，董事、监事、高级管理人员或者其近亲属直接或者间接控制的企业，以及与董事、监事、高级管理人员有其他关联关系的关联人，与公司订立合同或者进行交易（关联交易）；（3）董事、监事、高级管理人员，利用职务便利为自己或者他人谋取属于公司的商业机会；（4）董事、监事、高级管理人员未向董事会或者股东会报告，并经董事会或者股东会决议，自营或者为他人经营与其任职公司同类的业务（违反竞业禁止行为）
	3. 董事、监事、高级管理人员谋取商业机会的例外情形：（1）向董事会或者股东会报告，并经董事会或者股东会决议通过；（2）根据法律、行政法规或者公司章程的规定，公司不能利用该商业机会
2023年修订后的《公司法》第181条至186条	完全沿循了《公司法》修订草案三次审议稿的结构与内容

二、《证券法》上公司归入权制度的发展历程

我国自20世纪80年代末期启动改革开放政策以来，于1992年至1993年间先后成立了深圳证券交易所和上海证券交易所（统称沪深证券交易所）。在沪深证券交易所成立时，尚未制定《证券法》，也未制定规范证券市场的行政法规，研循先行先试的市场发展导向。[①] 随着沪深证券交易所的成立，大陆证券立法开始逐渐丰富起来，随之归入权在证券短线交易行为中的运用被立法者所重视。在我国证券立法过程中，公司短线交易归入权经历了4个阶段：

1. 第一阶段：公司短线交易归入权的首次确认

1993年4月，国务院发布《股票发行与交易管理暂行条例》第38条规定："股份有限公司的董事、监事、高级管理人员和持有公司5%以上有表决权股份

[①] 叶林.中国大陆证券市场内幕交易的法律规制[J].月旦民商法杂志，2015(6)：83.

的法人股东,将其所持有的公司股票在买入后6个月内卖出或者在卖出后6个月内买入,由此获得的利润归公司所有。前款规定适用于持有公司5%以上有表决权股份的法人股东的董事、监事和高级管理人员",这是我国证券立法首次以行政法规的形式确认了公司短线交易归入权。

2. 第二阶段:公司短线交易归入权的正式确立

1998年12月,中华人民共和国第一部《证券法》颁布,其中第42条规定:"前条规定的股东,将其所持有的该公司的股票在买入后六个月内卖出,或者在卖出后六个月内又买入,由此所得收益归该公司所有,公司董事会应当收回该股东所得收益。但是,证券公司因包销购入售后剩余股票而持有5%以上股份的,卖出该股票时不受六个月时间限制。公司董事会不按照前款规定执行的,其他股东有权要求董事会执行。公司董事会不按照第一款的规定执行,致使公司遭受损害的,负有责任的董事依法承担连带赔偿责任。"这标志着短线交易归入权作为证券法上的一项制度得到正式确立。

3. 第三阶段:公司短线交易归入权的积极探索

自2003年6月由全国人大常委会正式启动证券法修订程序,决定将《证券法》修订列入当年的立法计划以来,《证券法》经历了为期两年多的修法过程,期间形成了诸多富有建设性意义的立法建议稿,其中最具代表性的是2003年修订草案稿和2005年《证券法》一审稿。2003年修订草案稿在归入权行使问题上规定得十分详尽,表现如下:一是将监事会纳入了归入权行使主体的范畴,二是增加了两年除斥期间的规定。但在2005年一审稿中,考虑到监事会作为独立诉讼主体在理论和实务上均存在争议,也缺乏国外的立法经验,故将其删除。此外,由于归入权的行使多以诉讼方式进行,民法中已有诉讼时效的规定,规定除斥期间并没有实际意义,因而送审稿也将两年除斥期间予以删除。[①] 修订草案稿在客观上助推了短线交易归入权的立法完善进程。

4. 第四阶段:公司短线交易归入权的发展成熟

2005年10月,由第十届人大常委会第十八次会议通过的《证券法》第47条规定:"上市公司董事、监事、高级管理人员、持有上市公司股份5%以上的股东,将其持有的该公司的股票在买入后六个月内卖出,或者在卖出后六个月

---

① 蔡奕.我国证券市场禁入制度简析[EB/OL].(2006-12-28)[2018-11-10]http://www.csrc.gov.cn/pub/newsite/flb/lfzl/jnlfssyzn/yjyd/200701/t20070108_77315.htmL.

内又买入，由此所得收益归该公司所有，公司董事会应当收回其所得收益。但是，证券公司因包销购入售后剩余股票而持有5%以上股份的，卖出该股票不受六个月时间限制。公司董事会不按照前款规定执行的，股东有权要求董事会在三十日内执行。公司董事会未在上述期限内执行的，股东有权为了公司的利益以自己的名义直接向人民法院提起诉讼。公司董事会不按照第一款的规定执行的，负有责任的董事依法承担连带责任。"为了更好地应对证券市场发展过程中出现的各种新情况、新问题，如市场层次不断丰富、交易品种日益多样、市场主体行为更加复杂等，进一步推动证券市场的市场化、法治化与国际化，2019年12月28日，第十三届全国人民代表大会常务委员会第十五次会议修订通过新《证券法》。新《证券法》对短线交易归入权行使制度作了进一步完善。

一方面，在立法思想上，一是突出禁止内幕交易的价值理念。通过将董事、监事、高级管理人员、自然人股东的配偶、父母、子女及利用他人账户持有的情形等可能涉及短线交易的主体纳入短线交易规范主体范围，体现了立法对于隐性内幕交易行为模式的关注，从而达到真正禁止内幕交易的效果。二是引导公司内部人关注长远利益。通过为公司内部人之忠实义务提供最低限度之具体规范标准，引导公司内部人专注于治理公司，从而维护公司的长期健康发展。

另一方面，在立法技术上，一是扩大适用的公司范围。将短线交易归入权适用的公司范围从上市公司扩大至上市公司及股票在国务院批准的其他全国性证券交易场所交易的公司，这意味着沪深交易所、北交所的上市公司、全国中小企业股份转让系统（即"新三板"）的挂牌公司均被纳入规制范围，弥补了此前对于部分交易场所公司短线交易监管的空白，令短线交易归入权行使制度的适用范围更加全面，有利于打造规范、透明、开放、有活力、有韧性的资本市场。二是扩大交易对象范围。将短线交易对象从公司股票扩大至公司股票或其他具有股权性质的证券，如可转换公司债券、可交换公司债等。这一调整适应了市场发展中证券品种多样化的趋势。三是完善例外规定。增加了关于"国务院证券监督管理机构规定的其他情形的除外"的规定，这为监管机构根据市场实际情况和发展需要，灵活制定和调整具体的例外情形提供了法律依据，使制度在保持一定刚性的同时，具备了一定的灵活性和适应性，以更好地应对复杂多变的市场环境。

为落实新《证券法》要求，规范监管工作，保护中小投资者利益，稳定市场预期，中国证监会于 2023 年 7 月制定《关于完善特定短线交易监管的若干规定（征求意见稿）》（以下简称征求意见稿）。[①] 根据该征求意见稿第 2 条之规定，特定短线交易监管的适用范围为特定短线交易行为，即特定身份投资者在 6 个月内买入后卖出或者卖出后买入同一上市公司、股票在国务院批准的其他全国性证券交易场所交易的公司（以下统称新三板挂牌公司）的特定证券的行为。其中，特定身份投资者系持有 5% 以上股份的股东及该公司的董事、监事、高级管理人员。特定证券，指股票以及其他具有股权性质的证券，包括但不限于股票、存托凭证、可交换公司债券、可转换公司债券等。特定短线交易适用主体限定为上市公司或新三板挂牌公司的大股东、董监高等特定投资者。对于买入卖出时均具备大股东、董监高身份和买入时不具备但卖出时具备的，明确需遵守特定短线交易制度。

征求意见稿将"买入、卖出行为"的概念界定为特定身份投资者支付对价，导致特定证券数量增减的行为。同时，买入、卖出时点的计算方式可类型化为四种情形：一是在证券交易场所采用竞价交易方式和大宗交易方式交易时，以证券交易场所规定的成交时间作为买入卖出时点；二是除大宗交易外的协议转让，以交易场所股份转让确认意见书的日期作为买入卖出时点，协议双方对交易价格确定的基准日另有约定的，以最终交易价格定价基准日作为买入卖出时点。若买入特定证券后成为 5% 以上股份股东的，以买入证券的过户登记日作为买入时点；三是通过司法拍卖方式买入特定证券的，以人民法院拍卖结果裁定的日期作为买入时点；四是其他方式交易证券的买入、卖出时点，根据相关法律法规进行认定。

随着资本市场的发展，新业务不断涌现，对可交债换股、可转债转股、ETF 申购赎回、国有股份无偿划转等因业务本身特性导致的短期股份增减，如果机械认定为特定短线交易，没收其收益，必然影响业务开展，增加市场成本。同时，在沪深港通机制下香港中央结算公司名义持有的境内股票，如果不予以豁免，必然影响沪深港通机制正常运行。据此，征求意见稿结合监管实践，对优先股转股、可交债换股、可转债转股、ETF 申购赎回、证券转融通、继承赠予等非交易行为、国有股权无偿划转、新三板挂牌公司定向增发、股权激励行权相关行为、证券公司购入包销后剩余股票、做市商交易、沪深港通机

[①] 昝秀丽. 证监会拟明确细化特定短线交易适用标准[N]. 中国证券报，2023 年 7 月 22 日：A01.

制下香港中央结算公司等情形予以豁免适用特定短线交易制度。对于外资适用标准，征求意见稿原则上要求外资机构按管理人计算持有证券数量。依循"内外一致"的基本原则，参照境内公募基金监管标准，规定境外公募基金可申请按产品计算持有证券数量。[①]

最后，征求意见稿明确行使特定短线交易归入权的法律后果有两个方面：一方面，特定身份投资者涉及特定短线交易行为的，所得收益归该公司所有；另一方面，如特定身份投资者未主动归还公司的，公司董事会应当按照证券法等规定收回其所得收益。为便于释明我国短线交易归入权行使制度的发展脉络，特列下表所示：

表4-2 我国短线交易归入权行使制度的立法变迁史

条文	公司归入权行使制度的结构与内容
1998年制定的《证券法》第42条	1. 规范对象：持有股份有限公司已发行股份5%的股东
	2. 规范客体：股票
	3. 规范行为：将所持有的该公司的股票在买入后6个月内卖出，或者在卖出后6个月内又买入
	4. 法律效果：所得收益归公司所有
	5. 行使主体：公司董事会
	6. 豁免情形：证券公司因包销购入售后剩余股票而持有5%以上股份的，卖出该股票不受6个月时间限制
	7. 董事会不行使归入权时的法律救济：（1）其他股东有权要求董事会行使公司归入权；（2）董事会不行使公司归入权致使公司遭受损失的，负有责任的董事依法承担连带责任
2005年修订后的《证券法》第47条	1. 规范对象：上市公司董事、监事、高级管理人员、持有上市公司股份5%以上的股东
	2. 规范客体、规范行为、法律效果、行使主体、豁免情形沿袭了2004年修正后的《证券法》第42条之规定
	3. 董事会不行使归入权时的法律救济：（1）当公司董事未及时行使公司归入权时，股东有权要求董事会在30日内行使公司归入权。（2）当公司董事会未在上述期限内行使公司归入权，股东有权为了公司的利益以自己的名义直接向人民法院提起诉讼（股东代位诉讼），与此，负有责任的董事依法承担连带责任

[①] 昝秀丽.证监会拟明确细化特定短线交易适用标准[N].中国证券报,2023年7月22日:A01.

续 表

条文	公司归入权行使制度的结构与内容
2019年修订后的《证券法》第44条	1. 规范对象：上市公司、股票在国务院批准的其他全国性证券交易场所交易的公司持有5%以上股份的股东、董事、监事、高级管理人员
	2. 规范客体：股票或者其他具有股权性质的证券
	3. 规范行为、法律效果、行使主体与董事会不行使归入权时的法律救济沿袭了2014年修订后的《证券法》第47条之规定
	4. 豁免情形：证券公司因购入包销售后剩余股票而持有5%以上股份，以及有国务院证券监督管理机构规定的其他情形不受6个月时间限制

第三节　公司归入权行使制度的比较法基础

一、大陆法系国家的公司归入权行使制度

（一）德国

在德国，公司归入权的行使制度具体体现为两个方面：第一，公司归入权主要适用于自我交易中。根据德国《股份公司法》（最后一次修改于2013年7月23日）第88条规定，监事会只能就特定的商事企业、商事公司或者就经营的特定种类作出同意。公司高管从事的自我交易行为不仅限于为自己谋取私利，还包含为他人谋利。一旦认定从事自我交易等违反禁止性规定的行为，公司可以要求其进行损害赔偿。公司可以要求公司高管为其自己之计算而作出的交易视为为公司之计算而作出，并交出为他人计算而从事的交易所取得的报酬，或者向公司转让其报酬请求权，以替代赔偿。[①] 第二，公司归入权的行使期限是自其他董事和监事知悉或者无重大过失的情况下应该知悉产生损害赔偿责任的行为时起3个月，如公司对此不知情，除斥期间将为5年。[②]

---

① 王翔. 中华人民共和国公司法释义 [M]. 北京：中国法制出版社，2024：267.
② 佚名. 德国商事公司法 [M]. 胡晓静，杨代雄，译. 北京：法律出版社，2014：104.

（二）法国

在法国，公司归入权的行使有赖于损害赔偿请求权的实现。公司提起损害赔偿请求权的基础较为广泛，根据《法国商法典》第 L223-22 条规定，公司经理违反有限责任公司适用的法律法规、或者违反公司章程，或者在管理中有过错的，视相应情况，对公司或者第三人承担个人责任或者连带责任。除了对本人受到的损害提起赔偿诉讼之外，股东得单独个人或者按照最高行政法院提出资政意见后颁布的法令确定的条件组成集体，对经理提起追究责任的"公司诉讼"。诉诸起诉人有权就公司受到的全部损失请求赔偿，相应情况下，损害赔偿金归属公司。①

（三）日本

在日本，2005 年的《公司法》废除了旧《公司法》所设置的有关归入权的规定，2014 年的《公司法》也未对归入权加以规制。② 公司归入权主要适用于《金融商品交易法》中，相关的行使制度较为完备。首先，归入权行使制度的立法目的在于防止上市公司的董事等或主要股东不当利用其特殊职位职权获取的公司内部信息；其次，归入权行使的情形在于为自己计算下进行相关收购等之后 6 个月内进行推销等，或进行推销等之后 6 个月进行收购等行为；再次，公司归入权行使程序是该上市公司主动行使，或该上市公司等的股东（包括保险合同者的社员或出资者）向公司请求行使归入权之日起 60 日内，如公司急于行使归入权时，该股东可以代替上市公司提出要求；最后，公司归入权的行使期限是针对上市公司等的经营者或主要股东，除斥期间从取得利益之日起两年。③

二、英美法系国家的公司归入权行使制度

（一）英国

在英国，董事信义义务采取了个体主义的方法，在董事会权威与董事责任中，更偏重董事责任，基于此，公司归入权的行使制度主要表现在以下两个方面：一是不仅适用于违反忠实义务的行为，如董事或相关联的人的重大财产

---

① 佚名.法国商法典（上）[M].罗结珍，译.北京：北京大学出版社，2015：221.
② [日]田前庸.公司法入门[M].王作全，译.北京：北京大学出版社，2012：318.
③ 佚名.日本金融商品交易法[M].朱大明，译.北京：法律出版社，2015：374.

交易、贷款和信用交易等行为①，还适用于违反注意义务的行为，如董事利用其投票权控制了股东大会，通过的股东大会决议能为董事带来一定的利益的行为。二是行使方式是负有利益冲突的董事或相关联的人须将他直接或间接从安排或交易中获取的任何收入归还公司，且各责任人之间承担共同连带责任，向公司补偿从安排或交易中产生的任何损失或损害。②

（二）美国

在美国，公司归入权行使制度主要体现在《美国标准公司法》第8.31节、《美国1934年证券交易法》第16条（b）项及《公众公司会计改革与投资者保护法》（又被称为《2002年萨班斯—奥克斯利法》）第304条中。

第一，在公司法层面，（1）公司归入权的行使条件包括两个方面：一是原告证明所寻求的衡平法上的救济在当时情况下是合理的；③二是发行人因行为不当造成证券法项下任何财务报告要求方面的重大不合规而需要进行会计重报的情形。④（2）公司归入权的行使方式在一种情况下是返还公司利益，而在第二种情形下是公司首席执行官与首席财务官应当向公司退还获得的任何红利或者其他激励性或者权益性报酬或因出售该发行人证券而实现的任何利润，上述获益的计算期限为该公司首次公布体现该财务报告要求的财务文件或者在向证券交易委员会报备该文件（以时间在先者为准）后12个月内。（3）豁免规则是证券交易委员会认为公司首席执行官与首席财务官的上述行为是必要且适当的。⑤（4）存在的未决问题是股东是否具有主张公司归入权的诉因。由于《2002年萨班斯—奥克斯利法》第304条未对股东有权提起归入权诉讼进行规定，公众将全部期待都寄予证券交易委员会之上，导致该条背离立法的初衷。当众多股东诉至法院请求首席执行官和首席财务官归还其收入和股票利润时，却被法院以《2002年萨班斯—奥克斯利法》第304条未规定股东有权提起归入权诉讼为由予以驳回。此外，由于该条（b）项赋予证券交易委员会以豁免权，在"伦敦鲸鱼"丑闻、戴尔公司高管丑闻等大量明显应适用归入权的案件中，证券交

---

① 林少伟.英国现代公司法[M].北京：中国法制出版社,2015：562,566.
② 林少伟.英国现代公司法[M].北京：中国法制出版社,2015：562,566.
③ 沈四宝.最新美国标准公司法[M].北京：法律出版社,2006：103-104.
④ 中国证券监督管理委员会组织.美国《2002年萨班斯—奥克斯利法》[M].北京：法律出版社,2015：75.
⑤ 参见《2002年萨班斯—奥克斯利法》第304条。

易委员会基本豁免了公司高管向公司返还其所获利益。然而，在数字水印公司股东戴兹与什翰对公司董事及高级管理人员提起归入权派生诉讼一案中，法院则认定原告股东享有诉权。

第二，在证券法层面，（1）公司归入权的行使条件是受益所有权人、董事或者高级管理人员不正当地利用职务便利而获取的信息。（2）公司归入权适用情形是受益所有权人、董事或者高级管理人员在任何不超过6个月期间从先买后卖或者先卖后买该发行人的该任何权益证券或者有关该任何权益证券的以证券为基础的互换协议。（3）豁免规则是有关权益证券（豁免证券除外）或者以证券为基础的互换协议是因为以前约定的债务善意获得。（4）公司归入权的行使程序是发行人可以向任何管辖法院提出普通法或者衡平法诉讼，要求追回该利润；发行人在其任何证券所有人提出要求后60日内未能或者拒绝提起该诉讼，或者在起诉后未能勤勉进行该诉讼的，发行人的任何证券所有人可以以发行人的名义并代表发行人提起该诉讼。（5）归入权的行使期限是自该利润实现之日起超过两年的，不能提出该诉讼。[①] 在威廉·克拉乌恩诉国际投资公司及尼欧梅蒂技术公司一案中，美国联邦地区法院认为根据《1934年证券交易法》第9条（f）项和第18条（c）项的相关规定，"要求强制执行本条项下任何责任的诉讼，应当在发现构成诉因（违法行为）的事实后1年内提起，并且应当在该诉因（违法行为）发生后3年内提起，否则不予支持。"与之相比较，同法第16条（b）项的立法目的旨在规定不同于请求权的情形，从《证券交易法》的整体目标来看，其中"自该利润实现之日起超过两年的，不得提出该诉讼"的时间限制应为除斥期间。（6）公司归入权最重要的立法目的不是为了弥补投资者的损害，而是在于威慑，即强制董事及高级管理人员放弃全部不公平的获益收入。[②] 否则尽管董事知晓公司设置相应的监督机制，依然会受逐利思想的驱使而篡夺公司利益。《2002年萨班斯—奥克斯利法》第304条正是对《1934年证券交易法》第16（b）条的补充，该条体现了国会扩大归入权适用范围的

---

① 中国证券监督管理委员会组织. 美国《2002年萨班斯—奥克斯利法》[M]. 北京：法律出版社, 2015: 75.
② DAVIES PL, HOPT K. Corporate boards in Europe-Accountability and convergence[J]. The american journal of comparative Law, 2013, 61(2):301-376.

意图，以此来遏制内部人的内幕交易行为。[①]（7）存在的争议问题是提起归入权代位诉讼的股东在短线交易行为发生时并不要求具备股东的身份，作为原告只需是证券所有权人。该条赋予证券所有权人在内部人违反该项规定时可轻易提起诉讼，由此将出现大范围的律师们诱使公司股东在内部人从事短线交易行为时请求其朋友、家人购买公司证券的现象，这样他们便具备了诉讼主体资格并可以接受律师的法律服务，故该条将驱使律师们追逐对证券法律的肆意滥用。对此，应修正《1934年证券交易法》第16（b）之规定，允许证监会来行使归入权，提起归入权代位诉讼的股东在短线交易行为发生时要求具备股东的身份。[②]

综上，各国关于归入权的立法规制不尽相同，总体来看，无论大陆法系国家还是英美法系国家，大多在公司立法或证券立法中设置了归入权。首先，在归入权的适用范围上，德国规定为董事违反竞业禁止义务行为，而且该行为可是为自己所为的行为，也可是为他人所为的行为；日本则将其限定在短线交易行为上；英国规定为违反避免利益冲突的义务行为；美国则将归入权的适用范围扩大为遭到异议的董事行为、短线交易行为及未满足证券交易委员会财务报告要求。其次，在公司归入权的行使期限上，德国公司立法规定自得知产生归入权行为的时间之日起3个月失效，如不考虑得知的时间，该请求自提出之日起5年后失效；日本证券立法规定自获得利益之日起两年内不履行时，归于消灭；美国证券立法规定自该利润实现之日起超过两年的，不能提出该诉讼。最后，在公司归入权的举证责任分配上，美国公司立法规定行使归入权一方需证明遭受异议的董事行为在当时情况下具备合理性。

[①] LIST A. The lax enforcement of section 304 of Sarbanes-Oxley: why is the SEC ignoring its greatest asset in the fight against corporate misconduct[J]. Ohio state law journal, 2009, 18（6）: 358-361.

[②] DESSENT M H. Weapons to fight insider trading in the 21st Century: a call for the repeal of section 16(b)[J]. Akron law review, 2000, 31（4）: 481-525.

第五章　公司归入权行使制度之建构路径

如果说商法的发展重在建构，形成新的关系和规则，为民事关系提供新的社会事实，并在民法中进行新的制度确认。[①] 那么，公司归入权行使制度的发展必将落脚在具体建构上，这就离不开对民法学与商法学融通性的体系研究。从体系性的角度看，公司归入权行使制度之发展进路应分为四步：一是在宏观层面，在未来民法典的司法解释中适当对获利返还请求权的规范模式进行扩张解释，将获利返还请求权的法律效果统一解释为"返还收益"更为妥适；二是在中观层面，明确公司归入权行使制度在公司法上的基本走向，设置公司归入权的行使程序，并将内幕交易行为作为公司归入权的适用情形；三是在微观层面的建构上，以解决当前司法裁判中的争议为目的，在未来《公司法》及司法解释的修订中增设公司归入权的行使规则；四是在微观层面的重构上，结合我国证券法上关于短线交易归入权的适用现状，在未来证券立法及相关细则的修订中完善具体的行使规则。

第一节　宏观层面之建构：
"返还收益"是获利返还请求权的法律效果

一、统一规范获利返还请求权的行使要件与法律效果之必要性

一是对民事救济多元化现实需求之回应。我国《民法典》沿袭了《侵权责任法》关于民事责任承担方式的规定，将"返还财产"作为返还制度的一般性指称，然就"返还财产"的本义而言，不法者侵害财产权时返还的"财产"为有体物，故《民法典》第179条中作为民事责任承担方式之一的"返还财产"，

[①] 童列春.商法基础理论体系研究[M].北京：法律出版社,2014：2.

本质上属于"物"的返还请求权，而非基于"获益"的返还请求权。[1] 而且，这种物的请求权在性质上应认定为物上请求权，其根本宗旨仅在于恢复所有权的圆满状态，并非为了遏制不法者背信行为，而这无疑与获利返还制度的内涵不相符。根据"民事责任是民事主体违反第一性义务所产生的第二性义务"理论，[2] 由于获利返还责任是民事主体违反信义义务（或称信托义务）而产生的第二性义务，因此应将其涵摄为民（商）事责任体系之内。在本质上，获利返还责任是将不法者基于违反信义义务的不法行为而获得的全部收益划归请求权人，而且也不以请求权人受到损害为其形式要件，在其有效地遏制不法者的背信行为的同时，请求权人的利益由此得以最大限度地救济，因此在未来《民法典》司法解释中，确立获利返还请求权的构成要件与法律效果能够满足现实中对多元民事救济的需要。

二是对法律后果体系协调性需要之回应。返还引发的法律效果是我国返还制度的核心问题。盖因对返还效果的认识差异必然引致对返还内容的不同理解，进而产生责任体系的混乱。其根源即在于大陆法普遍倾向于采取法律事实推演法律效果的程式思维。受之影响，我国民事责任体系正是基于对构成责任基础类型的划分发展而来，即不同的责任基础构成适用于相应的责任场域。[3] 由此，当发生返还的事实后，首先即对形成该事实的构成要件提取公因式，并通过涵摄其相应的法律后果，从而形成完整的返还制度。按照该逻辑构造返还制度的核心在于认定某一类返还制度是否必要，主要取决于形成返还事实的构成要件，带来的问题就是忽视了返还的法律后果，这应是返还效果欠缺体系协调性之深层根源。然而，当代大陆法系国家逐步开始摒弃这种以构成要件为中心的制度设计。例如，德国新债法在返还制度的确立问题上，就将以返还事实为基点的原因模式修改为以法律救济为中心的后果模式。[4] 从现有研究看，将返还效果作为返还制度设置的核心已逐渐被学者们和立法者们所认可。[5] 基于对美国《返还法与不当得利法重述》关于获利返

---

[1] 崔建远.关于恢复原状、返还财产的辨析[J].当代法学,2005(1):71-72.
[2] 崔建远.民法总则应如何设计民事责任制度[J].法学杂志,2016(11):24.
[3] 张家勇.论统一民事责任制度的建构——基于责任融合的"后果模式"[J].中国社会科学,2015(8):103.
[4] 齐晓坤.德国新、旧债法比较研究——观念的转变和立法技术的提升[M].北京：法律出版社,2006:88.
[5] 朱晶晶.论民法典编纂视角下的返还制度[J].浙江社会科学,2017(3):63.

还制度的考察，统一规范获利返还请求权的行使要件与法律效果将是一条具有可行性的研究进路。

二、获利返还请求权的构成要件与法律效果

从认识论角度看，作为一类民事救济制度的总称，获利返还请求权在立法层面是针对侵权行为而言的。在美国学术界，获利返还请求权运用于侵权领域。例如，美国学者理查德·A.爱泼斯坦（Richard A. Epstein）在其所著的《侵权法》第21章"经济损害"中，就运用利益归入（返还收益）的原理对经济损害的救济方式作了阐释。

案例：P和T之间已存在一份协议，作为P的受托人D随后劝说T违反其与P的协议，转而与D签订合同。基于对P进行法律保护的财产属性，如果存在更高的期待损害利益，他可以要求D返还赔偿。即假设P由于T的违约遭受100美元的损失，而D从中获取300美元的利益，那么返还赔偿意味着P的全部获利应归P所有。通过剥夺D的全部获利，使其失去任何胜算。当P的损失超过D的获利时，期许的救济措施是将D处于净损失状态；当D的获利超过P的损失时，D则处于零收益的状态。故D意图违反信托义务来攫取私利总是无法实现，进而驱使D失去引诱违约的动机。[①]

在很大程度上，域外的制度和理论为我们认知归入权提供了知识资源的参照。尽管我国侵权责任制度是建立在以受害人遭受损害为前提的填补性损害赔偿基础之上，但从功能性民事责任为基础的"后果模式"来看，随着主流观点关于"统一返还责任"的提出，[②] 以获益性损害赔偿为制度内涵的获利返还制度在民事侵权责任中仍有其"立足之地"。总而言之，有必要对获利返还请求权的构成要件与法律效果进行统一解释。

从积极条件看，获利返还请求权的构成要件应涵盖三个方面：一是行为人基于实施不法行为而获取收益，与权利人因不法行为所造成的损害无关；二是行为人主观上具有故意，主要体现为对忠实义务的违反；三是行为人实施的不法行为与其获取收益之间存在因果关系。其中，间接获益应属于返还的范

[①] RICHARD A. Epstein torts[M]. 北京：中信出版社，2003：589.
[②] 张家勇.论统一民事责任制度的建构——基于责任融合的"后果模式"[J].中国社会科学，2015(8)：84-103.

围。①

学术界一般将获益性损害赔偿制度的法律效果归结为"剥夺利润"和"得利返还",但该两种表述存在两个问题:第一,"剥夺"含有公法意蕴,体现一定的惩罚性,这无疑与获益性损害赔偿责任的目标完全悖离,而且"剥夺"只是一种制裁方式,并未体现将不法获得利益归入请求权人或将基于不法行为的获利向请求权人予以返还的最终效果。另外,"利润"一般仅针对经营活动中获取的经营性利益,而许多不法行为更多地表现为民事主体违反信义义务的行为,故其获取的收入除源自经营性行为外,还包含一些非经营性行为,如挪用资金、擅自披露商业秘密等,可见,"利润"一词并不能涵盖不法者的全部收入。第二,"得利返还"这一称谓与现行《民法典》有关侵权责任方式的表述方式不相吻合,这主要表现为返还的客体范围十分模糊,无法体现民事责任之于民事主体的救济性。除此之外,有学者指出,"返还"意味着行为人将原本应归属于权利人的利益回归至权利人。在侵权场合,行为人可能会直接利用权利人的权益而获益,也可能是基于权利人的权益而获益,在此情形下尚可将权利人主张"收益吐还"的请求权称之为"获利返还请求权"。然而,在违约场合,违约方所获利益原本并不属于守约方,故将守约方主张"收益吐还"的请求权称之为"获利返还请求权"并不准确。②据此,应将守约方主张的请求权称为"获益交出请求权"。尽管学界对"获益交出请求权"的概念已基本达成共识③,但就立法论层面而言,鉴于《民法典》第 179 条既未规定"获益交出"这一类新型的民事责任承担方式,也未设置"其他民事责任承担方式"等兜底条款为"获益交出"预留解释的空间,故直接运用"获益交出请求权"的概念似乎与现行的《民法典》难以有效衔接。基于此,在未来司法解释中将《民法典》第 179 条"返还财产"解释为"返还收益"将不失为一条简易可行的规范路径。"返还收益"体现了"收益吐还"规则的实质内涵,即返还的财产应包

---

① 间接获益也被称为远因利益或可追踪的利益。凡直接获益外的利益均属于间接获益。吴国喆、长文昕娉.违约获益交出责任的正当性与独立性[J].法学研究,2021(4):114-115.

② 间接获益也被称为远因利益或可追踪的利益。凡直接获益外的利益均属于间接获益。吴国喆、长文昕娉.违约获益交出责任的正当性与独立性[J].法学研究,2021(4):114-115.

③ 许德风.不动产一物二卖问题研究[J].法学研究,2012(3):90;缪宇.获利返还论——以《侵权责任法》第 20 条为中心[J].法商研究,2017(4):90.

括"所得"和"利益",① 不宁唯是,我国其他民商事法律也使用"收益"这一用语。② 为实现用语的统一与规范,将获利返还请求权的法律效果表述为"返还收益"③ 更为妥适。需强调的是,"返还收益"与《民法典》第179条规定的"返还财产"虽形似,但神异,一方面,返还与不当得利之间并不是"矩阵对应"④ 的关系,返还这一救济方式可由多元诉因引起⑤,除了不当得利外,其他的不法行为同样可以引起"返还"这一法律效果;另一方面,"返还财产"体现的是将义务人不法转移的财产返回至权利人的利益未受侵害之状态,归还的利益范围是义务人不法转移的财产。而"获益交出"则体现的是将义务人基于不法行为所得的利益由权利人予以剥夺之状态,故其归还的利益范围是义务人基于不法行为所获取的全部财产性利益。综上,有必要在未来的《民法典》司法解释中将获利返还请求权统一解释为"返还收益"。

第二节 中观层面之建构：公司归入权行使制度的基本走向

一、明确公司归入权的行使程序

（一）在公司归入权行使制度中设置程序的必要性

"程序是法律之所以成为法律的基本因由。"⑥ 该判断正是基于程序的约束力而作出。法律程序是将法律与常识转化为有约束力结论的一种技术装置,通

---

① 张谷.试析"财产"一词在中国私法上的几种用法[J].中德私法研究,2013（1）：133-154.
② 《证券法》第47条的规定。
③ 值得说明的是,我国《公司法》第148条使用的是"收入",对此,有学者认为,从语言文字的基本含义看,收入意味着某种资源投入,是经营性行为产生的效果,而归入权强调的是违法违规行为的归属,为突出其行为的违规违法性和后果的非正当性,用"收益"表述更为可取,也更符合法律语言语境的要求。有学者认为,"收入"并非严格的法律术语,容易产生理解上的歧义。
④ 李瑞轩.侵害权益得利的返还制度研究[J].研究生法学,2016(5)：41.
⑤ 李瑞轩.侵害权益得利的返还制度研究[J].研究生法学,2016(5)：41.
⑥ 葛洪义.法理学[M].北京：中国人民大学出版社,2011：122.

过精巧的程序机制,法律程序创设出法定化的逻辑形式,用来解决所有争议的问题。[1] 因此,程序在权利行使的过程中居于主导地位,任何实体权利只有在程序中才有实现之可能,因为法律程序预设了权利行使的前提、过程、环节及目的。[2] 可见公司归入权行使制度必须建立在程序规则建设基础之上。程序是从事法律行为作出某项决定的过程、方式和关系,其中过程系时间概念,而方式和关系则为空间概念,程序就是由该时空三要素构成的统一体,其中关系要素最为重要,这是因为程序存在的普遍形态就是民众遵循法定的时限和时序并按照法定的方式和关系进行法律行为。在此意义上,法律程序具有如下三个特点:一是针对特定的行为作出,而该行为是立法者认为产生重要影响的行为,有必要受到法律程序的约束;二是以法定时间和空间方式为基本要素,这意味着权利主体及其行为的确定性与相关性应受到法律程序的制约;三是程序具有形式性,程序是随着时间经过的活动过程与方式。此外,法律程序作为一种行为模式会被重复使用,当行为主体违反该行为模式时,必然承担相应的法律后果。故法律一旦确立了程序,就必须无条件遵守。[3] 公司归入权的行使程序即为公司行使归入权时按顺序进行的法定步骤。为确保公司归入权的行使能取得预期的法律效果,公司归入权应严格依据法定的程序予以行使。[4]

(二)公司归入权的行使程序

一般而言,公司归入权的行使通过公司自主决议和股东代位提起公司归入权之诉两项程序来完成。

1.决议程序

(1)决议机关。各国及地区关于行使公司归入权的决议机关不尽相同。在德国,公司作为行使归入权的机关。在我国台湾地区,公司行使归入权则由股东大会作出决议。根据我国《证券法》之规定,行使公司短线交易归入权的决议机关为董事会。行使公司归入权的决议机关应根据义务主体的不同而有所区别。首先,当义务主体为经理时,应由董事会依法作出决议,[5] 其原因在于经

---

[1] 周安平.常识法理学[M].北京:北京大学出版社,2021:181.
[2] 彭先兵.中国特色社会主义法治建设合规律性研究[M].广州:中山大学出版社,2018:187.
[3] 孙笑侠.法的现象与观念[M].北京:光明日报出版社,2018:130-131.
[4] 雷兴虎.论公司的介入权[J].法学研究,1998(4):110.
[5] 雷兴虎.论公司的介入权[J].法学研究,1998(4):110.

理由董事会决定选聘或解聘，对董事会负责，向董事会报告工作并接受董事会的监督，故经理一旦违反忠实义务，董事会即应对其行为展开调查与评价；其次，当义务主体为董事时，应由监事会作出决议，这体现了公司内部治理机制的均衡性；最后，当义务主体为监事或公司依法未设置董事会或监事会，则由股东会作出决议。相较董事会与监事会，股东会的召开因人数多而具有更为复杂的召集程序，通常历时较久，而公司归入权涉及公司的即时利益，故在一般情形下，股东会不适宜作为行使归入权的决议机关，只有在特殊情形下，如义务主体为监事或公司未设置董事会或监事会时方作为决议机关。

（2）表决方式。根据我国《公司法》第43条的规定，须经代表2/3以上表决权的股东通过之特殊决议仅限于修改公司章程、增加或减少注册资本、公司合并、分立、解散或变更公司形式等情形，故该决议属于普通决议，在列席会议的成员达到法定人数的情形下，只要经过1/2以上多数列席成员的同意，就可以向义务人作出行使公司归入权的决议。[①]

（3）决议作出期间。当公司发现董监高人员存在违反忠实义务的事实行为时，即可通过单方将其违法所得交还公司所有的意思表示来实现利益归入的私法效果，显然在决议程序之下，公司归入权属于形成权，因此有必要对上述决议机关的行使期限加以明晰，决议机关应在知道或应当知道董监高人员存在违反忠实义务的行为之日起1年内作出决议，超过该期限则属于无效决议。

2. 诉讼程序

（1）提起归入权诉讼的类型。公司提起归入权之诉，应包括确认之诉和给付之诉两个阶段。确认之诉是公司主张董事及管理人员的行为构成违反忠实义务的行为；而给付之诉则是归入权的行使范围，要求董监高人员将其从事违反忠实义务取得的收益给付公司。

（2）有权代表提起归入权之诉的主体。有限公司的股东和股份有限公司连续180日以上单独或合计持有公司1%以上股份的股东有权代表公司向违反忠实义务的董监高人员提起归入权之诉。

（3）提起归入权之诉的前置条件。当董事会、监事会或股东会超过决议期限仍怠于作出决议时，有限公司的股东和股份有限公司连续180日以上单独或合计持有公司1%以上股份的股东即可提起归入权之诉。

---

① 雷兴虎.论公司的介入权[J].法学研究,1998(4): 110.

（4）提起归入权之诉的期限。有限公司的股东和股份有限公司连续180日以上单独或合计持有公司1%以上股份的股东应自知道或应当知道决议机关怠于作出行使归入权的决议之日起两年内提起归入权之诉。

二、明确将违反内幕交易的行为确立为公司归入权的适用情形

（一）内幕交易应为公司归入权适用情形的理论基础

由于上市公司是公司做大、做强的直观反映，对于公司而言，是否上市意味着公司是否取得实质性成功，越来越多的普通公司跻身上市公司之列。与普通公司一样，上市公司也存在董事违反忠实义务的行为，但不同的是，绝大多数上市公司董事违反忠实义务的行为都是基于职务便利对公司内部信息的不法利用，故证券立法中设立了短线交易归入权，目的在于预防和吓阻上市公司董事及大股东从事违反忠实义务的行为，即对公司内部信息的非法利用。因此，从公司发展趋势看，未来公司归入权行使制度的研究走向应集中在证券法层面，这在国外近几年关于公司归入权的研究成果中即可见端倪。

从目前各国的立法规制看，利用公司内部信息从事证券交易行为与内幕交易行为的责任标准相重叠。从美国内幕交易规范理论看，素有平等获取理论、忠实义务理论及私取理论。最初，证券交易委员会和法院均采取强硬立场，即便行为人仅拥有相关的、重要的及非公开的信息，其就有责任披露或禁止该交易。这一理论被称为平等获取理论，其运作的前提是所有交易者都有义务向市场披露或避免利用非公开的公司信息进行交易。[1] 然而，平等获取理论与英美法系关于平权义务的严格要求相去甚远，因而被法院拒绝采用。随后，法院试图将公司内部人员与其他从事交易的参与者之间先前已有的关系加以区隔，以此支持理论本身并不能让法官在所有适当的情况下都能够确认行为人的责任。例如，查瑞拉诉联邦政府一案似乎就可根据略加修改后的披露义务来明确行为人的责任。对此，下级法院就提出私取理论，即利用公司机密信息从事非法交易的公司外部人员应承担责任，作为对查瑞拉诉联邦政府一案的回应。该理论认为，欺骗性地盗用市场敏感信息本身就是对信息来源的欺骗，因此违反了

---

[1] ALLEN W T, KRAAKMAN R H, SUBRAMANIANG, commentaries and cases on the law of business organization, statury supplement[M].Wolters Kluwer Low and Business: Aspen Publishers, 2008.

《证券交易法》第10条b款5项的规定。[1] 审理查瑞拉诉联邦政府一案的伯格法官在审理1997年联邦政府诉奥哈根[2] 一案中就采取了私取理论,将欺骗性地盗用市场敏感信息作为内幕交易的归责原因。该理论仍然以忠实义务的违反作为基础,只是扩大传统的理论,忠实义务适用范围至重大消息的来源。忠实义务理论,内幕交易的行为人须以利用重大未公开消息为其违法责任成立的要素,易言之,"利用说"构成成立内幕交易责任的标准。联邦最高法院认定公司内部人为其自身利益而利用未公开消息者,违反了美国《1934年证券交易法》第10条b款5项的规定;公司内部人不能借由欺诈性地利用重大未公开消息以获取自身利益,而该公司内部人在其交易前附加了揭露义务,应担保股东利益优先于自身义务。[3]

与此,1988年,我国台湾地区《证券交易法》借鉴美国立法,订立禁止内幕交易规定的立法理由是对利用公司未经公开之重要消息买卖公司股票图利之禁止,在此立法目的指引下,1988年我国台湾地区《证券交易法》第157条第1项规定得以确立。由此引发学者对内幕责任构成中"持有说"与"利用说"的争论。"持有说"和"利用说"的争议焦点如下:在内幕交易责任的客观构成要件上,行为人究竟是持有该重大未公开消息而买卖证券就成立责任?还是行为人需进一步利用该内幕消息才属于内幕交易行为?一言以蔽之,双方的争议本质上就是在客观要件上关于"持有",还是要有"利用"行为的争议。[4] 这虽然属于实体层面问题,但却引发举证责任分配等程序层面问题的思考。依据美国证券交易法"仅须内部人具有获悉发行股票公司有重大影响其股票价格之消息"及"在该消息未公开前,对该公司之上市或在证券商营业处所买卖之股票,买入或卖出"这两种形式要件定罪可以排除合理怀疑,主张"利

---

[1] DEMASI C D. Note: The More You Gain,The More You Lose: Sentencing Insider Trading Under The U.S. Sentencing Guidelines[J]. Fordham Law Review,2010(79): 176.

[2] 案情:奥哈根是一家律师事务所的合伙人,该事务所参与了大都会百货公司对皮尔斯伯里公司股票的竞购。奥哈根本人虽未以攫取私利为己任,但自律师事务所代表大都会百货公司伊始,奥哈根就购买了皮尔斯伯里公司股票的买入期权。竞购要约一经公布,奥哈根就可行使期权而获得430万美元的利润。

[3] 黄章令.再论内幕交易持有说与利用说——台湾地区最高法院2005年第1433号刑事判决(讯碟案)谈起[J].成大法学,2016(31): 22.

[4] 黄章令.再论内幕交易持有说与利用说——台湾地区最高法院2005年第1433号刑事判决(讯碟案)谈起[J].成大法学,2016(31): 1-53.

用说"的台湾学者认为,在内幕交易案件中,原告需证明以下三点:其一,被告客观上持有重大未公开消息且有买卖证券之行为;其二,被告主观上对以上行为有所知悉;其三,以上两个构成要件之间的因果关系必须达到无合理怀疑的程度。否则,内幕交易罪的证明将背离无罪推定的刑法概念,损害的不仅是证券资本市场的发展,还是刑法的谦抑性和法律的严肃性。美国就内幕交易责任的成立,无论在民诉中还是在刑诉中,对因果关系的证明是必需的,只是在证明程度上有所差异。但不能因程序上证明程度困难,就去否定一个实体标准。① 由此观之,利用公司内部信息从事证券买卖行为既是内幕交易行为的认定标准,也是判断内幕交易责任构成的核心要素。

尽管目前学界就内幕交易的归责原则是否采用"利用说"尚未有所定论,但不容置喙的是,对内幕交易行为的规制是以忠实义务违反为前提的。由此产生了如下问题:同样都是董事、高级管理人员违反忠实义务,根据公司法理论,应以公司归入权作为其责任承担方式,但在证券法上则是以行政处罚为主要承担责任方式,《证券法》第195条及《上市公司收购管理办法》第80条均明确规定了相应的行政处罚责任。然而,根据商法自治的理念,董事违反忠实义务的行为应当分别由公司法与证券法加以调整,由公法对个别影响较大的行为予以行政监管。当前完全依赖行政处罚的责任承担方式一方面仅发挥事后惩罚的功能,根本无法实现预防和吓阻董事违反忠实义务的行为,另一方面也加大了行政权力和政府的负担。② 随着世界经济一体化的不断深入与发展,公司上市日益趋于潮流化,从私法旨趣来审视证券法上董事违反忠实义务的责任是公司归入权行使制度发展的前提。在公司法中,除了禁止公司与经营者之间进行的借贷活动外,对于经营者利益冲突的禁止趋向集中于经营者与第三人之间发生的、被认为损害法律赋予公司或股东的财产价值的交易活动,如董事及高级管理人员的竞业禁止原则。内幕交易是各国法律予以规制的第二种,但更为重要的是经营者冲突利益。

(二)世界各国趋于将归入权作为规制内幕交易的重要民事举措

目前,各国主要通过预防规则实现对内幕交易行为的规制。譬如,在美国和日本,最重要的预防规则是限制公众公司的"法定内幕人员"(包括董事和

---

① 黄章令.再论内幕交易持有说与利用说——从最高法院九十四年度台上字第1433号刑事判决(讯碟案)谈起[J].成大法学,2016(31):1-53.
② 陈醇.商法原理重述[M].北京:法律出版社,2010:294.

管理人员）进行短期（不超过6个月）的短线交易。这些规则确认公司对内幕交易人员取得的利润或避免的损失享有归入权，从而有效地禁止了短线交易。其理论依据是通过内幕信息而攫取的收益有可能反映公司的价值。主要的证券交易所（如伦敦证券交易所）基于同样的理由，在其上市规则中采取类似的限制态度，如英国《上市监管机构示范守则》第2条规定董事不得对上市公司的证券进行短线交易。[1] 类似的，各国规定了从事内幕交易的严厉的民事责任，即公司对内幕交易的归入权、民事赔偿金等。[2] 但只有美国持之以恒地大力落实从事内幕交易的民事及刑事责任。而欧盟和日本的立法者注重刑事责任、轻视民事责任的态度使得欧盟成员国和日本的公诉人承担很重的举证责任，[3] 极大地阻滞了内幕交易责任的落实，引发董事及高级管理人员的内幕交易行为始终无法得以有效遏制。有鉴于此，我国证券法在规制内幕交易行为方面应从中得到启发，从长远看，将公司归入权作为规制内幕交易行为的民事责任符合时代发展的潮流。

第三节 微观层面之建构：公司归入权行使制度的公司法理路

一、适用的公司范围之拓宽

归入权是公司法上的一项特别制度，毫无疑问，其适用范围包括公司法上所有类型的公司，而现实的问题是归入权可否适用于股份合作制企业？该问题引申的含义是如果今后制定一部专门的股份合作制企业法，归入权是否应设置其中？

在最高人民法院审理的"李某某与某市铸钢厂权益纠纷申请案"中，归入

---

[1] [美]莱纳·克拉克曼，保罗·戴维斯，亨利·汉斯曼，等.《公司法》剖析：比较与功能的视角[M].刘俊海，徐海燕，译.北京：北京大学出版社，2007：135-136.

[2] [美]莱纳·克拉克曼，保罗·戴维斯，亨利·汉斯曼，等.《公司法》剖析：比较与功能的视角[M].刘俊海，徐海燕，译.北京：北京大学出版社，2007：137.

[3] [美]莱纳·克拉克曼，保罗·戴维斯，亨利·汉斯曼，等.《公司法》剖析：比较与功能的视角[M].刘俊海，徐海燕，译.北京：北京大学出版社，2007：137.

权的适用范围是该案的焦点之一，围绕股份合作制企业能否适用公司法上的归入权制度，四级法院的裁判结论大相径庭。一审法院认为，原告按照公司法的规定主张权益缺乏法律依据，其请求不予支持，判决驳回原告的诉讼请求。二审法院认为，根据《公司法》第149条的规定[①]，判决被告应将其开办的竞业公司的两年内利润归为原告（公司）所有。再审法院认为，在目前尚无明确的法律对股份合作制企业进行规范的情况下，可参照公司法或者合伙企业法规定的原则予以处理。最高院认为原二审、再审法院参照适用公司法和合伙企业法，属于适用法律错误，应予以纠正。

从法院的审判结论可以看出，除了二审法院沿循了归入权可否适用股份合作制企业的审判逻辑外，其他法院均是以股份合作制企业是否可以直接适用公司法为其审判逻辑。只有采取归入权可否适用股份合作制企业的审判逻辑，才能够契合案件争议的实质要素，既有利于纠纷得到妥当解决，又有助于满足社会实践的需求，相反，采取股份合作制企业是否可以直接适用公司法的审判逻辑，将导致司法实务中大量的纠纷因法规的缺位而无法得以解决。在此意义上，明确归入权是否应适用于股份合作制企业将十分重要。

第一，从法的解释论角度看，虽然股份合作制企业与公司法所规定的公司形式不同，但股份合作制具有资本性、营利性的股份制特征，其市场化运作方式也与公司具有一定的同质性。司法裁判是法官对实然法的理解、判断和适用的过程，某些案件的裁判在适用法律时存在认知差异，是法院行使自由裁量权的外在表现之一，但前提是法院能够准确认识和判断个案的法律事实与实然法则属于同一对应的关系。[②] 简而言之，股份合作制企业虽不能直接适用公司法，但股份合作制企业存在的董事、高管违反忠实义务之事实与公司法上归入权之适用前提完全契合，法院应在考量这种契合关系的基础上作出裁判，而且股份合作制企业同样具有适用归入权的前提，故归入权适用于股份合作制企业并非类推适用公司法，而是参照公司法原理的结果。

第二，从经济发展和市场化改革的需求看，在现代企业制度中，不同所有

---

① 该案例发生在2013年，故法院适用的是2005年的《公司法》。
② 主力军.股份合作制企业的法律适用问题研究——从一则股份合作制企业的股份转让协议效力纠纷案切入[J].政治与法律,2011(12):72.

制经济之间的关系应由公司法统一来调整和规范。① 股份合作制企业产生的背景源于改革开放初期经济体制改革目标的需要，与《全民所有制工业企业法》相伴相生。《全民所有制工业企业法》无法实现适应市场经济发展需要，更难以有效调整国有企业的组织行为规范，② 于是全面修改或废除该法的呼声越来越高。③ 欠缺公司法人治理机制是《全民所有制工业企业法》的诟病之一，故完善公司治理机制必将是未来的立法重要方向之一，与之相适应的是股份合作制企业在组织形式、利润分配、决策机构等方面与公司法上的公司形式基本一致。④ 股份合作制企业董事、高管也是基于委任或聘任而产生，应对企业负有忠实义务，因此归入权制度的适用范围应包括股份制合伙企业。

二、责任主体之甄别

按照时间维度划分，董事分为在任董事和离任董事。由于我国公司法尚未对离任董事的忠实义务进行规定，法院对离任董事应否成为归入权的裁判不统一。学术界代表性的观点认为，离任董事应负有忠实义务。一方面，董事离任后，其职务权利及其影响具有天然的惯性力，此惯性一旦被离任董事不当使用，则会损害公司的利益。另一方面，面对离任董事滥用权利的情况，现代公司法已经开始对其不受约束的经济活动自由权进行干预，如设立了公司利益整体保护和持续保护原则。⑤ 对此，实务界典型的观点认为，依据合同法中的后契约义务要求，董事按照公司法规定的责任形式承担竞业禁止责任，显然剥夺了董事合法取得经济利益的合法途径，而且法院在对此类个案进行审理时，绝大多数裁判基于现行《公司法》尚未明文规定，把离任董事排除在竞业禁止义

---

① 顾钰民.混合所有制经济是基本经济制度的重要实现形式[J].毛泽东邓小平理论研究,2014(1):37.
② 吴景辉.《全民所有制工业企业法》的价值评估和制度前景[M].广州:世界图书出版广东有限公司,2016:102-103.
③ 吴景辉.《全民所有制工业企业法》的价值评估和制度前景[M].广州:世界图书出版广东有限公司,2016:103；李建伟.中国企业立法体系的改革与重构[J].暨南学报,2013,(6):92.
④ 宋刚.论股份合作制企业之法律适用[J].社会科学,2008(2):108.
⑤ 蒋大兴.董事离任义务立法规制研究——兼论我国《公司法》之修改[J].法学评论,2001,(5):106.

务的主体范围之外。[1]

对此,台湾学者也提出忠实义务之起讫,尤其是忠实义务之终止时点,尚未见有判决予以讨论,学说也是罕见讨论。忠实义务来自于特定信赖关系,该特定信赖关系主要衍生自委任契约。故一旦董事因卸任或辞职而失去其身份时,该委任契约也随之终止,但忠实义务是否也即刻终止,值得深思。我国台湾地区的做法可分为两种:一是对于董事,在其任职期间,董事会往往将提案由股东会决议免除董事之竞业禁止义务;二是对于经理人,则要求其签订离职后竞业禁止契约。公司之所以提案由股东会决议免除董事竞业禁止之义务,主要原因在于公司难免有转投资,是以董事兼充转投资公司董事之情形在所避免,唯有经台湾地区《公司法》第209条之规定,免除其义务方的义务,如此方能使业务运作顺畅。简而言之,在台湾业界的认知中,真正有可能因离职而与公司竞争者为经理人而非董事。其中是否在某种程度凸显了董事对公司业务之执行参与度与公司法制规定有所落差。倘若董事真正参与公司具体甚至日常业务之执行时,应同时兼具经理人的身份,在此以台湾高等法院2009年第1154号判决为例予以释明。[2]

案例1:甲长期投资并参与A公司之经营,自1997年11月至2001年5月25日,甲担任A公司董事长兼总经理。2001年5月25日,A公司股东会决议解除该公司董事,依我国台湾地区《公司法》第209条,为自己或为他人从事属于公司营业范围行为竞业禁止之限制,若该董事连任,或因业务需要改派法人代表时,并解除其竞业禁止之限制,并于当日改选董监事,甲当日亦经选任为董事,任期至2004年5月24日止。甲于2003年11月间兼任总经理职务,签订了竞业禁止契约,其中第6条约定:"A公司下列人员于离职后2年内不得在与A公司经营项目相同或近似之公司担任相类似之职务外,亦不得自行利用A公司之机密,从事与A公司业务相类似之竞争行为或其他与公司利益冲突之行为。甲违反前项规定时,同意以其最近一年年薪总额之四倍为惩罚性违约金赔偿A公司。"甲于2004年4月6日起就A公司总经理一职办理留职停薪,期间至同年6月5日止。同年6月4日,甲经A公司董事会决议卸任总经理职

---

[1] 此观点出自辽宁省沈阳市中级人民法院于2006年对"福建某公司等诉刘某某等与公司有关的纠纷案"作出的审理意见。

[2] 曾宛如.董事忠实义务于台湾事务上之实践——相关判决之观察[J].月旦民商法杂志,2010(29):152-153.

务，并于2006年1月17日卸任A公司法人董事代表后，又于同年6月14日被选任为B公司董事，现为B公司董事长。A公司遂向法院主张因甲违反竞业禁止条款而对其财产申请扣押，由此造成甲名誉受损，于是甲请求A公司应负损害赔偿责任。A公司则抗辩称甲于2004年6月28日卸任自然人董事，但直到2006年1月17日方才卸任法人董事代表，故竞业禁止期间无论从2004年6月28日起算还是从2006年1月17日起算，其于2006年6月14日同意担任B公司之董事都已违反2年的竞业禁止规定。

法院经审理认为，从竞业禁止协议的内容看，竞业禁止的对象仅限于甲担任总经理之身份，而非针对董事身份，而且就董事部分，公司也已解除竞业禁止之义务。单纯就总经理一职而言，甲已离开该职位超过2年，故未违反竞业禁止义务。由于当事人未主张，因此判决中未对忠实义务与离职间的关系进行阐述。在本质上，离职后得以篡夺公司机会者，不应以经理人为限。董事作为董事会成员，负有执行业务之义务，对于公司的营业秘密自有一定的知悉。不宁唯是，签订竞业禁止条款虽为普遍之做法，但值得注意的是，一旦董事离职后，其忠实义务是否必然终止，否则，任何董事都会以离职为手段，以达到窃取公司机会之目的。窃取公司机会应构成与公司竞争，但与公司竞争未必会涉及窃取公司机会。因此，忠实义务既应特定信赖关系而生，当该信赖关系终止时，原则上，忠实义务亦不复存在，此为英国法上之主流观点，但仍有例外。

案例2：甲设立A公司，其主要客户为B公司。甲力邀乙加入A公司，提出的条件是A公司只有甲与乙二位董事，乙无偿为公司工作5个月，即可换取A公司40%的股权（另外A公司60%的股权由甲持有）。一旦公司营运提升至正常水平，乙可增加持股至50%。于是乙欣然加入A公司。乙加入后，与甲共同执行公司业务，不久，乙之妻子也成为A公司的员工。乙加入公司一年后，由于其迟迟未能拓展新客户，而且在新开发的两名客户中，一名因被收购无疾而终，另一名则因破产反致A公司遭受损失。甲对此十分不满，与乙嫌隙日增。后甲向乙表示将解雇其妻，并要求乙签订对公司尽忠之承诺书。乙希望甲可以延缓告知其妻解雇之事，但甲悍然拒绝。除此之外，甲还向银行申请冻结乙使用A公司账户之权限。基于此一系列变故，乙决意离开公司。乙向甲口头辞职后（依据股东协议，该契约须待一定时期方始生效），次日通过电话告知B公司总经理丙此一事实。为了B公司及其客户的利益，丙决定邀请乙加入B公司，但乙未答应。B公司与A公司原签有专属授予计划之合约，该合约即将届期。尽管甲因乙的辞职而向丙承诺会一如既往地保证品质,但丙仍然认为,乙之离职势必影响A公司执行计划之品质,基于维护客户最大利益之考量,丙决定再次向乙提出要约,并建议乙成立一家公司,设立费用全部由B公司予以承担,同时,B公司也会支付乙一定的薪资和奖励。在乙辞职正式生效前,甲已将乙完全排除在董事执行业务之外,然而乙仍在A公司处工作。在辞职正式生效前不久,乙设立了一家公司并接受B公司的薪资和奖励。甲知晓后遂向法院起诉乙篡夺A公司的商业机会,认为其行为违反了忠实义务。[①]

在该案例中,英国上诉法院提出三个重要原则。首先,董事对公司之忠实义务随着董事辞职而消减。董事在离职后,基于其个人之技能、知识及专业自可另觅工作,即使该技能、知识及专业可能系因担任董事而取得,亦无不可。甚至于因担任董事而积累的人脉也没有禁止利用的限制。公司因董事离职可能遭受公司机会被掠夺或营业秘密外泄之危害,而需要保护;但董事也需维持其生计,法律必须在这二者间取得平衡。其次,董事在表示辞职之意到辞职正式生效之"期待中",对此期间内董事是否有违反忠实义务,与个案事实密切相关,故须个案判断。在该案中,由于乙的辞职与丙之要约无关,自始至终都是丙主动联系乙,即使乙不同意为B公司工作,从整体事实及发展看,B公司也不可能再与A公司续约使其独享B公司业务。既然乙无任何不良动机,则其即使为B公司工作也无秘密窃取公司机会之事,故没有违反忠实义务。法院于事实认定时,须考量之因素包括以下几方面:董事之职位、公司机会之性质、机会之成熟度、机会之特定性及与董事之关系、董事所拥有的知识、取得机会之情形、机会是否特定或私下取得,及辞职生效前被指控违反忠实义务之时点等。最后,董事之忠实义务虽因离职而终止,但若辞职的目的是挣脱忠实义务之枷锁,则该离职后利用公司机会之行为仍构成忠实义务之违反。秉持诚信原则,倘若董事与公司间未签订竞业禁止契约,但董事却以离职为手段达到迂回利用公司机会之目的时,可认定违反忠实义务,而该忠实义务为契约后义务之内涵。[②]

不容置喙,离任董事违反忠实义务的行为主要是竞业禁止行为和利用公司

[①] 曾宛如.董事忠实义务于台湾事务上之实践——相关判决之观察[J].月旦民商法杂志,2010(29):153-154.

[②] 曾宛如.董事忠实义务于台湾事务上之实践——相关判决之观察[J].月旦民商法杂志.2010(29):156.

机会的行为，我国公司法规定的其他违反忠实义务行为均与董事职务密切相关，只有在任董事才能基于职权从事此类违反忠实义务的行为。本书以为，实务界将离任董事不负有竞业禁止义务归结为合同法中的权利义务相一致原则明显有失偏颇。本质上，董事的忠实义务源于董事与公司之间的委任关系，但与普通的民事受任人不同，董事在公司中的特殊地位决定了其行为直接关系到公司及股东的利益，董事与公司间的委任关系更具信赖性，这样本属于道德义务范畴的忠实义务通过立法程序上升为董事的法定义务，该义务的设定并非以等量的权利为前提，而是从预防董事滥用权利的目的出发，故从合同法的理念来解读董事的忠实义务是不够全面的。离任董事是否应为归入权的责任主体取决于董事是否利用职务便利侵害公司利益，离任董事虽已无职务，但仍会利用在任期间获知的公司商业机会及信赖关系等，故认定离任董事是否负有竞业禁止义务应区分具体情形。根据动态系统论的思想，通过规定法院需要考虑的具体因素，能最大限度地实现法律的确定性，并能限制法官的裁量权，同时在一种可控的方式下实现了对不同案件事实多样性的考量。[①] 据此，忠实义务的裁判标准应作为认定董事是否为归入权责任主体应考虑的关键因素，现行立法仅罗列了违反公司忠实义务的行为，尚未明确忠实义务的裁判标准，故极易导致法律适用有误。因此，立法应将董事利用职务便利为自己或者他人谋取属于公司的商业机会、自营或为他人经营与所任职公司同类业务作为评判标准，如离任董事滥用了在任期间的职务便利，则仍应视其为归入权的责任主体。

除此之外，按照级别不同划分，公司高级管理人员还可分为经理和部门经理。公司法将规制对象聚焦在董事会和董事上，体现出简化是立法的通用手段，显然公司法简化了公司内部的各种代理关系。在公司内部存在不同层级的代理主体，其中第一层级的代理主体是董事；第二层级的代理主体是作为董事代理人的经理；而第三层级的代理主体则是作为总经理代理人的部门经理……，代理权的层次性和重要性表明，解决内部代理人的代理风险问题是公司法的首要任务。[②] 代理权处于第三层级的部门经理或分支机构负责人受总经理或总公司委任，负责管理公司的经营事项，在具体的公司交易过程中发挥着举足轻重的作用。倘若其无须受忠实义务之约束，必然会给公司带来严重的代

---

① 海尔穆特·库齐奥,张玉东. 动态系统论导论[J]. 甘肃政法学院学报,2013(4):45.
② 蒋大兴. 公司董事会的职权再造——基于"夹层代理"及现实主义的逻辑[J]. 现代法学,2020(4):116.

理风险问题。由此，将部门经理及分支机构的负责人纳入归入权的责任主体更能体现归入权的制度价值。

三、举证责任之分配

行使归入权的最终效果是将董事违反忠实义务所得收益归入公司，由于收益本身是一个十分宽泛的概念，立法又无法作出合适的限制性规定，因此收益数额的确定完全取决于法院的自由裁量权。一般而言，收益范围主要受举证责任分配的影响。

就举证责任分配原则看，绝大多数法院仅简单沿循了"谁主张，谁举证"的举证责任分配原则，即由原告公司对其主张的归入利益数额承担举证责任。因董事违反忠实义务的行为通常具有隐蔽性和时效性，不利于公司及时搜集有效证据，结果显然会导致归入权几乎无法得以实现。对此，有学者认为，可行的举证责任分配方式是原告只需证明被告因违反义务而获得的总收入，被告进一步证明总收入中应当减去的成本。[1] 这种分配方式体现了一定的妥适性，能够平衡公司及董事双方的利益。但仍需商榷的是，由被告负责证明总收入中应减去的成本是否遗漏了另一种情形，即被告对原告主张的总收入予以否认。另外，当被告证明应减去的成本后，如原告对此举证加以否认，是否导致该举证责任陷入循环往复中？实务界中也存在两种观点：一是认为公司对其主张的归入利益完成初步举证义务后，高管应对否认该笔收入承担相应举证责任；二是认为原告完成初步举证责任后，申请法院调取竞业公司的财务账册、凭证等资料，被告承担拒不提供的不利后果，包括不能反证证明经营业务不同的法律后果。本书认为，第一种观点存在一定疏漏，相比之下，第二种观点较值得推崇。第一，从我国民事审判工作的改革历程看，通过立法确立的"谁主张谁举证"规则在减轻法院收集证据的重负和提高审判工作效率方面发挥了重要的法政策功能。[2] 由于欠缺对该规则内在结构及证明责任理论的认知，该规则易于被简单化理解，经常滋生误会，如原告和被告分别"主张"向公司返还收益之成立与不成立的问题。[3] 在近代法的发展演变中，基于"权利产生—权利变动"

---

[1] 吴晓明.《中华人民共和国侵权责任法》条文理解与适用[M].北京：人民法院出版社,2010：145.

[2] 王亚新.论民事、经济审判方式的改革[J].中国社会科学,1994(1)：6.

[3] 胡东海."谁主张谁举证"规则的历史变迁与现代运用[J].法学研究,2017(3)：107-124.

结构的规范说是"谁主张谁举证"规则的现代运用形式。依照"权利产生—权利变动结构",原告提出"权利产生的主张",其中"权利产生"指要求返还收益的公司权利的产生。为对抗原告提出的主张,被告须提出"权利变动的主张",即权利受阻的主张(如根据被告的行为不属于归入权的适用情形之一,而主张归入权无效)、权利消灭的主张(如已向公司返还收益的主张)。依照第一种观点,被告仅辩称归入利益的数额不成立,这只是对原告的"权利主张"的单纯"否认"。[①] 其结果就是谁应当承担举证责任并不明确,最终引致归入权难以得到司法适用。第二,根据我国证明责任学说,"谁主张谁举证"规则具有双重含义:其一是主观证明责任,它是一种行为责任,解决的问题是在诉讼中特定要件事实应由哪方提出证据;其二是客观证明责任,它是一种结果责任,解决的问题是当案件出现真伪不明时,应当由谁承担不利后果。在立法中,《民事诉讼法》第64条第1款规定了主观证明责任,《关于民事诉讼证据的若干规定》第2条第2款和《关于适用〈中华人民共和国民事诉讼法〉的解释》第90条第2款明确了客观证明责任的概念,具有防止法官恣意裁判的功能。[②] 该证明责任理论为"谁主张谁举证"规则的适用提供了有力支撑,既明确了承担证明责任的主体,又为法官在真伪不明时提供了司法推理的法律方法。[③] 有鉴于此,主观的证明责任就是原告对其主张的归入利益数额进行举证,而原告进行初步举证后申请法院调取竞业公司的财务账册、凭证等资料,被告承担拒不提供的不利后果则体现的是客观的证明责任。由此观之,第二个观点符合主观与客观相结合的证明责任分配标准。

四、法官酌定之限制

由于现行立法对归入的利益数额未提供细化的规则,法官酌定的方式赋予法官很大幅度的自由裁量权,这也使得法官有利用这一方式的偏好。法官在适用酌定方式时的说理负担较轻,无须详细说明如何计算返还收益的数额及采用相关方式的合理性,而只需结合案件的具体情况,酌定一定损害赔偿数额。从我国司法实践看,法官酌定最初是在精神损害赔偿中采用的,即相关司法解释

---

① 胡东海."谁主张谁举证"规则的历史变迁与现代运用[J].法学研究,2017(3):107-124.
② 胡东海."谁主张谁举证"规则的历史变迁与现代运用[J].法学研究,2017(3):107-124.
③ 胡东海."谁主张谁举证"规则的历史变迁与现代运用[J].法学研究,2017(3):107-124.

采用酌定的方式。^① 然在归入权制度中，无论从纠纷难以得到公正解决方面看，还是从归入权的法律效果与损害赔偿权相混淆方面看，法官酌定均具有不合理性。具体而言，可以通过确定归入利益数额的考量因素来限制法官酌定，该因素应包括所得收益与违反忠实义务之间存在法律上的因果关系，因果关系意味着不能一概而论地认定董事违反忠实义务行为所得的全部利益均视为归入利益，倘若董事虽违反忠实义务，但其获利源自自身的专业知识和技能，则应将此类获利排除。因此，法官在确定归入利益的数额时，应对所得收益与利用职务便利之间的因果关系进行裁判说理，这样才既能令当事人信服，又会对其他类案提供指导作用。

第四节　微观层面之重构：公司归入权行使制度的证券法理路

一、规范对象主体及其身份认定之全面考量

（一）规范对象主体的认定

根据美国《1934年证券交易法》第16a之1条（a）项（2）款规定，短线交易归入权的适用是以主要受益股东所获利益之经济事实是否系经由其所为证券交易直接或间接使该内部人增加整体财富为判断标准。[②] 以杰弗逊公司诉沃莱特一案为例，丈夫为公司的内部人，其妻子涉及该公司的短线交易行为，地方法院认为，其内部人丈夫完全控制其妻的财务状况，且直接因其妻该笔交易而获有经济上利益，[③] 故应对其妻的行为适用公司的短线交易介入权。在判断是否具有大股东身份时，我国台湾地区准用《证券交易法》第22条之2第3项规定，包含股东之配偶、未成年子女及利用他人名义持有的情形。在实践

---

① 王若冰．论获利返还请求权中的法官酌定——以《侵权责任法》第20条为中心[J]．当代法学，2017(4)：66．
② 李智仁．我国短线交易归入权制度之发展趋向——理论面与实证面之探析（下）[J]．集保，2005(2)：12．
③ 苏秀玲，简淑芬．证券交易法第一五七条修正之检讨与建议[J]．月旦法学杂志，2003(1)：169．

中，配偶间因持股合并计算而构成大股东身份，在短线交易之配对上，应否合并配对以计算出获利数额，进而对其共同行使公司的短线交易归入权，抑或以各自之交易为配对基础，对其分别请求，台湾地区的《证券交易法》对此未加规定。以台湾地区"最高法院"2010年度台上字第1838号判决的案件为例，A上市公司的股东甲与其妻乙的持股合计超过10%，在2003年至2006年间，买卖A公司之上市股票，于取得后6个月内再行卖出，或于卖出后6个月内再行买进，以其各自之交易为基础配对，甲获利达548万新台币，乙则高达一亿一千多万新台币，故A公司主张甲、乙二人将其共同获得的一亿四千万（合并配对之方式）利益归于公司，甲与乙则以其二人财务各自独立，并无分享或分担彼此持有A公司股份之盈亏，亦无控制关系或间接持有之事情为抗辩理由。台湾地区"最高法院"表示上市公司股票的交易，其股票价格应基于供需法则与市场均衡原理，由投资人在不受任何不当因素干扰的情况下，在市场中自由竞价而形成。且因上市公司股票之交易市场极具敏感性，股价常因各种因素的影响而产生变化。而上市公司的大股东虽非公司的经营管理者，但因其持有公司相当比例的股份，所拥有的投票权足以影响公司股东会决议的结果，较其他人更易于掌握公司内部资讯，其买卖股票的行为对于一般投资人动见观瞻，如允许其在市场反复进出股票，则会影响投资人对股价行情的判断，容易造成股价不当波动或扭曲，从而妨碍证券市场的交易秩序与健全发展，故立法应加以禁止；该条规定持有发行股票公司股份超过10%之股东，依同条第5项及同法第22条之2第3项规定，其持有之股票应与其配偶合并计算，故配偶二人所持有之股票合计超过10%者，即成为公司的短线交易介入权的对象，至于配偶间是否具有控制或利用关系，则在所不问。其目的乃为防止公司大股东借配偶名义持有股票，规避证券交易法第157条第1项之限制。其立法旨趣除了在维护市场之公正性，以保护投资人之权益外，尚还有衡平的性质。因此，上述之配偶将其所获得之利益各自返还公司，而非将配偶二人视为一体令其共同（平均）返还，以兼顾配偶间之公平性（如共同返还，则获利较少的人除归还自己的部分外，尚需替获利较多者分担，从而有失公平原则）。上述判决采取折中的做法，即一旦认定具有大股东身份后，接下来的交易配对及请求分别处理。此与整体认定身份在本质上虽不全然吻合，但却可能更贴近现实生活。[1] 因此，短线交易归入权的适用主体还应包括其配偶、未成年子女及利用他人名义持有

---

[1] 曾宛如.2010年公司与证券交易法发展回顾[C].台大法学论丛,2011(10)：1901-1902.

者，在该类主体合计持股达到上市公司股份 5% 的情况下，应将其所获得的利益各自返还公司。

（二）规范对象的身份认定

目前，各国和地区认定短线交易归入权适用主体的身份有"一端说""两端说"和"折中说"等三种不同的标准和做法。其中，"一端说"认为，在买入时或卖出时，只要一个时点符合公司内部人身份即可；"两端说"认为，在买入和卖出时，两个时点均需符合公司内部人的身份；"折中说"认为，由于股东身份不如公司董事、监事、高级管理人员身份那样容易获取内幕信息，因此对董事、监事、高管人员与持有特定比例股份的股东应当予以区别对待，即对于公司董事、监事和高级管理人员，应当采用"两端说"，而对于公司董事、监事和高级管理人员，应当采用"一端说"。美国在此问题上采取了"折中说"标准，其主要依据在于与大股东相比，上市公司的董事及高级管理人员更容易利用其在公司的特殊地位来获取内幕消息。我国台湾地区对此问题则对董事、监事、高级管理人员与持股超过 10% 的股东均采取"两端说"标准。本书认为美国的"折中说"更为科学合理。我国证券立法虽对此未加规制，而实际上，股东身份采用"两端说"的标准已经在我国短线交易证券纠纷判决第一案中得到了司法确认①，为了实现减少内幕交易的立法目的，对董事、监事及高级管理人员采取"一端说"较为符合制度规范本旨，故建议我国证券立法对短线交易归入权适用主体的身份采取"折中说"标准。

---

① 原告某科技开发股份有限公司系经核准公开发行股票并在上海证券交易所上市交易的股份有限公司，2009 年 4 月 17 日，被告严某通过上海市第一中级人民法院组织的公开拍卖，以总价款人民币 11 460 万元竞买获得原告限售流通股份 3 000 万股，占原告总股本 7.89%。2009 年 5 月 22 日，原告董事会发布公告，其限售流通股自 2009 年 6 月 1 日起上市流通。2009 年 6 月 1 日，被告通过上海证券交易所以每股 4.93 元的价格卖出所持原告股份 1 900 万股，占原告总股本 4.998%。此后，原告要求被告按照《证券法》第 47 条的规定，将买卖后的差价收益 2 109 万元归入公司。双方协商未果后，原告遂向法院起诉。本案争讼的焦点之一就是被告的身份及行为是否符合短线交易的构成要件。法院认为，本案被告在实施买入及卖出原告股份的反向交易之前，并不具备原告内幕人员的身份。在庭审中，原告主张被告买入其股份 3000 万股即具备了内幕人员的身份，原告此举显然是将被告的该项单一行为既推断为被告构成短线交易主体资格的条件，又视作被告反向交易行为的一端。故而被告的身份及行为尚不符合短线交易的构成要件。

二、客体范围及豁免情形之适当拓宽

（一）客体范围的拓宽

金融商品推陈出新的趋势锐不可当，为防范公司内部人利用诸多借由股权行使概念所衍生的商品牟利，2000年，台湾地区在修订《证券交易法》时，增订了第157条第6项，扩大了规范客体的范围。2001年，"财政部"以（90）台财政（法）字第141773号令修订了证券交易法施行细则第11条，该条第1项列举了《证券交易法》第157条第6项的"具有股权性质之其他有价证券"指可转换公司债、附认股权公司债、认股权凭证、认购（售）权证、股款缴纳凭证、新股认购权利证书、新股权利证书、债券换股权利证书、台湾存托凭证及其他具有股权性质之有价证券。[①] 其中，根据2003年由财政部证券暨期货管理委员会（89）台财政（二）字第828号令修订的"发行人申请发行认购（售）权证处理准则"第2条第2项之规定，认购权证是指标的证券发行公司以外的第三者所发行表彰认购（售）权证持有人于履约期间内或特定到期日，有权按照约定履行价格向发行人购入或售出标的证券，或以现金结算方式收取差价之有价证券。另据该法第3条第1项的规定，发行人指标的证券发行公司以外的第三者且同时经营有价证券承销、自行买卖及行纪或居间等三种业务者。由此可知，认购（售）权证排除了该标的证券发行公司自己发行以本公司为标的证券之可能性，有鉴于此，学者就认购（售）权证作为短线交易归入权的客体产生质疑。例如，有的学者认为，除非将台湾地区《证券交易法》第157条第1项中所规定的"……对公司之上市股票……"一语中的"公司"作扩张解释，以涵盖"发行人申请发行认购（售）权证处理准则"第3条第1项所指涉的发行人，否则认购（售）权证的发行人仅限于证券发行公司以外的第三者，其既非公司发行的上市股票，亦非公司发行之其他具有股权性质之有价证券，自然不应列入短线交易归入权的客体范围。但若对"公司"作扩张解释，则所扩张的内容已超出文义射程，也超越了国民对该条文义的预测可能性。[②] 对此问题，美国1934年《证券交易法》第16条b项所规范的客体是"该发行

[①] 台湾地区2012年《证券交易法施行细则》。
[②] 李智仁.我国短线交易归入权制度之发展趋向——理论面与实证面之探析（上）[J].集保,2005(2)：17-18.

人的该任何权益证券或者有关该任何权益的以证券为基础的互换协议"，该定义在同法第3条a项第11款中规定为指任何股票或类似证券，该任何证券的证券期货可转换成（无论有无对价）该证券的任何证券，或者带有认购或购买该证券认股权证或认购权的任何证券，该认股权证或者认购权，或者证券交易委员会认为具有类似性质并且根据其为维护公共利益或者投资者制定的规则、条例视为有必要或者适当的，按权益证券对待的其他证券。[1] 1991年，美国证管会修改了1934年《证券交易法》第16条之相关规定，其中规则第16a之1条d项规定将短线交易的规范客体界定为包括与发行人相关联之任何证券或任何衍生证券，不问是否应为该发行人所发行者。除此之外，规则第16之1条c项亦揭示衍生性有价证券具有以下三个特征：一是所发行的工具为"证券"之一种；二是该"证券"表征源自某一股权证券之一定金钱利益的权利；三是该"证券"含有固定的执行价格或转换比率。若该三项特征均具备，则此项权利即可被视为第16条规范之标的证券的同等物。由上述特征可以反映出短线交易归入权的规范重点即在于从影响股权价格的内部消息中获利的能力。因此，美国证管会将衍生性证券纳入短线交易介入权的客体范围，其核心概念无外乎从交易获利的潜在可能性而言，衍生性证券与基础证券并无二致，[2] 相较我国《证券法》第47条规定，美国证管会关于短线交易归入权的客体范围的规定更为科学，它既考虑到了短线交易归入权规范客体的实质，又避免了立法产生疏漏。结合我国《上市公司收购管理办法》第85条的相关规定，证券类型就不仅限于股票，为了将《证券法》第47条关于短线交易归入权的客体范围与《上市公司收购管理办法》第85条的规定保持一致，建议将短线交易的客体设计为包括股票及其他具有股权性质的证券。因此，建议将短线交易归入权的客体范围拓展为包括与发行人相关联之任何证券或任何衍生证券。

（二）豁免范围的拓宽

在完善短线交易归入权的豁免规则方面，对"买进""卖出"行为进行认定时，应充分考虑到法定除外情形。美国《1934年证券交易法》第16条和证券委员会发布的一系列豁免规则规定，下列买卖行为可以豁免适用短线交易

---

[1] 中国证券监督管理委员会组织.美国《1934年证券交易法》及相关证券交易委员会规则与规章[M].北京：法律出版社，2015：21.

[2] 李智仁.我国短线交易归入权制度之发展趋向——理论面与实证面之探析（下）[J].集保，2005(2)：19-20.

归入权：（1）买卖豁免证券。（2）忠实履行前已签订之合同义务的买卖。（3）做市商建立和维持市场的交易。（4）持股超过 10% 的股东在国内或国外进行的证券套利交易。（5）公积金转增股本、送红股等按同等比例获得证券行为。（6）董事、高级管理人员根据合格的雇员福利计划买入、卖出证券。[1] 而在我国台湾地区则通过主管机关以行政函释的方式进行界定。一方面规定属于"取得""买进""卖出"的范围包括以下几种：（1）内部人通过二级市场取得、买入和卖出股票和具有股权性质的其他有价证券。（2）融资融券中内部人通过融资买进股票和融券卖出股票。[2]（3）可交换公司债债券持有人行使交换权。[3]（4）内部人行使员工认股权。[4]（5）内部人将股票质押于银行，因追加缴纳担保品而买进股票。[5]（6）因受赠而取得股票。[6]（7）内部人自所属公司员工组成之"员工持股委员会"受配股票。[7]（8）司法拍卖。[8]（9）其他情形。[9] 另一方面规定不属于"取得""买进""卖出"的范围包括以下几种：（1）内部人因吸收合并而取得公司股票。[10]（2）内部人应募取得私募股票。[11]（3）内部人持有可转换公司债到期交由发行人赎回。[12]（4）内部人通过继承取得股票和具有股权性质之其他有价证券。[13]（5）内部人依《公司法》的相关规定，以所持有之所属公司股票抵缴股款。[14]（6）内部人因公司办理现金增资、资本公积转增资及盈余转增资而取得股票。[15]（7）内部人参与公开承销认购可转换公司债或附认

---

[1] 桂敏杰，黄红元，徐明. 证券法苑（第九卷）[M]. 北京：法律出版社，2013：520.
[2] 出自台湾地区"金管会"2009年发布的"金管证三字第0980024585号行政函释"。
[3] 出自台湾地区"金管会"2007年发布的"金管证三字第0960036672号行政函释"。
[4] 出自台湾地区"金管会"2006年发布的"金管证三字第0950000233号行政函释"。
[5] 出自台湾地区"证管会"1999年发布的"（88）台财证（三）第75614号行政函释"。
[6] 出自台湾地区"证管会"1995年发布的"台财证（三）第00461号行政函释"。
[7] 出自台湾地区"证管会"2004年发布的"金管证三字第0930127640号行政函释"。
[8] 出自台湾地区"金管会"2010年发布的"金管证交字第0990001401号行政函释"。
[9] 出自台湾地区"证管会"1995年发布的"台财证（三）第00461号行政函释"。
[10] 出自台湾地区"金管会"2007年发布的"金管证三字第0960041582号行政函释"。
[11] 出自台湾地区"金管会"2005年发布的"金管证三字第0940130983号行政函释"。
[12] 出自台湾地区"金管会"2009年发布的"金管证交字第980055003号行政函释"。
[13] 出自台湾地区"证管会"1995年发布的"台财证（三）第00461号行政函释"。
[14] 出自台湾地区"金管会"2009年发布的"金管证交字第0980026581号行政函释"。
[15] 出自台湾地区"证管会"1989年发布的"台财证（二）第24094号行政函释"及1993年发布的"台财证（三）第68058号行政函释"。

股权公司债，行使可转换公司债或附认股权公司债之转换权或认股权等原因取得公司股票。①（8）其他情形。由此可见，美国和我国台湾地区对短线交易介入权的豁免规则均建立在实际操作基础之上，所不同的是美国是以正式法律的形式概括列举了短线交易介入权的豁免情形，其优势在于法律位阶高，法律适用性强。而我国台湾地区则是证券主管机关陆续以行政函释的方式在实践中作出规定，其优点在于涵盖范围具体全面，易于对短线交易行为进行认定。结合我国证券市场的实际，建议我国证券立法可选择性借鉴台湾地区关于短线介入权的豁免规则，在《证券法》第47条规定一项援引条款，对相关豁免规则授权证券监督管理机关制定细则，为避免法律的不周延性，仅就"买进""卖出"行为的除外情形加以概括。

三、所得利益的计算方法及时效期间之明确

鉴于公司的短线交易介入权带有明显的工具性和技术性特征，有必要在我国证券立法中完善相关的技术规范，从而为法律适用提供依据。对此，可以参酌借鉴我国台湾地区《证券交易法施行细则》第11条2项关于计算方式的规定，一是对于买进或卖出种类均相同的有价证券，将最高卖价与最低买价相配，再将次高卖价与次低买价相配，依次计算所得的差价，亏损部分不予计入（即最高卖价减最低买价法）。二是对于买进或卖出种类不同的有价证券，除普通股以交易价格及股数计算外，其余的有价证券则以各该证券买进或卖出当日普通股收盘价格为买价或卖价，并以行使或转换普通股的股数为计算标准；其配对计算方式，准用前款规定。三是列入前二款计算差价利益之交易股票所获配之股息。四是列入前项第一款、第二款中向证券商所支付的手续费及证券交易税，应从所获利益中扣除。②

同时，应增加短线交易归入权时效的规定，美国《1934年证券交易法》第16条对短线介入权的时效规定为自该利润实现之日起超过两年的，不得提起该诉讼。而台湾地区《证券交易法》第157条第4项规定为自获得利益之日起两

---

① 出自台湾地区"证管会"2002年发布的"台财证（三）字第172479号行政函释"。
② 台湾地区2012年《证券交易法施行细则》。法律仅作概括授权时（如制定施行细则），该细则的内容仅对法律相关的细节性及技术性事项加以规定，而《证券交易法施行细则》第11条第2项所列的计算方法超出《证券交易法》的规定范围，存在逾越母法授权之嫌疑，故学者建议在《证券交易法》中增订相关的法源依据。

年内不行使而消灭。其中，实务界和学术界学者就两年时效期间的性质产生诸多争议。由于"获得利益"是公司的短线交易归入权最为重要的行使要件之一，而且上市公司的董事、监事、高级管理人员及持股 5% 以上股东从事的短线交易行为往往较为隐蔽且不易被交易相对人和公司发现，为了达到吓阻内部人从事内幕交易行为的目的，有必要规定一个相对较长的合理期限，故建议该除斥期自其获得利益之日起 2 年内不行使而消灭。

四、归入权私法旨趣之追求

在短线交易归入权的设置上，应尽量减少证券监管机构的行政干预，追求私法体系的内在统一。公司对短线交易的所得收益拥有一项特别法上的民事权利，即归入权，其目的在于事前的吓阻。[①] 因此，公司短线交易归入权是一项私权，其设立目的在于维护公司的合法权益，目前公司法和证券法都规定了公司归入权。公司的短线交易归入权是公司管理层忠实义务和勤勉义务的一种鞭策措施，我国《公司法》第 149 条明确规定了公司董事、监事及高级管理人员违反忠实和勤勉义务，给公司造成损失的，应当承担民事赔偿责任。故而证券法在短线交易主体的规定上也应与之相匹配。在设置民事赔偿责任时，应对股东类主体与非股东类主体有所区分。对于股东类主体，由于很难获取内幕消息，其所进行的短线交易行为只是违反了法律规定的禁止情形，而非法定义务，而且其损害的是同日交易的所有相对人，因此将通过行使公司的短线交易归入权将其所得的不法利益收归公司所有，即达到吓阻其从事内幕交易行为的可能；而对于非股东主体，由于其容易利用优势地位获取内幕消息，其所进行的短线交易行为违反了忠实勤勉义务，如果给公司造成损失，我国证券立法应有必要规定其承担民事赔偿责任，从而发挥对公司利益受损害之填补功能。当损害赔偿责任与公司的短线交易归入权发生竞合时，公司可以重叠行使两种权利，即只有当公司行使归入权后，尚有损害时，才可行使损害赔偿权，而且赔偿的数额还应减去因公司行使归入权所取得的收入。需要注意的是，公司在重叠行使该两种权利时，应以同一损失不得获取双重利益为原则，以确保遵循公平正义的法制原则。[②] 此外，纵观美国《1934 年证券交易法》和我国台湾地区的《证券交易法》，均未对公司的短线交易归入权规制行政责任，为保持私法

---

① 冯果. 证券法 [M]. 武汉：武汉大学出版社, 2014：333.
② 雷兴虎. 论公司的介入权 [J]. 法学研究, 1998(4)：112-113.

体系的协调一致，应尽量减少证券监管机关的行政处罚力度。事实上，在私法旨趣的求索上，目前存在的最大阻力在于股东代位诉讼激励机制严重不足，故为避免诉讼进行旷日持久，垫付的诉讼费用额度过高，导致股东行使短线代位诉讼的成果与代价之间失衡，在我国台湾地区实务上另有一项代位机制，亦即由财团法人证券暨期货市场发展基金会以股东的身份代位行使公司的短线交易归入权，此方式运作以来，实际发挥了极大功效。① 但在我国，由于缺乏相应的激励机制，很难寻求合适的团体作为短线交易归入权代位诉讼的主体，故本书认为，公司对原告股东的费用补偿制度不失为是股东提起代位诉讼的有效激励措施，当前，世界众多国家或地区在其股东代表诉讼立法或实务中确立了公司对原告股东的费用补偿制度，② 我国《公司法》对此虽未明确规定，但根据最高人民法院《关于适用〈中华人民共和国公司法〉若干问题的规定（四）》第26条的规定，股东依据《公司法》第151条第2款、第3款规定直接提起诉讼的案件，其诉讼请求部分或者全部得到人民法院支持的，公司应当承担股东因参加诉讼支付的合理费用。这对于减轻股东对诉讼成本和风险等消极因素的疑虑具有重大意义。但该条将败诉股东的费用补偿权排除在外，而股东代位诉讼的诉讼费一般较高，况且法院裁判以证据为前提，股东在提起代位诉讼前无法预知其诉讼的结果，这无疑还是无法真正有效激励股东提起代位诉讼。因此，有必要规定对败诉股东因诉讼所产生的合理费用的补偿权。

五、相关配套机制之跟进

我国《证券法》第86条设置在第四章"上市公司收购"中，这与"权益披露"的一般性规定不完全吻合，故建议将其调整至第三章"证券交易"中的第一节"一般规定"中，使其成为一项一般性的立法举措，从而强化其实施效果。就具体内容而言，一方面，应扩大申报主体和标的的范围，建议条文如下："上市公司的董事、监事及高级管理人员，或通过证券交易所的证券交易，持有或者通过协议、其他安排与他人共同持有上市公司已发行的股份达到5%的股东，应当向国务院证券监督管理机构、证券交易所做出书面报告。"另一

---

① 李智仁. 我国短线交易归入权制度之发展趋向——理论面与实证面之探析（下）[J]. 集保, 2005(2): 2-31.

② 《美国标准公司法》第7.46节、日本2005年《公司法》第858条第1款和韩国《商法典》第405条第1款均规定了胜诉股东的费用补偿权。

方面，应对《证券法》及《上市公司收购管理办法》中"在该事实发生之日起三日内"的申报时间进行补充规定，建议应当在公开募集及上市文件中披露公开有价证券发行前公司董事、监事、管理人员及持股 5% 以上股东的持股意向及减持意向。并赋予申报主体进行电子化方式申报的选择权，主管机关应当在申报后的工作日结束前，在其公开可访问的网站上提供该书面报告；上市公司也应当在申报后的工作日结束前，在其公开可访问的网站上提供该书面报告。

结 语

我国 2005 年修订实施的《公司法》和《证券法》正式确立了公司归入权制度，详细列举了忠实义务的具体类型，并明确了归入权的法律概念，从而为规范董事适当地履行职务行为提供了基本规则。根据我国《公司法》第 148 条[①]的规定，董事、高级管理人员违反对公司的忠实义务所得的收入应当归公司所有。一般认为，忠实义务就是与公司利益冲突的行为，包括董事（含高管）利用资产以及商业机会的行为，2005 年《公司法》将董事（含高管）篡夺公司商业机会纳入忠实义务的范畴具有开拓性意义。我国《证券法》第 47 条的标题为"公司归入权"，即将公司负责人基于短线交易行为的获益收归公司所有，由公司董事会作为行使公司归入权的唯一决议机关。既有的研究成果关于忠实义务的本质内涵仍欠缺从法解释学上进行深入系统的研究，将忠实义务仅限于传统的利益冲突理论，加上《证券法》第 47 条关于公司归入权的主体作了特殊规定，学界往往认为《公司法》第 148 条与《证券法》第 47 条分属不同的制度范畴，二者之间具有内在联系的一致性。由于公司归入权多以公司决议的方式加以行使，即使诉诸法院，法官通常倾向于采取损害赔偿权的裁判思路，而现行证券立法主要以行政处罚方式来制裁董事利用职权从事证券交易的行为，因此实际上公司归入权尚未发挥吓阻董事从事违反忠实义务行为的制度功效。

在体系视域下对公司归入权行使制度予以全面审视，必然会涉及不同交叉学科间的交融与碰撞。作为公司归入权的理论基础，忠实义务理论如同一根中心轴线，将公司法上的归入权与证券法上的内幕交易这两个独立的法学概念联系起来。

在公司法上，针对公司归入权制度，部分学者持否定的态度。例如，邓峰教授认为，归入权是对公司内部管理关系的一种替代，而法律需要调整的利益冲突或违反忠实义务，常与外部关系相联系，公司完全可以凭借合同、章程或

---

① 此处援引的法条是 2013 修订后的《公司法》。

者侵权规则对内部人造成的公司利益损失请求赔偿，公司也可以行使事实上的处罚来作为对违反诚信义务的自力救济。此外，"所得收入"如何界定，在司法中面临着认定困难。[①] 王作全教授将2005年《日本公司法》废除有关归入权的规定解释为归入权的行使要受到"竞业及利益冲突交易须为自己而为"这一要件的限制，且根据相关损害赔偿额推定的规定，[②] 完全可以满足需要。[③] 但上述研究成果的局限性在于即便由损害赔偿请求权取代归入权，损害赔偿的数额依然难以认定，况且，损害赔偿请求权无法发挥吓阻遏制董事从事违反忠实义务的行为之效。本书的研究表明，唯有从体系性视角出发，才能有效解决归入权的行使问题。现代侵权法是以损害赔偿为中心建起来的责任体系，随着社会的发展与立法的革新，损害赔偿的范围由传统的填补性损害赔偿扩展至获益性损害赔偿。在理论溯源上，归入权涵摄于获益性损害赔偿之内，具有不同于传统填补性损害赔偿的独特制度价值，因获益性损害赔偿概念在我国尚未正式引入，立法忽视了归入权作为公司法重要救济方式的制度功能，司法裁判中归入权或与损害赔偿权并存适用，或更经常性地被填补性损害赔偿权所替代，既有违归入权的制度逻辑又不利于维护公司利益。正如美国著名学者罗斯科·庞德指出，法学概念被误用的方式之一是"使用那些涵盖太多内容的概念而又对他们不加区别地适用于不同的事项而易于导致混乱"[④]。现有理论仍局限于将二者关系称之为竞合关系，尚未从制度本源上分析归入权独特的价值功能。本书通过深入民事侵权理论，得出如下结论：相比填补性损害赔偿请求权，公司归入权在预防董事从事违反忠实义务的侵权行为上具备优位性。有鉴于此，立足我国当前实际，构建公司归入权行使制度具有一定现实必要性。一方面，在民商合一体例下，可将公司归入权吸收为商事侵权请求权，在《民法典》侵权责任编的"责任方式"增加"返还收益"这一商事责任承担方式；另一方面，商

[①] 邓峰.公司利益缺失下的利益冲突规则——基于法律文本和实践的反思[J].法学家,2009(4)：79-88.

[②] 根据2005年《日本公司法》第424条及487条相关规定，对于违反忠实义务的董事，如果能够证明公司所受损害与该违反行为没有因果关系，或证明公司的损害少于董事或第三人所获利益，就可以免除责任，或减少所承担的责任额。同样，如果公司能够证明所受损害大于董事等所获利益，可以请求更多的损害赔偿额。但2014年《日本公司法》删除了相关损害赔偿额推定的相关规定。

[③] [日]前田庸.公司法入门[M].王作全译.北京：北京大学出版社,2012：318.

[④] [美]罗斯科·庞德.法理学[M].王保民,王玉译.北京：法律出版社,2007：35.

法独有的商事特性决定了在微观层面需通过《公司法》及司法解释对公司归入权的行使规则加以完善，从而降低公司内部治理风险，实现维护公司利益之法价值目标。

在证券法上，对于短线交易归入权制度，也有部分学者秉持质疑态度。从长远角度看，证券市场的本质作用在于通过有价证券的转让与证券价格的变动，推动资本的优化组合，借此监督公司管理人员的行为，并评估公司的实际运营效果。然而，公司负责人、大股东与一般投资人由于公司内部资讯不对等所产生的利益[1]，将最终导致证券市场这一社会经济"晴雨表"作用难以发挥。基于此，公司对短线交易的归入权旨在遏制公司负责人、大股东从事短线交易行为，通过事前吓阻机制来维持投资者对证券市场公正性和公平性的依赖。从表面看，短线交易归入权维护的是公司利益，但公司利益的维系是保护投资者利益的前提，只有公司的相关资讯公开透明并持续良性运营，投资者的获利愿景方能实现。因此，对短线交易归入权制度进行法律移植的动机是以保护投资人利益为依归的。从目前证监会官网关于公司高级管理人员从事短线交易行为屡禁不止的信息可以窥出，行政干预私法的惯例值得我们进行反思。另外，由于该行为是一个持续的动态过程，而且公司高级管理人员或大股东的身份会随时有所变更，因此学者提出将事前申报和公告制度作为短线交易归入权的替代机制也值得详加考虑。综上，在未来我国《证券法》修订中，宜保留公司对短线交易归入权的条文，通过厘清海峡两岸关于短线交易归入权的立法现状，旨在阐释大陆和台湾地区在短线交易介入权制度的立法完善上可相互借鉴。与台湾地区证券立法相比，大陆关于短线交易归入权的规制尚存精进之空间，亟须结合目前的适用现状予以针对性地改进和完善。

鉴于公司负责人通过内幕信息而攫取的收益有可能反映公司的价值，世界主要的证券交易所在其上市规则中采取类似的限制态度。目前世界各国规定了从事内幕交易的严厉的民事责任，并将公司归入权作为首要的民事责任。反观我国，以行政处罚为主导的思维程式将极大地阻滞内幕交易责任的落实，引发董事及高级管理人员的内幕交易行为始终无法得以有效遏制。有鉴于此，我国证券法在规制内幕交易行为方面应从中得以启发，从长远看，将公司归入权作为规制内幕交易行为的民事责任符合时代发展的潮流。

---

[1] 吴光明. 证券交易法论[M]. 台北：三民书局, 2015：393.

参考文献

一、中文文献

（一）著作类

[1] 陈春山. 董事责任及独立董事 [M]. 台北：新学林出版股份有限公司，2013.

[2] 陈醇. 商法原理重述 [M]. 北京：法律出版社，2010.

[3] 陈甦. 民法总则评注 [M]. 北京：法律出版社，2017.

[4] 冯果. 证券法 [M]. 武汉：武汉大学出版社，2014.

[5] 耿卓. 传承与革新——我国地役权的现代发展 [M]. 北京：北京大学出版社，2017.

[6] 何勤华，屈文生，崔吉子. 法律翻译与法律移植 [M]. 北京：法律出版社，2015.

[7] 黄清溪. 清晰论法：公司法基础理论——董事篇 [M]. 台北：五南图书出版股份有限公司，2016.

[8] 胡晓静. 公司法专题研究：文本·判例·问题 [M]. 武汉：华中科技大学出版社，2013.

[9] 李语湘. 比较法视角下英美返还法的结构与功能研究 [M]. 北京：中国政法大学出版社，2015.

[10] 李龙. 法理学 [M]. 武汉：武汉大学出版社，2011.

[11] 李旭东. 法律科学导论——凯尔森纯粹法学理论之重述 [M]. 济南：山东人民出版社，2015.

[12] 林定夷. 科学哲学：以问题为导向的科学方法论导论 [M]. 广州：中山大学出版社，2009.

[13] 林少伟. 英国现代公司法 [M]. 北京：中国法制出版社，2015.

[14] 刘连煜. 现代公司法（增订第十一版）[M]. 台北：新学林出版股份有限公司，2015.

[15] 吕来明.商法研究[M].北京：中国政法大学出版社，2017.

[16] 彭先兵.中国特色社会主义法治建设合规律性研究[M].广州：中山大学出版社，2018.

[17] 任先行.商法原论[M].北京：知识产权出版社，2015.

[18] 沈四宝.最新美国标准公司法[M].北京：法律出版社，2006.

[19] 施天涛.公司法论[M].北京：法律出版社，2014.

[20] 孙笑侠.法的现象与观念[M].北京：光明日报出版社，2018.

[21] 童列春.商法基础理论体系研究[M].北京：法律出版社，2014.

[22] 吴光明.证券交易法论[M].台北：三民书局，2015.

[23] 吴景辉.《全民所有制工业企业法》的价值评估和制度前景[M].广州：世界图书出版广东有限公司，2016.

[24] 王泽鉴.债法原理（第二册）：不当得利[M].北京：中国政法大学出版社，2002.

[25] 叶林.公司治理制度：理念、规则与实践[M].北京：中国人民大学出版社，2021.

[26] 郑玉波.公司法[M].台北：三民书局，1980.

[27] 中国证券监督管理委员会.美国《1934年证券交易法》及相关证券交易委员会规则与规章[M].北京：法律出版社，2015.

[28] 中国证券监督管理委员会.美国《2002年萨班斯—奥克斯利法》[M].北京：法律出版社，2015.

[29] 朱庆育.民法总论[M].北京：北京大学出版社，2014.

[30] 朱羿锟.董事问责标准的重构[M].北京：法律出版社，2011.

[31] 朱羿锟.董事问责：制度结构与效率[M].北京：法律出版社，2012.

[32] 张民安.现代英美董事法律地位研究[M].北京：法律出版社，2007.

[33] 周安平.常识法理学[M].北京：北京大学出版社，2021.

（二）中文译著

[34] 莱纳·克拉克曼，保罗·戴维斯，亨利·汉斯曼，等.公司法剖析：比较与功能的视角[M].刘俊海，徐海燕，译.北京：北京大学出版社，2007.

[35] 乔迪·S.克劳斯，史蒂文·D.沃特.公司法和商法的法理基础[M].金海军，译.北京：北京大学出版社，2005.

[36] 弗兰克·H.伊斯特布鲁克.公司法的逻辑[M].黄辉，译.北京：法律出版

社，2016.

[37] 佚名.特拉华州普通公司法[M].徐文彬，译.北京：中国法制出版社，2010.

[38] 欧洲民法典研究组，欧盟现行私法研究组.欧洲示范民法典草案：欧洲私法的原则、定义和示范规则[M].高圣平，译.北京：中国人民大学出版社，2011.

[39] 欧洲侵权法小组.欧洲侵权法原则：文本与评注[M].于敏，谢鸿飞，译.北京：法律出版社，2009.

[40] 侵权法重述第二版：条文部分[M].许传玺，石宏，育东，译.北京：法律出版社，2012.

[41] 皮特·博克斯.不当得利[M].刘桥，译.北京：清华大学出版社，2012.

[42] 埃尔温·多伊奇，汉斯-于尔根·阿伦斯.德国侵权法——侵权行为、损害赔偿及痛苦抚慰金[M].叶名怡，温大军，译.北京：中国人民大学出版社，2016.

[43] 佚名.法国商法典（上）[M].罗结珍，译.北京：北京大学出版社，2015.

[44] 佚名.德国商事公司法[M].胡晓静，杨代雄，译.北京：法律出版社，2014.

[45] 前田庸.公司法入门[M].王作全，译.北京：北京大学出版社，2012.

[46] 佚名.新订日本公司法典[M].王作全，译.北京：北京大学出版社，2016.

[47] 佚名.日本金融商品交易法[M].朱大明，译.北京：法律出版社，2015.

（三）论文类

[48] 曾宛如.2010年公司与证券交易法发展回顾[J].台大法学论丛，2011(40)：1877-1906.

[49] 曾宛如.董事忠实义务于台湾事务上之实践——相关判决之观察[J].月旦民商法杂志，2010(29)：145-156.

[50] 曾宛如.公司治理法制之改造[J].月旦法学杂志，2017(9)：17-29.

[51] 曾宛如.证券交易法之现状与未来——期许建构体例完善的证券法规[J].月旦法学杂志，2013(6)：93-107.

[52] 曾洋.内幕交易侵权责任的因果关系[J].法学研究，2014(6)：116-131.

[53] 曾洋.修补还是废止？——解释论视野下的《证券法》第47条[J].环球法律评论，2012(5)：14.

[54] 崔建远. 关于恢复原状、返还财产的辨析 [J]. 当代法学, 2005(1): 12.

[55] 崔建远. 民法总则应如何设计民事责任制度 [J]. 法学杂志, 2016(11): 12.

[56] 陈洁. 证券民事赔偿责任优先原则的实现机制 [J]. 证券市场导报, 2016(6): 8.

[57] 陈自强. 不当得利法体系之再构成——围绕《民法典》展开 [J]. 北方法学, 2020(5): 14.

[58] 邓峰. 公司利益缺失下的利益冲突规则——基于法律文本和实践的反思 [J]. 法学家, 2009(4): 79-88.

[59] 范雪飞. 差异与融合: 最新三大不当得利示范法比较研究 [J]. 法学评论, 2015(2): 7.

[60] 冯博. 没收违法所得与罚款在反垄断执法中的组合适用 [J]. 法商研究, 2018(3): 11.

[61] 冯果. 内幕交易与私权救济 [J]. 法学研究, 2000(2): 11.

[62] 月旦法学杂志编辑部. 证券交易法第一五七条短线交易之受益所有人问题与利益返还方式之探讨——最高法院九十九年度台上字第一八三八号判决 [J]. 月旦法学杂志, 2011(4): 47-50.

[63] 顾培东. 当代中国法治共识的形成及法治再启蒙 [J]. 法学研究, 2017(4): 70-72.

[64] 顾钰民. 混合所有制经济是基本经济制度的重要实现形式 [J]. 毛泽东邓小平理论研究, 2014(1): 5.

[65] 海尔穆特·库齐奥, 张玉东. 动态系统论导论 [J]. 甘肃政法学院学报, 2013(4): 40-47.

[66] 何勤华. 法的移植与法的本土化 [J]. 中国法学, 2002(3): 13.

[67] 和育东. 非法获利赔偿制度的正当性及适用范围 [J]. 法学, 2018(8): 18.

[68] 胡东海. "谁主张谁举证"规则的历史变迁与现代运用 [J]. 法学研究, 2017(3): 107-124.

[69] 胡晶晶. 知识产权"利润剥夺"损害赔偿请求权基础研究 [J]. 法律科学, 2014(6): 8.

[70] 胡宜奎. 论股东代表诉讼中的费用补偿 [J]. 政治与法律, 2014(2): 8.

[71] 黄章令. 再论内幕交易持有说与利用说——从最高法院九十四年度台上字第1433号刑事判决（讯碟案）谈起 [J]. 成大法学, 2016(31): 1-53.

[72] 霍仁现. 短线交易归入权的若干法律问题分析 [J]. 金融法苑, 2008(3): 7.

[73] 姜朋.短线交易收益归入制度功能的实证分析——兼谈《证券法》(2005)第47条的去留[J].中外法学,2017(3):802-817.

[74] 姜朋.内幕人短线交易收益归入制度简论[J].法制与社会发展,2001(3):7.

[75] 蒋大兴.董事离任义务立法规制研究——兼论我国《公司法》之修改[J].法学评论,2001(5):11.

[76] 蒋大兴.公司董事会的职权再造——基于"夹层代理"及现实主义的逻辑[J].现代法学,2020(4):14.

[77] 赖源河.证券交易法之公平机制[J].证券市场导报,1995(6):8-14.

[78] 雷兴虎.论公司的介入权[J].法学研究,1998(4):9.

[79] 李建伟.中国企业立法体系的改革与重构[J].暨南学报,2013(6):9.

[80] 李瑞轩.侵害权益得利的返还制度研究[J].研究生法学,2016(5):41.

[81] 李胜兰,黄健梅.公司控制权行使的正当性分析——一种法律经济学视角[J].中山大学(社会科学版),2005(3):8.

[82] 李智仁.我国短线交易归入权制度之发展趋向——理论面与实证面之探析(上)[J].集保,2005(135):3-18.

[83] 林国全.《证券交易法》第一五七条短线交易归入权之研究[J].中兴法学,1999(9):12.

[84] 林国全.董事竞业禁止规范之研究[J].月旦法学杂志,2008(8):18.

[85] 刘承韪.获益损害赔偿制度的中国问题与体系构建[J].陕西师范大学学报,2016(6):116-127.

[86] 刘春山.我国短线交易的规制完善与实施效果研究[J].社会科学研究,2011(5):6.

[87] 刘俊海.公司法的修改与解释:以司法权的适度干预为中心[J].法律适用,2005(3):5.

[88] 刘连煜.大股东与配偶短线交易归入权的法律问题——最高法院九十九年度台上字第一八三八号民事判决评析[J].月旦裁判时报,2013(19):34-45.

[89] 刘连煜.禁止内部人交易——短线交易之法律问题[J].月旦法学杂志,1997(5):69.

[90] 刘天君.我国归入权制度的缺漏与弥补[J].国家检察官学院学报,2006(3):5.

[91] 孟俊红.从私法角度看短线交易归入权制度之不足——兼评《证券法》私

法旨趣之匮乏 [J]. 河南社会科学，2005(4)：4.

[92] 缪宇. 获利返还论——以《侵权责任法》第 20 条为中心 [J]. 法商研究，2017(4)：10.

[93] 潘永锋. 论公司董事的侵权责任 [J]. 人民司法，2009(11)：6.

[94] 石慧荣. 归入权的行使与派生诉讼的适用 [J]. 商业经济与管理，2007(10)：5.

[95] 石佳友，郑衍基. 侵权法上的获利返还制度——以《民法典》第 1182 条为中心 [J]. 甘肃政法大学学报，2020(6)：15.

[96] 宋刚. 论股份合作制企业之法律适用 [J]. 社会科学，2008(2)：6.

[97] 苏秀玲，简淑芬. 证券交易法第一五七条修正之检讨与建议 [J]. 月旦法学杂志，2003(1)：167.

[98] 谭贵华. 论公司归入权之缘起及其理论基础 [J]. 北京工业大学学报，2010(5)：6.

[99] 汤欣. 法律移植视角下的短线交易归入权制度 [J]. 清华法学，2014(3)：13.

[100] 汪青松. 主体制度民商合一的中国路径 [J]. 法学研究，2016(2)：17.

[101] 王洪亮.《民法典》中得利返还请求权基础的体系与适用 [J]. 法学家，2021(3)：30.

[102] 王林清. 内幕交易侵权责任因果关系的司法观察 [J]. 中外法学，2015(3)：18.

[103] 王若冰. 获利返还制度之我见——对《侵权责任法》第 20 条的检讨 [J]. 当代法学，2014(6)：8.

[104] 王文宇. 董事之竞业禁止义务 [J]. 月旦法学杂志，2000(6)：20-21.

[105] 王亚新. 论民事、经济审判方式的改革 [J]. 中国社会科学，1994(1)：20.

[106] 王涌，周晓冬.《民法典》第 1182 条获利返还制度的解释与完善 [J]. 广西大学学报，2021(3)：123-129.

[107] 王青斌. 行政法中的没收违法所得 [J]. 法学评论，2019(6)：11.

[108] 吴国喆，长文昕娉. 违约获益交出责任的正当性与独立性 [J]. 法学研究，2021(4)：19.

[109] 许德风. 不动产一物二卖问题研究 [J]. 法学研究，2012 (3)：18.

[110] 徐化耿. 信义义务的一般理论及其在中国法上的展开 [J]. 中外法学，2020(6)：1573-1595.

[111] 杨彪. 受益型侵权行为研究——兼论损害赔偿法的晚近发展 [J]. 法商研究，2009(5)：11.

[112] 杨艳. 公司法上的利益归入：功能界定与计算标准 [J]. 浙江工商大学学报，2015(6)：10.

[113] 叶林. 中国大陆证券市场内幕交易的法律规制 [J]. 月旦民商法杂志，2015(6)：82-102.

[114] 易继明. 历史视域中的私法统一与民法典的未来 [J]. 中国社会科学，2014(5)：131-147，207.

[115] 张家勇. 论统一民事责任制度的建构——基于责任融合的"后果模式" [J]. 中国社会科学，2015(8)：84-103.

[116] 张家勇. 基于得利的侵权损害赔偿之规范再造 [J]. 法学，2019(2)：13.

[117] 张文显. 中国步入法治社会的必由之路 [J]. 中国社会科学，1989(2)：14.

[118] 张东昌. 证券市场没收违法所得与民事赔偿责任的制度衔接 [J]. 证券法苑，2017(23)：21.

[119] 赵万一，赵吟. 中国自治型公司法的理论证成及制度实现 [J]. 中国社会科学，2015(12)：21.

[120] 赵万一. 公司收购中目标公司董事信义义务研究 [J]. 河南财经政法大学学报，2012(2)：12.

[121] 赵威. 证券短线交易规制制度研究 [J]. 比较法研究，2004(5)：11.

[122] 赵旭东. 内幕交易民事责任的价值平衡与规则互补——以美国为研究范本 [J]. 比较法研究，2014(2)：13.

[123] 郑佳宁. 目标公司董事信义义务客观标准之建构 [J] 东方法学，2017(4)：10.

[124] 郑文兵. 有限公司归入权行使实务探讨 [J]. 云南社会科学，2012(1)：120-123.

[125] 郑文科. 归入权研究 [J]. 法学杂志，2004(6)：2.

[126] 周淳. 公司归入权的体系定位与规范构造 [J]. 财经法学，2021(3)：34-48.

[127] 周友苏，蓝冰. 证券行政责任重述与完善 [J]. 清华法学，2010(3)：14.

[128] 周天舒. 中国公司治理法律规则发展模式的再探讨：一个路径依赖的视角 [J]. 中国法学，2013(4)：19.

[129] 朱广新. 信赖保护理论及其研究述评 [J]. 法商研究，2007(6)：12.

[130] 朱晶晶. 论民法典编纂视角下的返还制度 [J]. 浙江社会科学，2017(3)：7.

[131] 朱岩. "利润剥夺"的请求权基础——兼评《中华人民共和国侵权责任法》第 20 条 [J]. 法商研究，2011(3)：9.

[132] 主力军. 股份合作制企业的法律适用问题研究——从一则股份合作制企业的股份转让协议效力纠纷案切入 [J]. 政治与法律, 2011(12): 68-75.

二、外文文献

(一) 著作类

[133] 加雷斯·琼斯. 戈夫和琼斯论返还法 [M]. 北京: 商务印书馆, 2013.

[134] DAVIES P. Gower and davies: principles of modern company law[M]. London: Sweet&Maxwell, 2008.

[135] HONDIUS E, JANSSE A. Disgorgement of profits: gain-based remedies throughout the world[M]. Switzerland: Springer International Publishing, 2015.

[136] HARRIS J. Company law: theories, principles and applications (2ND Edition) [M].Sydney: LexisNexis Butterworths, 2015.

[137] RICHARD A.Epstein, torts[M]. 北京: 中信出版社, 2003.

[138] SEALY L, WORTHINGTON S. Cases and materials in company law[M]. London: oxford university press, 2016.

(二) 论文类

[139] EISENBERG MA.The divergence of standards of conduct and standards of review in corporate law[J].Fordham law review, 1993, 62(3):437-468.

[140] BLACK B. Should the sec be a collection agency for defrauded investors [J]. The business lawyer, 2008, 63(2):317-346.

[141] COX JD. Compensation, deterrence, and the market as boundaries for derivative suit procedures[J].George washington law review, 1984(52):4-5.

[142] CHATTIN DM. The more you gain, the more you lose: sentencing insider trading under the u.S. Sentencing guidelines[J]. Fordham law review, 2010(79):165-215.

[143] DELUCA FA. Sheathing restitution's dagger underthe securities acts: why federal courts are powerless to order disgorgement in sec enforcement proceedings[J]. The trustees of boston university review of banking &financial law, 2014(33):899-934.

[144] MITCHELL L E. Private law, public interest:the ali principle of corporate

governance[J]. George washington law review, 1993, 61(4):871-897.

[145] MITCHELL L. The death of fiduciary duty in close corporations[J]. University of pennsylvania law review, 1990, 138(6):1675-1731.

[146] RYAN R G. The equity facade of sec disgorgement[J]. Harvard business law review online1, 2013(2):3.

[147] SMITH D G. A proposal to eliminate director standard from the model business corporation act[J].University of cincinnati law review, 1999, 67(4):1201-1228.

[148] GRIFFITH J. Good faith business judgment: a theory of rhetoric in corporate law jurisprudence[J]. Duke law journal, 2005(55):26.

[149] GROSS R, BRITSCH L, GOZA K, et al. Securities fraud[J].American criminal law review, 2013, 50(4):1479-1558.

[150] SITKOFF RH. An agency costs theory of trust law[J]. Cornell law review, 2004, 89(3):621-684.

[151] HUANG H, WANG B. China's new company law and securities law: an overall and assessment[J]. Australian journal of corporate law, 2006, 19(2):115-129.

[152] SAMET I. Guarding the fiduciary's conscience——a justification of a stringent profit-stripping rule[J]. Oxford journal of legal studies, 2008(4):763-787.

[153] JOHNSON L. After enron: remembering loyalty discourse in corporate law[J]. Delaware journal of corpoarate law, 2003(28):50.

[154] MILLER SK.What fiduciary duties should apply to the llc manager after more than a decade of experimentation[J].The journal of corporation law, 2007, 32(3):505-617.

[155] JACQUELINE K, CHANG. Kokesh v. SEC: the demise of disgorgement[J]. North carolina banking institute, 2018(22):309-331.

[156] DAVIES PL, HOPT KJ. Corporate boards in europe-accountability and convergence[J].The american journal of comparative law, 2013, 61(2):301-376.

[157] LEMLEY M A, MCGOWAN D. Legal implications of network economic effects[J]. California law review, 1998, 86(3):476-611.

[158] LIST A. The lax enforcement of section 304 of sarbanes-oxley:why is the sec ignoring its greatest asset in the fight against corporate misconduct[J].Ohio state law journal, 2009, 18(6):358-361.

[159] IBRAHIM DM. Individual or collective liability for corporate directors[J]. Social science electronic publishing, 2006, 93(3):929-971.

[160] BAINBRIDGE SM. the business judgment rule as abstention doctrine[J], 57vanderbilt law review, 2004(57):83-129.

[161] BAINBRIDGE SM. Director primacy: the means and ends of corporate governance[J]. Northwestern university law review, 2003(97):251-310.

[162] JOHNSON L.The social responsibility of corporate law professors[J].Tulane law review, 2002(76):1483-1500.

[163] SALE HA.Delaware's good faith[J]. Cornell law review, 2004, 89(2): 457-495.

[164] FENDLER FS. A license to lie, cheat, and steal? Restriction or elimination of fiduciary duties in arkansas limited liability companies[J]. Arkansas law review, 2007(60):643.

[165] Gold AS. The new concept of loyalty in corporate law[J]. University of california davis law review, 2009(43):457-528.

附录 A：公司归入权案例一览表

公司归入权案例一览表[①]

序 号	典型案例	审判路径	审判结论
1	（2005）沪高民三（知）终字第 17 号	上诉人公司主张被上诉人董事将其设立新公司获得的收入归上诉人所有，应就该主张承担相应的举证责任。上诉人未能对被上诉人作为新公司董事的收入数额进行举证，虽然从相关年度审计报告能计算出新公司在 2003 年度的利润总额，但由于 2003 年被上诉人已从上诉人公司处离职，即使被上诉人按照出资比例获取利润分红，上诉人也未能举证证明该分红包含了被上诉人在违反竞业禁止义务期间从其出资设立新公司处获得的收入	上诉人主张行使归入权的上诉理由无事实和法律依据，本院不予支持
2	（2007）甬鄞民二初字第 2 号	当公司放弃商业机会或者第三人不愿和该公司合作时，公司负责人取得该商业机会则不属于违反忠实义务的情形。对公司负责人非恶意的或对公司具有非损害性的竞业行为，公司不享有归入权和请求赔偿权	驳回原告主张归入权的诉求
3	（2008）苏 0114 民初 2325 号	公司主张行使归入权属于侵权赔偿类法律关系，应具备损害事实客观存在的侵权责任构成要件之一，即因从事竞业禁止行为而取得收益。本案原告申请法院调查被告董事出资设立新公司的相关经营收益情况，新公司自成立至股东会决议撤销时，一直未经营，故不存在被告董事利用其从原告公司处获悉的商业机会为自己或向他人进行利益输送进而取得收益	不予支持原告行使归入权的主张
4	（2008）闵民二（商）初字第 964 号	公司应对董事违反竞业禁止义务取得的收入数额负有举证责任，如果不能提供证据证明，应予归入的收入，则承担举证不利的后果	难以支持原告行使归入权的主张

[①] 序号 1-58 为法院不予支持公司归入权的案例；序号 59-89 为法院支持公司归入权的案例。

续 表

序 号	典型案例	审判路径	审判结论
5	（2008）浙民二终字第209号	一审法院认为，由于被上诉人任职的原公司仅有上诉人与被上诉人两个股东，在作为法定代表人的被上诉人违反忠实义务而损害原公司利益的情况下，上诉人作为公司的另一股东，当然有权以自己名义直接提起归入权之诉。由于现有证据不足以证明被上诉人设立新公司的经营利润就是被上诉人的所得收入，因此上诉人主张的归入权诉求应变更为由被上诉人赔偿原公司的利益损失。二审法院认为，原审法院变更当事人诉求系为维护上诉人的合法权益，未损害上诉人的诉讼权利和实体权利，上诉人对此亦无异议，应予以认可。新公司获得的经营收入源于被上诉人违反忠实义务为新公司从事与原公司同类业务的行为，故其据此取得的收益应视为原公司所受之损失。对于新公司经营同类业务所得的利润应以其承接的合同总金额为基数	对上诉人关于一审法院无权直接变更被上诉人的诉求并据此判定上诉人赔偿责任的上诉请求不予支持
6	（2009）崇民二（商）初字第162号	董事、高级管理人员在任职期间及卸任或辞职后的一定时期对公司负有忠实义务。本案被告董事出资设立的新公司虽起初与原告公司的经营业务不同，但在原告公司与某公司终止业务后，被告利用其任职时掌握的公司信息，在新公司增设与该公司类似的业务，被告客观上违反了对原告公司的忠实义务。原告公司据此同时主张归入权和损害赔偿请求权，对此《公司法》对两项诉权能否同时行使未明文规定，鉴于归入权主要是对违反竞业禁止义务的董事、高级管理人员所采取的一项惩罚性措施，而损害赔偿请求权则主要是为了弥补、恢复因董事违反竞业禁止义务给公司造成的损失，可见两项权利的立法宗旨不同，故公司可以同时行使。然归入权的行使应以董事获利为前提。在本案中，新公司与该公司建立业务始于2007年5月25日，而被告已于此前出让了在新公司的全部股份。按常理，被告离开公司将不再获得任何收益，故原告公司主张将被告在新公司与该公司建立业务后的销售利润分成归入公司的主张缺乏事实基础	难以支持原告行使归入权的主张

续 表

序 号	典型案例	审判路径	审判结论
7	（2009）卢民二（商）初字第984号	《证券法》第47条确立的短线交易归入权之立法目的在于降低内幕人员从事内幕交易的动机，从而在一定程度上预防内幕交易的发生。故该项立法所规制的对象应是特定主体，即能够通过其特殊的职务或地位获悉公司内幕信息。本案被告在实施买入及卖出原告股份之反向交易之前，并不具备原告内幕人员身份。同时，被告是通过中级人民法院委托的司法拍卖而竞买取得股票，客观上缺乏利用内幕信息进行证券交易的条件	不予支持原告公司行使归入权的主张
8	（2009）一中民终字第13800号	从《公司法》第184条的规定可看出，为《公司法》所确认的、从事竞业禁止的主体为公司董事和高级管理人员。上述法条中所称的经理是指通过公司的董事会或股东会予以聘任和解聘的经理人员，因此，对于未经公司的董事会或股东会正式选聘的部门经理不应作为归入权行使的义务主体 上诉人公司应对董事篡夺公司商业机会的行为以及所主张的几笔款项属于被上诉人因实施了竞业禁止行为所获收入负有举证责任	上诉人关于被上诉人为竞业禁止主体并实施了《公司法》所规定的竞业禁止行为的上诉理由均不能成立，本院不予支持
9	（2009）一中民终字第7796号	归入权的行使范围应限定在董事任期内，对于离任董事，如公司章程无关于董事辞去职务之后仍需承担竞业禁止义务之约定，则不应作为归入权的义务主体 由于法律、法规对董事辞职需要经过何种程序、履行何种手续无明确的规定，上诉人公司的章程对此亦无规定，原审法院依据《公司法》的相关规定认定，一般情况下，董事在任期内辞职未导致董事会成员低于法定人数时，董事申请辞职即发生辞去董事职务之法律效力并无不当。本案被上诉人于2008年9月26日通过手机短信和电子邮件的形式通知上诉人公司的董事会成员和股东其申请辞去董事职务，该意思表示已经被上诉人公司的董事会成员和股东知晓，应发生相应的辞去董事职务的效力。故被申请人辞去董事职务的时间是2008年9月26日，故归入权的行使范围应是被申请人自担任董事职务之时（2008年8月2日）至辞去职务（2008年9月26日）期间在其设立新公司的所得收入	原审法院对离任董事的认定并无不当，上诉人关于被上诉人至今仍为董事的主张缺乏事实及法律依据，本院不予支持，维持原审法院关于行使归入权的义务主体应排除离任董事的判决

续表

序号	典型案例	审判路径	审判结论
10	（2009）沪二中民三（商）终字第510号	被上诉人系上诉人公司的监事。根据《公司法》的规定，董事、高级管理人员不得兼任监事，故尽管上诉人公司的章程中无有关监事不得兼任公司高级管理人员的规定，被上诉人也曾以副总经理的身份参与过商业活动，但不能以此认定被上诉人为上诉人公司的高级管理人员。同时，根据《公司法》相关规定，未经股东会或者股东大会同意，利用职务便利为自己或者他人谋取属于公司的商业机会，自营或者为他人经营与所任职公司同类业务的主体人员为董事、高级管理人员。故被上诉人尚不具备竞业禁止的主体资格。被上诉人作为上诉人公司监事，对上诉人有忠实、勤勉义务，但法律并未明文规定忠实、勤勉义务中包括竞业禁止的义务，故上诉人公司认为，忠实、勤勉义务中当然包含竞业禁止的意见并无法律依据	上诉人主张行使归入权的上诉理由难以成立，本院不予支持，据此，判决驳回上诉，维持原判
11	（2010）沪一中民四（商）终字第1677号	公司未对董事擅自离职提供充分证据，故其行使归入权的依据不足	不予支持上诉人行使归入权的主张
12	（2011）民再申字第116号	公司归入权的立法目的在于通过对公司董事及高管的收益行使归入权来弥补公司因其违背忠实义务而遭受的利益损失，故如果董事、高级管理人员的行为并未损害公司利益，则公司无权主张归入权	不予支持再审申请人行使归入权的主张
13	（2012）沪一中民四（商）终字第1579号	上诉人公司未能提供有效的证据证明其与被上诉人董事设立的新公司间交易的具体情形，且新公司资产负债表呈现亏损状况，法院难以认定被上诉人因与原公司从事自我交易而取得收益	对上诉人公司行使归入权的主张难以支持
14	（2012）民四终字第15号	判定公司董事是否侵犯原公司的商业机会应从该商业机会是否专属于原公司、原公司为获取该商业机会是否做出了实质性的努力及公司董事及其设立的新公司是否采取了剥夺或者谋取行为等三个层面加以审查，纵观本案事实，该商业机会并不专属于原公司，上诉人董事在获知该商业机会后不但未采取积极行为为公司获取该商业机会创造条件，而且被上诉人董事并未采取隐瞒与欺骗等不正当手段剥夺或谋取了本属于原公司的商业机会	上诉人董事行使归入权的主张不能成立，本院不予支持

续　表

序　号	典型案例	审判路径	审判结论
15	（2012）沪一中民四（商）终字第1579号	被上诉人作为上诉人公司的高级管理人员，对公司负有忠实义务，而其所任股东的新公司之部分经营范围与上诉人公司相同，违反忠实义务。由于上诉人公司未能提供有效的证据证明原公司与新公司交易的具体情况，且新公司2011年前的资产负债表呈亏损状况，难以认定被上诉人因与上诉人公司进行自我交易所取得的收益情况	对上诉人行使归入权的主张难以支持
16	（2012）沪二中民四（商）终字第261号	我国《公司法》对高级管理人员的界定已有明确规定，无论是法律规定，还是上诉人公司的章程约定，均未将分公司负责人纳入公司高级管理人员的范畴。也没有证据证明上诉人公司与被上诉人在分公司任职期间，不得从事与上诉人公司同类业务。故上诉人诉请的竞业禁止归入权缺乏法律构成要件和前提条件	上诉人主张行使归入权的上诉请求缺乏法律依据，本院不予支持，判决驳回上诉，维持原判
17	（2013）徐民二（商）初字第S1882号	鉴于原告公司明确其系行使归入权，即要求将公司高级管理人员从事竞业经营所得的收入归原告公司所有，故原告应证明被告取得的违法收入。在本案中，原告公司既未提供证据证明被告出资设立的新公司与原告公司之间的交易产生的经营收益由被告直接占有，又未提供证据证明被告会享有新公司的财产收益	难以支持原告行使归入权的主张
18	（2013）昆商初字第0086号	公司业务经理不属于行使归入权的义务主体	不予支持原告行使归入权的主张
19	（2013）浙杭商终字第554号	被上诉人原来任职的公司在经营范围上与被上诉人设立新公司并未重合，且工商登记的经营范围仅表明公司可以从事的业务种类，而不能表明公司实际经营了该项业务种类的商业机会并利用该商业机会从事了相关种类业务，故上诉人股东应承担举证不利的法律后果	上诉人股东主张行使归入权的上诉理由依据不足，本院不予支持，判决驳回上诉，维持原判
20	（2013）浙甬商终字第896号	上诉人董事设立的新公司与被上诉人公司存在同类经营项目，根据被上诉人公司股东会决议所修改的公司章程规定，在投资设立控股公司任职期间，不得从事为自己或他人谋取属于公司或投资设立控股公司经营范围内业务。上诉人入股其他公司的行为已违反上诉人公司章程规定义务，应认定为违反公司忠实义务的行为，故被上诉人以上诉人的行为违反《公司法》规定为由，将其相应收入归入被上诉人公司的股东会决议未违反法律的禁止性规定	上诉人称上诉人公司作出归入权的股东会决议法律规定，应认定为证据不足，理由不充分，难以支持上诉人主张撤销决议的诉求

续 表

序 号	典型案例	审判路径	审判结论
21	（2013）宁商终字第158号	本案上诉人公司在设立之初即已认可被上诉人的兼业行为，虽上诉人公司与被上诉人以前设立的公司营业性质相同，但并未在本质上改变两公司原有的管理格局与利益格局，故被上诉人经营其之前设立公司的行为不违背董事竞业禁止义务的根本初衷，不构成董事竞业禁止行为，故其在经营期间所获收益不应归上诉人公司所有 二审法院认为，董事竞业禁止义务是基于董事应当对公司承担的忠实义务产生，从而限制董事未经股东会或股东大会同意的情况下，自营或为他人经营与所任职公司同类的业务。本案被上诉人在担任上诉人公司的董事长之前，即已担任另一公司总经理，并作为该另一公司委派的股东代表至上诉人公司工作，且两公司经营业务相同，上诉人公司股东在对此知晓的前提下，仍选举被上诉人为董事长，表明上诉人公司股东对被上诉人同时担任公司管理者无异议，故上诉人关于被上诉人违反《公司法》规定的竞业禁止义务，并要求上诉人经营另一公司期间的收益行使归入权的上诉请求缺乏事实和法律依据	对上诉人行使归入权的主张不予支持，驳回上诉，维持原判决
22	（2013）浙民申字第1337号	从被申请人设立的新公司与其任职原公司的经营范围比较，二者不存在重合之处；虽然原公司现未被注销登记，但杭州市中级人民法院已终结对原公司的强制清算程序，裁定被申请人股东可向公司其他相关责任人主张有关的权利。根据该民事裁定，再审申请人应针对公司控股股东或实际控制公司的主体主张有关权利，且本案系违反忠实义务为由而提起的诉讼，被申请人设立的新公司并非本案适格被告，故一、二审对再审申请人提出的对新公司财务状况审计的申请不予准许，亦无不当 综上，上诉人公司股东提交的证据并不足以证明被上诉人存在违反公司董事、高级管理人员对公司忠实义务的情形	再审申请人行使归入权的主张缺乏事实及法律依据，裁定驳回再审申请
23	（2013）民提字第129号	因申请人未能提交关于被申请人利用其在任职公司的职务身份侵占其利益，其主张被申请人设立新公司的经营收入应归其所有，不符合承担侵权民事责任的法律规定	申请人行使归入权的主张依据不足，该诉求应予以驳回

续 表

序号	典型案例	审判路径	审判结论
24	（2014）长民二（商）初字第70号	被告董事虽在公司登记材料中仍保留公司高管职务，但其离开原告公司后，实际上不再参与原告公司的经营活动，故而不存在履行职务之事实，亦不属于归入权行使的义务主体	不予支持原告行使归入权的主张
25	（2014）沪二中民四（商）终字第757号	关于上诉人违反竞业禁止义务所得收入，因上诉人及其设立的新公司均拒绝提供新公司的财务账册，造成无法通过财务审核的方式对新公司的经营状况及上诉人所得收入的金额作出合理认定，由此产生的不利后果依法应由上诉人自行承担。基于此，综合考虑上诉人按其持股比例在新公司享有的资产收益、新公司的实际经营状况以及上诉人在新公司的个人收入等各种因素，一审法院判定上诉人的违法所得收入并无不当之处，可予维持	对原审法院酌情确定的归入数额予以维持，判决驳回上诉，维持原判
26	（2014）津高民二终字第0043号	上诉人未能提供证据证明在其诉讼主张的期间内，被上诉人在其设立的新公司存在工资收入。虽然其提供的新公司的财务报表显示2010年度未分配利润，但该收入是否为新公司开展同业竞争业务所得，上诉人亦不能提供证据予以证明，故上诉人对上述主张应承担举证不利的法律后果	原审判决适用法律正确，应予维持，不予支持上诉人主张归入权的诉求
27	（2014）穗中法民二终字第736号	根据《公司法》的相关规定，股东针对公司负责人损害公司利益可提出的诉讼类型分为公司直接诉讼和股东代表诉讼，其中公司归入权是公司所享有的实体权利，且公司归入权的行使亦属于公司的诉权范围。而作为公司股东，仅可依据《公司法》规定的前置程序后才有权为公司利益以自己名义直接向法院提起诉讼。本案上诉人作为公司股东，并无证据证实其已履行股东代表诉讼前置程序，故其不享有相应的诉权	基于原告主体不适格，对原告主张归入权的诉求不予支持
28	（2014）克中民二终字第00026号	离职董事和项目经理均不属于行使归入权的责任主体	上诉人行使归入权的主张于法无据，本院不予支持
29	（2014）沪一中民四（商）终字第S960号	公司应提出证据证明董事和高级管理人员违反忠实义务取得收入，本案上诉人既未提供证据证明董事从事自我交易所得收入由其直接占有，也未提供证据证明董事从新公司的财产权益中取得收益	不予支持上诉人行使归入权的主张

续 表

序　号	典型案例	审判路径	审判结论
30	（2014）乌中民二终字第9号	被上诉人进行自我交易行为时的身份为上诉人公司的普通职员，其与上诉人公司之间的自我交易并非利益冲突当事人之间的交易	上诉人主张行使归入权的上诉请求不能成立，本院不予支持，判决驳回上诉，维持原判
31	（2014）浙商提字第86号	被申请人公司于2012年12月14日公司股东会作出的决议内容，涉及我国《公司法》规定的公司归入权制度。而公司归入权是法律赋予公司的特别救济权，《公司法》第148条规定的竞业禁止归入权就属此。申请再审人主张确认作出归入权的股东会决议无效，法院只对该决议内容是否符合进行形式审查，即审查该决议的召集程序、表决方式是否违反法律、行政法规或者公司章程的规定。只有当公司提起归入权之诉时，法院方才对决议内容进行实质性审查	被申请人公司关于归入权的股东会决议有效，再审申请人的再审理由不能成立，维持二审判决
32	（2015）一中民五初字第0044号	公司法关于股东代表诉讼前置程序的规定，主要考虑到公司纠纷中，司法应持有限介入原则，即是对公司自治机制的补充和救济，所以审判权在介入公司纠纷之前，应首先穷尽内部救济。故原告应向第三人公司的董事会提出上述主张，在董事会拒绝提起诉讼或自收到请求之日起30日内未提起诉讼的，股东才能以自己名义提起派生诉讼。原告主张直接起诉的第二个理由即存在情况紧急情形，一是其未提供证据证实存在该情形，二是原告明确诉请的是收入归入权，即对已发生事实的权利主张，亦不属于情况紧急	基于原告主体不适格，对原告行使归入权的主张不予支持
33	（2015）朝民（商）初字第63850号	原告公司未提交证据证明被告在其出资设立新公司的收入，故其行使归入权的诉求缺乏事实依据	不予支持原告行使归入权的主张
34	（2015）江民二初字第1181号	公司行使归入权，则需证明董事因从事竞业经营所取得的收入。本案董事出资设立的新公司除了经营与原公司相同的业务外，还从事其他业务，公司未能提供证据证明新公司的营业收入全部为其与原公司经营相同业务的收入	不予支持原告行使归入权的主张

续　表

序号	典型案例	审判路径	审判结论
35	（2015）宁商终字第252号	在上诉人公司主张被上诉人违反竞业禁止义务要求将其进行自我交易所获收入归公司所有的问题上，上诉人公司应就其与被上诉人所设立新公司的交易行为而获得溢出利益，并且该交易行为给上诉人公司造成损害或损失提供举证责任。本案上诉人未承担上述举证责任 在上诉人公司主张被上诉人违反竞业禁止义务要求将其经营同类业务所获收入归公司所有的问题上，上诉人公司应就被上诉人在任职期间经营与原公司相同业务范围的新公司，并未将此情况告知原公司股东承担初步举证责任。被上诉人对不能提供新公司的财务报告等资料承担不利后果。本案被上诉人明确表示不能提供上述资料，据此推定为上诉人主张归入其经营同类业务的所得收入进行归入的诉请成立	对上诉人公司主张被上诉人违反竞业禁止义务进行自我交易所获得的收入归公司所有的诉请缺乏事实依据，本院不予支持对上诉人公司要求将被上诉人经营同类业务所获得收入归公司所有的诉请予以支持
36	（2015）宁商终字第784号	被上诉人提交的证据可以证明上诉人实际控制上诉人公司期间以上诉人公司名义向外支付的款项金额已高于库存现金，故上诉人公司的库存现金已全部对外支出	上诉人行使归入权的主张无事实和法律依据，本院不予支持，判决驳回上诉，维持原审判决
37	（2015）沪一中民四（商）终字第1764号	《公司法》中的高级管理人员是指公司管理层中担任重要职务、负责公司经营管理、掌握公司重要信息的人员，上诉人公司提供的劳动合同显示被上诉人的工作岗位是副总经理，虽然被上诉人辩称其实际是销售经理，劳动合同系上诉人公司要求所补签，但被上诉人认可副总经理工作岗位，该岗位应参与公司经营管理，掌握公司重要信息，故应属于公司高级管理人员 被上诉人在担任上诉人公司高级管理人员期间与他人设立新公司，所经营范围与上诉人公司部分重合，故被上诉人的行为违反了对公司负有的忠实义务，但上诉人公司并未就其主张的归入权进行任何举证	上诉人公司主张行使归入权的主张缺乏事实依据，本院难以支持

续 表

序 号	典型案例	审判路径	审判结论
38	（2015）沪二中民四（商）终字第793号	上诉人公司提供的证据尚不足以证实被告直接参与被上诉人设立新公司的经营管理或者虽不直接参与但对其经营决策具有影响力，或者利用上诉人公司任职的便利为设立的新公司谋取了本属于上诉人公司的商业机会。上诉人向一审法院提出调查取证申请，请求法院向新公司调取财务账册，并向税务部门调取纳税记录及报税材料，以此证明被上诉人在公司任职期间自其所设立新公司所获得的收入，一审法院认为，该项待证事实属于本上诉人公司的举证范围，不予准许。二审法院认为，虽公司对其主张的利益归入缺乏明确的证据印证，但不意味着被上诉人可免除赔偿责任。被上诉人对于上诉人公司提供的新公司的销售记录未提供其自行统计的销售记录、销售成本、盈利数据等加以反证，应承担不利后果	二审参考同类产品的一般盈利情况及被上诉人在其所设立公司的持股比例，酌情判令被上诉人赔偿公司
39	（2016）京0107民初1384号	公司股东提起公司归入权之诉，必须履行《公司法》第152条规定的前置程序。在本案中，原告股东既未提供证据证明其已履行了前置程序，亦未举证证明存在情况紧急的情形，如其不立即起诉，将使公司利益遭受难以弥补的损失	原告主体不适格，不予支持原告行使归入权的主张
40	（2016）川0181民初2617号	归入权的行使范围不应超过公司负责人违反忠实义务取得的收益，故不应包括其配偶、未成年人子女及与其有利害关系者因此获得的收入	不予支持原告行使归入权的主张
41	（2016）沪0117民初20217号	公司应对董事出资设立的新公司侵占其人力资源及商业机会、董事实际控制新公司、董事据此获得收益的数额提供举证责任，否则将承担不利后果	不予支持原告行使归入权的主张
42	（2016）津民终274号	上诉人主张行使归入权尚不属于不立即受理，将会使公司利益受到难以弥补的损失，故上诉人应对其已采取前置程序向法院提供证据	基于原告主体不适格，对原告行使归入权的主张不予支持
43	（2016）沪01民终3610号	被上诉人的法定代表人利用高级管理人员身份侵害公司利益的诉称缺乏事实基础	对上诉人行使归入权的主张难以支持
44	（2016）粤06民终8450号	被上诉人只是公司部门经理，不属于行使归入权的义务主体范畴	上诉人公司行使归入权的主张不予支持

续　表

序　号	典型案例	审判路径	审判结论
45	（2016）沪民申436号	被申请人在担任公司高级管理人员期间，违反竞业禁止的规定，经营与公司同类的业务，侵害了公司利益。再审申请人主张被申请人应将违反竞业禁止所得的收入归公司所有，应当提供相应赔偿数额的依据。申请人公司请求法院调取案外人的财务资料，但未能提供任何初步证据，其申请不符合法律规定，不予准许	由于再审申请人未能就赔偿数额和归入权的行使范围举证，二审对再审申请人行使归入权的主张不予支持符合法律规定，驳回再审申请
46	（2016）苏民申1599号	再审申请人股东以公司账册中已有的现金数额作为主张归入权的依据存在不合理之处，公司的《现金来源表》仅能反映公司的现金来源情况，不能全面反映公司的资产负债情况，也无法确定公司支出现金的事实	对再审申请人行使归入权的主张不予支持，驳回再审申请
47	（2017）沪0115民初15566号	被告只是负责某一具体工作事务的执行，对公司事务不享有管理职权或决定权，且其负责的有关工作还需向公司总部汇报。故被告不属于行使归入权的义务主体	难以支持原告行使归入权的主张
48	（2017）沪0114民初8878号	公司行使归入权是为了弥补董事违反忠实义务而给公司带来的经营损失，而董事挪用公司资金而给公司造成的损失与董事出资设立新公司的实际经营情况无关联性，在本案中，由于原告公司股东签订解散公司协议后，原告已停止经营，因此原告公司主张以新公司的经营利润作为损失的依据缺乏事实和法律依据	不予支持原告行使归入权的主张
49	（2017）沪0114民初7586号	公司行使归入权需证明董事自营的新公司与原任职公司属于同类业务，且该行为需发生在董事任职期限内。同类业务指与原任职公司经营范围即经营活动相一致，并能够形成竞争关系的义务。在本案中，被告董事出资设立的新公司与其原任职公司之经营范围存在重合，但原告公司提供的证据无法证明新公司与原告公司经营同类业务，故无法认定被告董事在任职期间另行自营同类业务	不予支持原告行使归入权的主张
50	（2017）浙0411民初1856号	尽管原工商登记显示原告公司与被告董事出资设立新公司的经营范围在大类上存在重合，但原告不能举证证明二者的主要产品是否一致以及是否形成竞争关系，故难以认定被告存在违反竞业禁止义务的行为 由于新公司未曾盈利，被告无法从新公司处分配利润，因此无法认定取得的收入	不予支持原告行使归入权的主张

续 表

序 号	典型案例	审判路径	审判结论
51	（2017）沪0112民初3084	公司在行使归入权时，应对董事从其出资设立新公司处取得收入承担举证责任，如不能提供证据，则承担败诉风险。因新公司成立至今开具的全部发票扣除税金后的数额属于新公司的资产，并非被告董事实施竞业禁止行为所得的收入，故不应属于归入权的行使范围	不予支持原告行使归入权的主张
52	（2017）渝0112民初8329号	《公司法》关于竞业禁止规定的"同类营业"应是完全相同或同种类、类似的商品或服务，且应局限于公司实际经营的业务，故即使在公司的经营范围之内，但如果董事出资设立的新公司尚未开展该营业，则不应认定为其实施了同类营业。在本案中，原告对被告出资设立新公司是否实际开展了与原告公司经营范围重合的营业承担举证责任，故应承担败诉的不利后果	不予支持原告行使归入权的主张
53	（2017）沪01民终13408号	公司应对行使归入权的具体数额承担举证责任，本案上诉人股东无法举证证明被告董事存在违法收入及相应数额。上诉人股东举证证明的被上诉人设立新公司的经营收入不能等同于被上诉人董事的个人收入	本院无法支持上诉人行使归入权的主张
54	（2017）沪01民终13083号	归入权的义务主体是法定的，对于被上诉人作为区域经理是否等同于公司副经理或该职务实际行使公司高级管理人员的职权，上诉人公司并无切实证据加以证实	对上诉人行使归入权的主张不予支持
55	（2017）沪01民终12579号	被上诉人只是公司派出机构的负责人，其既不具有公司高级管理人员的职位，也未行使过公司高级管理人员的职权，不应属于行使归入权的义务主体范畴	上诉人公司主行使归入权的主张难以支持
56	（2017）沪01民终5757号	被上诉人不具有公司董事或高级管理人员身份，并不负有竞业禁止的义务，故非行使归入权的义务主体	不予支持上诉人行使归入权的主张
57	（2017）最高法民申4063号	《关于进一步加强期货市场监管工作的请示》的文件中明确规定，期货经纪公司一律不得从事期货自营业务，故被申请人董事从事期货自营业务并不构成与原任职公司同类营业的情形	再审申请人行使归入权的主张不予支持
58	（2018）沪02民终8505号	公司应对行使归入权的范围负有举证责任，其提供的证据无法证明公司董事实施了损害公司利益的行为，故公司对新公司开展同类业务经营所获得的收益未提供初步有效的证据	难以支持上诉人行使归入权的主张

续　表

序　号	典型案例	审判路径	审判结论
59	（1999）浦经初字第4879号	竞业禁止义务分为广义的竞业禁止与狭义的竞业禁止。二者最大的区别在于竞业禁止的客体与被竞业禁止的主体是否特定以及该特定主体是否与该特定营业具有特定的法律关系，可见公司法上的竞业禁止属于狭义意义上的竞业禁止，其主要涉及三个问题：第一，竞业禁止的适用主体应为享有经营管理权和对外代表权的公司负责人。第二，竞业禁止的客体包括公司负责人以自己名义或以他人名义经营与公司同类业务的活动和与公司进行自我交易两项内容。第三，违反竞业禁止义务的法律后果包含不作为请求权、损害赔偿权或归入权。公司归入权是对公司负责人损害公司利益行为的法律救济，其核心的立法意图即在于保护公司的权益。公司归入权的行使范围应包括公司负责人违反忠实义务取得的金钱、其他物品、工资薪金、股票分红等其他权利	法院根据被告董事在其出资设立新公司的投资比例确定其取得的收入数额。支持原告行使归入权的主张
60	（2001）海经初字第1137号	董事竞业禁止行为的赔偿责任分为两种形式，一是被告从事竞业行为的所得收益应归还公司所有，二是被告应对违反竞业禁止义务而给公司带来的损失承担赔偿责任，公司可自由选择要求被告董事承担的责任形式。如果公司行使归入权尚不能弥补其因此所遭受的损失，公司还可以要求董事承担损害赔偿责任。鉴于被告董事在举证责任期间未能提供证据证明其在新公司取得的收入数额，其在原告公司的工资收入可被推定为归入权的行使范围	本院予以酌定被告的归入数额
61	（2005）沪高民二（商）终字第28号	宜参照《公司法》有关公司行使归入权的原则精神，以被上诉人在董事任职期间因违反竞业禁止义务而获得的收入作为考量其承担赔偿责任的基础较妥，即以被上诉人设立新公司特定时期内生产经营利润及被上诉人的出资情况为考量基础。由于上诉人并未提供充分的证据证明被上诉人在新公司的收入，本院根据业已查明的被上诉人特定年度未分配利润为基数，参考被上诉人在新公司的投资比例，酌情确定被上诉人获得的利润数额	判决撤销原审判决，将上诉人当年可从新公司分得的利润作为其违反竞业禁止义务而导致上诉人遭受的损失金额

续 表

序 号	典型案例	审判路径	审判结论
62	（2006）沈中民四权初字第1号	当公司处于解散、清算或长期歇业的状态时，应认定公司不再享有归入权。这是因为公司负责人从事的营业与公司已不存在竞争关系，故以攫取私利为首要目的而损害公司利益的危险将不复存在，如仍要求竞业禁止，将会剥夺个体谋求生存和追求经济利益的正当性 在违反竞业禁止义务的法律效果上，公司对董事的违法所得可行使归入权。公司在行使诉权时应包含两个阶段：第一，请求确定归入权义务主体取得收益的确认之诉，二是请求归入权义务主体给付收益之诉	对原告行使归入权的主张予以支持
63	（2011）沪一中民四（商）终字第889号	公司归入之诉是公司法赋予公司的一种特殊救济。本案被上诉人在担任上诉人公司总经理期间，未经上诉人公司股东会的同意，设立经营与上诉人公司同类业务的新公司，违反了其对上诉人公司应尽的忠实义务，应依法将其所得收入归上诉人公司。依据新公司2010年3月的资产负债表记载，其所有者权益小于注册资本，故被上诉人的股权并未有增值的事实存在，即被上诉人没有因违反竞业限制义务而获得薪酬之外的收入	一审法院作出的以被上诉人从新公司领取的工资作为其所得收入之判决并无不当，本院依法予以支持
64	（2013）青民二（商）初字第307号	董事、高级管理人员的竞业禁止义务属于强制性、不作为的民事义务，只有法律明文规定，董事、高级管理人员才负有此项义务，因《公司法》尚无明确规定，则不应对其作扩大解释。本案被告董事出资设立新公司的部分经营义务与其所任职的原告公司存在重合，之后被告董事向原告公司辞职，应认定被告董事在其任职期限内违反了竞业禁止的义务	原告公司有权对高管的竞业收入行使归入权
65	（2013）闵民二（商）初字第1645号	公司归入权既是对公司利益的恢复，也是对董事及高管违反忠实义务的处罚。因《公司法》未就竞业禁止诉讼的举证责任分配规则进行特殊规制，故仍应按照"谁主张，谁举证"的一般举证分配规则加以认定。本案原告公司主张的被告出资设立新公司之营业收入属于新公司所有，被告虽持有相当比例的股权，但新公司具有独立人格，该营业收入不属于被告董事，故董事出资设立新公司之营业收入不属于归入权行使之范围	支持原告行使归入权的主张

续　表

序　号	典型案例	审判路径	审判结论
66	（2013）青民二（商）初字第1173号	《公司法》规定的"同类业务"采取的是较宽松之标准，即竞业禁止的范围既涵盖与所任职原公司完全相同的经营业务，也可为与原公司同种或类似的业务，在本案中，被告公司董事出资设立新公司的经营范围与原告公司的决议范围属同一类别，应认定与原告公司为同类营业，故被告违反了竞业禁止的法律规定，原告公司有权行使归入权	法院综合股东未参与公司经营期间获得分红的情况、被告董事在新公司的持股比例等，酌定被告公司自任职期限内从新公司处取得的股东分红款归原告公司
67	（2013）杨民二（商）初字第665号	关于被告董事违反竞业禁止义务所得收入，由于被告董事及其出资设立的新公司均不能提供财务账册，造成法院无法合理认定新公司的经营状况及被告董事的所得收入金额，由此产生的不利后果由被告董事自行承担。因此综合考虑被告董事按其持股比例在新公司享有的财产权益、新公司的实际经营状况及被告的个人收入等因素，依法酌情确定归入的数额	支持原告行使归入权的主张
68	（2013）一中民初字第13957号	原告对归入权的行使范围未举证证明，北京高院调取的证据显示了原告主张的诉求期间被告在其设立新公司申报的工资额。鉴于被告任职的原公司开业以来直至2008年均处于亏损状态且2009年未年检的事实状态，两公司规模不一样，重合的经营范围仅为一种，应酌定归入的数额	原告行使归入权的主张于法有据，本院对此予以支持，针对归入的收入中不合理的部分不予支持
69	（2013）深中法商终字第2243号	公司归入权亦是为弥补因董事、监事、高级管理人员违反法律、行政法规或公司章程规定给公司造成的损失，属于公司董事、高级管理人员就损害公司利益行为承担赔偿责任方式的一种。公司董事、高级管理人员存在违反对公司的忠实义务的情形时，有限责任公司股东完成《公司法》规定的诉前程序的情况下，有权提起股东代表诉讼，代表公司行使归入权。因此，上诉人股东有权代表公司诉请被上诉人经营新公司的收入归原公司所有	一审裁定驳回上诉人的起诉欠妥，本院予以纠正，支持上诉人行使归入权的主张
70	（2013）沪二中民四（商）终字第1414号	对于上诉人在其设立新公司所得收入的确定，因上诉人对于新公司自诉求期间的销售额无异议，故其对该公司成本支出的认定应承担举证义务，据此确定上述期间新公司的利润及上诉人的所得收入，但其未能提供相关的证据予以证明。因此，原审法院依据新公司另一股东未参与公司经营期间每年分红情况、上诉人的持股比例及新公司的陈述，酌定上诉人在上述期间从新公司处获得股东分红的金额并无不当	上诉人否认被上诉人主张行使归入权的上诉理由无事实和法律依据，本院依法不予支持，判决驳回上诉，维持原判

续 表

序 号	典型案例	审判路径	审判结论
71	（2014）静民二（商）初字第1085号	董事在参与设立的新公司经营期间，其虽未获取报酬或以股东身份获得分红，但新公司的未分配利润属于股东可分配的权益，该部分权益属于归入权行使的范围。由于原公司自2013年5月28日停止了公司新业务的拓展，且资金账户只进不出，故此期间后董事获得的收益应排除在归入权的行使范围之外。在计算董事的收入时，假设新公司进行了利润分配，并扣除在此过程中产生的应交税款	支持原告行使归入权的主张
72	（2015）开民二初字第05363号	公司申请法院调取董事出资设立的新公司之财务账册、记账凭证，董事如不能提供该资料，则应对其所得收入的数额承担举证不能的法律后果	支持原告行使归入权的主张
73	（2015）沪一中民四（商）终字第2317号	上诉人的行为应认定为利用职务便利为自己谋取属于公司的商业机会，自营与所任职公司同类的业务。上诉人未能证明其行为得到了被上诉人公司其他股东的许可，其行为违反了法律规定，损害了公司利益 被上诉人公司举证了上诉人所设立的新公司于2013年对外签订合同的客户名称及合同金额，其中一客户与被上诉人公司发生过业务往来，而另两家客户与此客户的法定代表人相同，且股东存重合，故三家公司存在关联，其与上诉人设立的新公司所签订的合同属于上诉人公司的商业机会，故应从上诉人设立新公司三份有关的合同总金额为基数计算上诉人的违法收入较为合理，鉴于上诉人数次提到行业利润率低于10%，故酌定按10%计算三份合同中获得的利润	支持当事人行使归入权的主张
74	（2015）渝高法民终字第00166号	公司行使归入权带有一定的惩罚性质，如果仅将挪用资金的利息返还给公司，则与普通的借款无区别，达不到惩罚目的。基于上诉人分两次将挪用购买房屋的款项予以归还，应分别以这两个时间点房屋的价值分段计算挪用资金的收益	支持被上诉人行使归入权的主张

续　表

序　号	典型案例	审判路径	审判结论
75	（2015）鲁商终字第 532 号	归入权是公司特别的法定救济权利，原因在于公司负责人所从事的竞业行为会给公司带来潜在的不利影响，公司却因此遭受的实际损失很难提出证据加以证明，而公司归入权的立法目的就在于吓阻和预防公司负责人从事此类违反法定义务的行为。故本案被上诉人在担任新公司执行董事期间，自 2013 年 8 月 31 日至 2015 年 5 月 31 日的工资薪金所得应属于上诉人所有	支持归入权的行使范围为董事在担任其设立新公司期间的工资薪金，维持原审判决
76	（2015）苏商终字第 00680 号	公司董事设立新公司的经营所得是从事同业竞争关系的相关业务所获得的收益，属于归入权的行使范围	支持上诉人行使归入权的主张
77	（2016）京 03 民终 10666 号	一是关于上诉人是否属于公司的高级管理人员，应从两方面认定：第一，虽然公司的工商登记信息显示被告为监事，但经庭审询问，上诉人称其在公司未实际履行监事职责，具体负责业务板块。故不能仅以工商登记的信息即认定其是否为高级管理人员。第二，关于上诉人的具体岗位职责，根据公司执行董事与上诉人签订的《合作协议书》对此进行了约定，上诉人负责业务执行、培训员工等重要事项，实际上符合高级管理人员的职责。综上，从上诉人的具体职务看，其属于公司的高级管理人员 二是关于上诉人是否违反法律规定的忠实义务。据已查明的事实，上诉人同时为公司的股东和法定代表人。在原告公司与另一公司签订《产品经销合同》后，双方并未实际履行该合同，相反，上诉人以公司的名义向另一公司提供服务并收取货款，所进货时间、种类、产地、单价、数量及总价均与《产品经销合同》一致，致使原告公司失去该次商业机会，上诉人作为负责具体业务的高级管理人员，其行为违反了《公司法》规定的忠实义务。上诉人应向原告公司返还归还利润，因上诉人未能举证证明扣除代理费的相关证据，故一审认定正确	对原告行使归入权的主张予以支持
78	（2016）浙 02 民终 3822 号	上诉人公司董事在任职期间未征得公司股东会或董事会同意，入股其他公司并发生自我交易行为，属于违反董事忠实义务的行为。归入权的行使范围包括上诉人公司董事因持有、出售、转让与原公司同业经营的其他公司股票而获取的现金红利、收益及其相应的利息	支持上诉人主张归入权的诉求

续 表

序 号	典型案例	审判路径	审判结论
79	（2016）沪民申865号	再审申请人作为被申请人公司的高级管理人员，对公司负有忠实与勤勉义务，为公司争取最大利益，不得为自身利益与公司争夺商业机会。被申请人公司提供的证据可证明再审申请人在担任被申请人公司总经理期间，另行投资设立主要经营范围与被申请人公司相同的新公司并开展了同类业务；再审申请人提供的材料及其在二审庭审中的陈述亦表明其以新公司名义开展业务时曾使用被申请人的办公地址、电话等。再审申请人未能举证证明其上述行为得到被申请人公司股东会同意，依法应当承担相应责任。再审申请人提出的证据不足以证明被申请人不能提供协商或以其他方式的努力而留住该商业机会或被申请人已放弃该商业机会 关于归人权行使范围，曾与被申请人公司发生业务往来的三家公司总经理虽不同，但三者的法定代表人相同，股东与高管均存在重合，通过其中一家公司的合作而发展为全面合作的商业机会很大，故二审将该三家关联公司的业务均认定为被申请人公司的商业机会并无不妥	二审举证责任分配亦无不当，关于归人权的行使范围认定亦并无不妥，驳回再审申请，二审支持上诉人行使归人权的主张
80	（2016）沪02民再26号	董事、高级管理人员对公司负有的竞业禁止义务来源于法律的强制性规定，公司不得放弃对公司负责人履行竞业禁止义务的要求，公司负责人内部不得私下签定协议免除竞业禁止义务，否则该协议应当无效	原审法院仅以存在口头协议为由否认归人权的行使的判决有误，支持再审申请人行使归人权的主张
81	（2016）苏民再296号	在计算公司董事设立新公司从事与原公司自我交易所获得的收入时，可根据公司董事在新公司所占的股份比例来确定。原审法院均以被申请人董事获得的实际收入数额作为归人权的行使范围难以认定	支持再审申请人行使归人权的主张
82	（2016）最高法民申299号	公司高级管理人员将公司资金存储在自己账户上，公司对该存款可行使归人权	支持再审申请人行使归人权的主张
83	（2017）浙0382民初11744号	被告作为原告公司的股东兼监事，未经股东会同意，将公司资金存入个人账户，其行为有损公司利益，原告公司有权行使归人权，要求被告将该资金归入公司	支持原告行使归人权的主张，对被告对原告公司资金占用期间的利息，综合考量原告公司财务制度不规范的情形，酌情按同期银行提供短期贷款的基准利率计算

续 表

序 号	典型案例	审判路径	审判结论
84	（2017）京 0108 民初 30588 号	即使董事离职后，仍可作为行使归入权的义务主体	判决将被告董事从原告公司离职后两年从新公司取得的工资收入归入原告公司
85	（2017）赣 07 民终 1032 号	基于公司具有独立的法人人格，公司董事出资设立新公司从事与公司同类业务取得的利润应属于该新公司所有，不能与公司董事的所得收入混同，但公司董事作为新公司股东，享有分配收益的权利，如果该收益是在被告董事竞业禁止期间所得，则原公司有权行使归入权	支持上诉人行使归入权的主张
86	（2017）京 02 民终 6458 号	在计算被上诉人公司董事获取的营业所得利润时，应扣除支付工人工资、购买劳动工具等公司正常经营的支出	支持上诉人行使归入权的主张
87	（2017）浙民申 3373 号	再审申请人无偿或支付部分款取得经营与其原任职公司同类业务公司股份的行为与其担任原公司高级管理人员的职务相关联，再审申请人取得该类供应商股份的行为，必然会影响作为购买商的原公司之利益，据此再审申请人作为高管违反了对公司的忠实义务	支持被申请人公司行使归入权的主张，驳回再审申请
88	（2018）京 01 民终 8475 号	公司归入权的义务主体不以董事是否在职为前提，在计算董事违反忠实义务所获的收益时，可依据公司董事提交的工资表、工资发放银行流水及社保缴纳信息等证据加以确定	支持上诉人行使归入权的主张
89	（2018）京 01 民终 8010 号	按照《公司法》相关规定，公司归入权的行使以公司负责人利用职务便利为先决条件，董事出资设立的新公司从事同业经营获得的收益不仅限于新公司经营的净利润，不应扣除新公司的管理费，管理费是新公司自行控制的，无法认定其合理性	支持上诉人关于归入权的主张

附录 B：我国关于构建公司归入权行使制度之司法解释建议及说明理由

一、在未来《民法典》司法解释中明确返还财产的构成要件和法律效果

建议将《民法典》第 179 条"返还财产"解释为"返还财产不仅限于物上请求的范围，还应包括其他基于侵犯民事主体权利而取得利益的行为，侵权人应向受害人返还收益。"

（一）条文宗旨

本条是关于获利返还请求权的规定。

（二）条文说明

鉴于不当得利返还请求权采用的是后果视角，其构成原理为矫正不正当的财产损益变动，故预防与威慑功能不在其预设功能之内。为平衡权益保护与行动自由，侵权责任法采取行为的视角，其首要的制度功能在于预防和威慑，这与归入权旨在吓阻并遏制违背信义关系及利用他人机密信息获利行为之立法目标相暗合。有鉴于此，作为归入权的制度内涵，获利返还请求权理应由侵权责任法加以规范。建议明确获利返还请求权的构成要件与法律效果，以此与《民法典》第 122 条关于不当得利返还请求权的规定相区分，由此明晰获利返还与不当得利之间的界限。同时，将获利返还请求权的法律效果"返还收益"置于"返还财产"的射程之内，旨在说明二者属于并列关系，返还财产特指"物"的返还，是一种差额性的补偿，目的仅在于回复物权的圆满状态；而返还收益指代"所得"与"利益"，并不限于差额补偿，其根本目的在于防御和遏制不法行为（主要针对背信行为）。基于此，有必要在未来《民法典》司法解释中明确将"返还收益"作为获利返还请求权的法律后果,该项规定实质上解释了公司归入权行使的制度本源。

二、在未来《公司法》的司法解释中明确第 181 条的行为标准

建议将《公司法》第 180 条"董事、监事、高级管理人员对公司负有忠实义务"解释为:"董事、监事、高级管理人员不得通过滥用职务行为或滥用信息行为谋取私利。"

(一)条文宗旨

本条是关于忠实义务具体含义的法理阐释。

(二)条文说明

忠实义务应包含两个层次:一是禁止滥用职务便利从事利用公司资产、公司机会等与公司利益相冲突的行为;二是禁止滥用公司内部信息从事牟取私利的行为。诸多案例证明,忠实义务的第二层含义更具有广泛的影响力。与此,作为公司的内设监督机关,监事在通常情况下无权代表公司行使权利,代表公司的权利应由负责公司业务执行的机构和人员来行使,这也是传统理论将监事排除在公司归入权义务主体之外的重要原因。然而,即便监事不直接参与公司业务的具体执行,但仍享有特殊的公司资源,据此监事利用获悉公司内部信息从事违反忠实义务的行为之或然性势必加大。基于此,有必要在立法中将其囊括在公司归入权义务主体范围之内。

三、在未来《公司法》的司法解释中对第 181 条中"擅 披露公司秘密"的适 情形加以解释

建议将《公司法》第 181 条的"擅自披露公司秘密"解释为:"违反公司章程规定,未经股东会、股东大会或者董事会同意,擅自披露公司内部信息或者利用公司内部信息谋取私利。"

(一)条文宗旨

本条是关于归入权适用情形的规定。

(二)条文说明

原条文使用的"公司秘密"所指代的仅是机密程度为最高级别的公司内部

信息，这并不足以涵盖归入权的适用情形，同物权的性质一样，公司对其内部的信息也享有完全的排他权利，未经法定程序，任何人不得侵犯公司独自使用内部信息的权利。而董事、高级管理人员基于职权便利，更易获取公司内部信息，其利用公司内部信息谋取私利的动机更易于实现。基于此，有必要将"公司秘密"概念扩展至"公司内部信息"范畴内，将"禁止董事、高级管理人员利用公司内部信息谋取私利"纳入归入权的适用情形，如此，方能完整体现忠实义务的具体内涵。

四、在未来《公司法》的司法解释中确立离任董事适用归入权的考量因素

建议条文："人民法院在判断离任的董事、高级管理人员或部门负责人及公司分支机构负责人是否适用第一百八十六条规定时，应当考虑董事之职位与被指控违反忠实义务行为的因果关系及辞职后生效前被指控违反忠实义务之时点等因素。"

（一）条文宗旨

本条规定了判断公司归入权义务主体的考量因素。

（二）条文说明

尽管立法上明确将公司归入权的义务主体限定为公司董事和高管，其立法本意倾向于认为该类主体基于公司的信任，担负着受托管理者的角色，故而具有广泛的经营管理权，能够便利地运用手中的权力实施违反忠实义务的行为，在现实中，监事利用公司职权私自动用公司资产的行为明显构成违反忠实义务的行为标准，同样，公司的部门负责人及公司分支机构的负责人本身也是基于公司信任而取得公司在特定领域的经营管理权，理应对公司负有忠实义务，这并不属于对《公司法》第181条的扩大解释。由于忠实义务的本质在于利用职务便利谋取私利，故上述主体承担忠实义务的界限也在于是否构成对公司职位的滥用，在未来的公司立法中有必要将董事是否滥用公司职位确立为裁判标准，以此指导司法实践。

五、在未来《公司法》的司法解释中明确公司归入权行使程序

建议条文为："当高级管理人员违反忠实义务时，董事会有权代表公司作出

对其行使归入权的决议;当董事违反忠实义务时,监事会有权代表公司作出对其行使归入权的决议;当监事违反忠实义务或公司依法未设置董事会或监事会时,股东会有权代表公司作出对其行使归入权的决议。当董事会、监事会或股东会于知道或应当知道上述义务主体有违反本法第一百八十九条规定之行为之日起一年内作出行使归入权的决议。如果上述决议机关在规定期限内怠于作出行使归入权的决议时,有限公司的股东和股份有限公司连续一百八十日以上单独或合计持有公司百分之一以上股份的股东即可提起归入权之诉。公司归入权之诉自上述股东知道或应当知道决议机关怠于作出行使归入权的决议之日起,两年内不行使而消灭。"

(一)条文宗旨

本条规定了公司归入权的行使程序。

(二)条文说明

为有效达到预期的法目标,公司归入权的行使必须严格按照法定程序进行。我国《公司法》第189条第1款明确了董事(含高管)给公司造成实际损失为股东提起代位诉讼的条件,然公司归入权的行使并不以损失为适用前提,当股东代位行使公司归入权时,司法机关往往以董事的行为未给公司带来损失为由而不予受理此类案件,这极大地阻碍了公司归入权制度的有效行使。由于现行立法尚未设置公司归入权的行使程序,使得司法实践中对股东是否能够依据《公司法》第189条有权提起派生诉讼存有质疑。公司归入权以信义义务的违反为行使要件,在现实中,监事从事利用公司资产或重大信息牟取私利的行为存在较大概率,如此,将监事会抑或董事会作为公司归入权的行使主体均存在不合理之处,因为其他成员往往会受从众的动机和激励影响而发生怠于行使归入权的倾向[①],如此将不利于公司归入权立法目的之实现。因此,将《公司法》第151条所规定的前置程序作为提起公司归入权之股东派生诉讼的诉前程序无疑将阻碍公司归入权的行使。因此,就股东提起归入权之派生诉讼而言,最终应取决于公司归入权的行使程序在未来公司立法中的确立。

[①] "从众(conformity)的动机和激励"是朱羿锟教授在剖析董事会结构性偏见时所提出的观点。该术语含摄于董事群体思维概念之下,指代基于人际吸引的社会情感凝聚力将导致董事会决议失误。客观来讲,董事会成员基于结构性偏见的心理作用往往会对同侪怠于行使归入权。

六、在未来《公司法》的司法解释中确立归入利益的举证责任

建议条文:"原告对其主张的归入利益数额进行举证,原告进行初步举证后申请法院调取竞业公司的财务账册、凭证等资料,被告董事承担拒不提供的不利后果。"

(一)条文宗旨

本条规定归入利益的举证责任。

(二)条文说明

归入利益的举证责任是公司归入权行使制度的核心问题。根据我国《民事诉讼法》的相关规定,我国采取的是主观与客观相结合的证明责任分配标准。主观的证明责任体现为原告对其主张的归入利益数额进行初步举证,而客观的证明责任则体现为原告进行初步举证后申请法院调取竞业公司的财务账册、凭证等资料,被告承担拒不提供的不利后果。

七、在未来《证券法》司法解释中第44条"卖出"或"买入"时的身份加以解释

建议条文:证券法第44条中的"卖出"或"买入"时的身份,即只要在"卖出"或"买入"时的任何一端具备董事、监事、高级管理人员及持股5%以上股东的身份,即该行为被认定为短线交易。

(一)条文宗旨

本条并明确了规范对象的身份应具备的时间。

(二)条文说明

鉴于短线交易行为是一个持续的动态过程,而且公司高级管理人员或大股东的身份会随时有所变更,因此为了达到遏制内幕交易的目的,应在立法中明确只要在"买入"或"卖出"任何一端具备董事、监事、高级管理人员及持股5%以上股东的身份,即应视为公司归入权的规范对象。

后 记

本书是在博士论文的基础上修改而成。公司归入权作为雷兴虎老师的代表作之一，由我对该项制度的传承与革新开展深入研究，我坚信自己站在巨人的肩膀上会看得更远。自 2009 年第一次南下江城武汉参加博士入学考试至 2019 年取得博士学位，恰好十年磨一剑！江城素有"大江大河"之美称，时常细雨霏霏，四处云烟氤氲，以前我总是期待晴空万里的艳阳天，如今却尤为喜爱下雨时节，此时不禁感觉自己仿佛又回到了江城。如果说读博是人生的一种模拟，我庆幸自己能够拥有这段美丽丰富的人生。在压力与收获互为交织的常态生活中，我逐渐学会了以安静通达的胸襟与健康自律的习惯来消解内心的彷徨与焦虑。在花香四溢、鸟语蝉鸣的校园里，我遇到了诸多追求真理、富有学识的海内外良师益友，他们既是照亮我未来人生路上的灯塔，也是我继续砥砺前行的不竭动力。在人生第一次真正意义上的学术对话中，我开始感受到成长的力量。客观讲，在我的读博生涯中，不仅有丰盈美好的光阴，还有悲伤沮丧的时刻，但每一次的成长经历都值得珍藏，自己也将以静心、清心的姿态起航未知的远方。

感谢我的人生导师雷兴虎教授引领我步入学术的最高殿堂，为今后将职业转变为志业奠定基础，经师易得，人师难求，得遇恩师，如沐春风。恩师温暖谦和的形象深深地影响着我，激励着我不断成长为像导师那样的老师。感谢我的硕士生导师王作全教授以自己的实际行动向我传达出读书的真谛，令我时常怀有"读奇书、游名山、见伟人"的心境。感谢武汉大学的陈本寒教授、华中师范大学的丁文教授、导师组陈小君教授、温世扬教授、麻昌华教授、樊启荣教授、张红教授与张家勇教授在论文开题、预答辩及正式答辩中给予的启发性建议与亲切勉励。感谢盲评专家对论文提出的中肯意见。感谢夏文莉老师和程芳老师为我借阅进口图书提供热心帮助。感谢伦敦国王学院 Irit Samet 博士为我提供《制约受托人的良知——利润剥夺规则之正当性基础》的全文。感谢广东外语外贸大学的耿卓教授，其所著的《传承与革新——我国地役权的现代发展》是我论文写作的蓝本。感谢 Moritz Bälz 教授为我提供赴德国法兰克福大学访学的机会。感谢我在中南结识的波兰挚友 Idalia Szul 博士牵线搭桥，令自己有机会与波兰华沙大学、波兰格但斯克大学的法学院深入开展学术交流。感谢青海民族大学法学院祁生贵书记、郜锋书记、白佩君院长与王刚副院长为我提供较为宽松的人文工作环境，让自己有时间精力钻研学术。感谢樊启荣教授向我无私给予的教诲与开导。感谢张继成教授、淡乐蓉教授、索端智教授、王立明教授、杨虎德教授、张兴年教授、周继红教授、苏雪芹教授、贾荣敏教授、牛丽云教授、张立教授、马芳教授、宋青霞副教授、王刚教授对我的关爱与提携。感谢全国优秀法官——青海省西宁市城西区人民法院的牛晓林老师对我一如既往的关心与鼓励。感谢同窗挚友刘浩然博士、硕士师妹黄婷婷博士与梁莹博士、师弟黄绍坤博士、沈友平博士在学术之路上给予我最多的陪伴与帮助。感谢我的同门师兄弟姐妹及志同道合的伙伴们带给我的快乐与活力。感谢青海民族大学的领导与同事对我在外脱产学习四年的信任与支持。[①]

感谢我挚爱的家人，你们是我潇洒幸福的源泉。何其幸运的我一直在家人的鼎力支持与莫大关心下潜心追逐心中的梦想，家人犹如那道最温暖的光芒，始终照耀着我，令我总能获得一种所向披靡的力量与勇气去迎接各种挑战！

本书能够付梓出版，衷心感谢孟鹏编辑的耐心等待与善意催促、吉林大学出版社编辑老师的逐字审阅与细致修改。在修缮论文的过程中，自己一再沦为"完美是美好的敌人"的反面示例，深入探析归入权的理论溯源并科学构建公司归入权的行使制度是自己的一项学术理想，虽身不能至，却心向往之！由于时间仓促，水平有限，不足之处在所难免，敬请各位师友、读者批评指正，不吝赐教。

温青美
2024 年 8 月 18 日于西宁

[①] 尽管列出如上一长串的名单可能会有拉虎皮做大旗的嫌疑，但我还是期望借此出版机会向帮助自己成长的各位师友表达自己最诚挚的敬爱与感激之情。